高等职业教育"十四五"规划旅游大类精品教材
定制旅行管理与服务系列教材

总顾问 ◎ **王昆欣**　总主编 ◎ **文广轩**　执行总主编 ◎ **李　俊**

定制旅行产品设计

（活页式）

Customized Travel Product Design

主　编 ◎ 贾玉芳

副主编 ◎ 李　霞　芦　冰　何东飞　邓莎莎

参　编 ◎ 李志丹　王　璐　程　鹏　李会勤

华中科技大学出版社
http://press.hust.edu.cn
中国·武汉

内容提要

本书对标定制旅行师岗位技能要求，对接专业教学标准、"1+X"职业能力评价标准及相关专业技能比赛标准，实现岗课赛证深度融合。本书围绕高素质技术技能人才培养目标，将岗位精神及职业素养双主线融入课程思政，面对旅行产品升级新需求，以项目为纽带、任务为载体、工作过程为导向，科学组织教材内容。本书共有六大项目，内容包括平台首呼落单、定制需求分析、旅行产品定制、产品价格设计、产品视觉呈现、产品方案完善，以任务工单为载体，强化项目导学、自主探学、合作研学、展示赏学、检测评学，注重多维度、全过程的课程评价，促进课程之间的相互融通及理论与实践的有机衔接。

图书在版编目（CIP）数据

定制旅行产品设计：活页式／贾玉芳主编．--武汉：华中科技大学出版社，2024.8.--（高等职业教育"十四五"规划旅游大类精品教材）.-- ISBN 978-7-5772-0991-3

Ⅰ.F590.7

中国国家版本馆CIP数据核字第2024Z432K4号

定制旅行产品设计（活页式）
Dingzhi Lüxing Chanpin Sheji (Huoyeshi)

贾玉芳　主编

总　策　划：李　欢
策划编辑：王　乾
责任编辑：王梦嫣
封面设计：原色设计
责任校对：张会军
责任监印：周治超

出版发行：华中科技大学出版社（中国·武汉）　　电话：(027)81321913
　　　　　武汉市东湖新技术开发区华工科技园　　邮编：430223

录　　排：孙雅丽
印　　刷：武汉科源印刷设计有限公司
开　　本：787mm×1092mm　1/16
印　　张：15.5
字　　数：330千字
版　　次：2024年8月第1版第1次印刷
定　　价：49.80元

本书若有印装质量问题，请向出版社营销中心调换
全国免费服务热线：400-6679-118　竭诚为您服务
版权所有　侵权必究

作者简介

贾玉芳,副教授,郑州旅游职业学院旅游管理学院旅游运营教研室主任,文化和旅游部万名旅游英才计划——"双师型"教师,河南省骨干教师,郑州市教育局学术技术带头人,定制旅行管理与服务专业国家教学标准执笔人,高级导游员,高级旅游定制师,中级旅行策划职业技能等级证书和中级定制旅行管家服务职业技能等级证书培训导师,中级茶艺师。主要研究方向为旅游策划、职业教育,主讲课程包括定制旅行产品设计、旅游策划实务等。先后在国内外刊物上公开发表论文10余篇;出版专著2部,担任4部教材的主编,以及2部教材的副主编;主持省级质量工程项目4项;主持和主要执笔厅级以上课题40余项。曾获得河南省教育信息化优秀成果一等奖,带领学生参加专业技能比赛和创新创业竞赛等多次获得国家级、省级奖项。

高等职业教育"十四五"规划旅游大类精品教材
定制旅行管理与服务系列教材
专家指导委员会、编委会

专家指导委员会

总顾问　王昆欣

顾　问　李　丽　魏　凯　李　欢

编委会

总主编　文广轩

执行总编　李　俊

编　委（排名不分先后）

陈佳平	李　淼	程杰晟	舒伯阳	王　楠	白　露	杨　琼
许昌斌	陈　怡	朱　晔	李亚男	许　萍	贾玉芳	温　燕
胡扬帆	李玉华	王新平	韩国华	刘正华	赖素贞	曾　咪
焦云宏	庞　馨	聂晓茜	黄　昕	张俊刚	王　虹	刘雁琪
宋斐红	陈　瑶	李智贤	谢　璐	郭　峻	边喜英	丁　洁
李建民	李德美	李海英	张　晶	程　彬	林　东	崔筱力
李晓雯	张清影	黄宇方	李　心	周富广	曾鸿燕	高　媛
李　好	乔海燕	索　虹	刘翠萍			

活页式教材
使用说明

　　为了积极响应国务院《国家职业教育改革实施方案》（简称"职教20条"）以及教育部《职业院校教材管理办法》《"十四五"职业教育规划教材建设实施方案》的相关政策和文件精神，围绕深化教学改革和"互联网+职业教育"发展需求，我们开发了一批编排方式科学、配套资源丰富、呈现形式灵活、信息技术应用适当的新型活页式融媒体教材。

　　与传统普通胶装教材不同，活页式教材通常以单个任务为单位，以活页的形式将任务贯穿起来，强调在知识的理解与掌握的基础上进行实践和应用，适用于以学生为中心的教学模式，更多体现在以学生为主体的前提下，加强教材和学习者之间深层次的互动。本教材采取活页式设计，教材内页可通过活页圈进行内容重组，学生可以系统地学习本书全部内容，也可以选择某个项目单独学习。以上设计实现了翻转课堂"三段式"教学设计，便于"活教""活学""活用"，方便教师和学生根据实际教学情况灵活调整。

　　本新型活页式教材的建议使用方法如下：

 随书配件说明

1. 本教材随书赠送封面页和封底页、活页圈、笔记页。
2. 封面页和封底页用于组装时放在首页和末页对内页进行保护。
3. 活页圈用于组装活页式教材。
4. 笔记页可用于记录学习笔记。

 学员使用说明

1. 笔记页可按需随时添加到正文对应位置，方便复习。
2. 可根据需要添加学习辅助材料，如实训报告、试卷等。
3. 上课时不用带整本书，只带当节课需要的对应内容即可，简单方便。
4. 可根据学习进度随时调整学习顺序。

 教师使用说明

1. 可根据企业工作过程进行实训内容教学顺序的调整。可及时将新技术、新工艺、新规范、新标准形成讲义，以便更新教学内容。
2. 可将教案等内容记录或粘贴于笔记页，放置于正文对应处。
3. 可结合数字资源进行线上线下混合式教学，在课前预习、课中学习、课后复习中与活页式教材配套。
4. 可添加教辅资料。

序 一

习近平总书记在党的二十大报告中深刻指出,要"统筹职业教育、高等教育、继续教育协同创新,推进职普融通、产教融合、科教融汇,优化职业教育类型定位""实施科教兴国战略,强化现代化建设人才支撑""要坚持教育优先发展、科技自立自强、人才引领驱动""开辟发展新领域新赛道,不断塑造发展新动能新优势""坚持以文塑旅、以旅彰文,推进文化和旅游深度融合发展",这为职业教育发展提供了根本指引,也有力地提振了旅游职业教育发展的信念。

2021年,教育部立足增强职业教育适应性,体现职业教育人才培养定位,发布了《职业教育专业目录(2021年)》,2022年,又颁布了新版《职业教育专业简介》,全面更新了职业面向、拓展了能力要求、优化了课程体系。因此,出版一套以旅游职业教育立德树人为导向、融入党的二十大精神、匹配核心课程和职业能力进阶要求的高水准教材成为我国旅游职业教育和人才培养的迫切需要。

基于此,在全国有关旅游职业院校的大力支持和指导下,教育部直属大学出版社——华中科技大学出版社,在党的二十大精神的指引下,主动创新出版理念、改进方式方法,汇聚一大批国内高水平旅游院校的国家教学名师、全国旅游职业教育教学指导委员会委员、全国餐饮职业教育教学指导委员会委员、资深教授及中青年旅游学科带头人,编撰出版"高等职业教育'十四五'规划旅游大类精品教材"。本套教材具有以下特点:

一、全面融入党的二十大精神,落实立德树人根本任务

党的二十大报告中强调:"坚持和加强党的全面领导。"坚持党的领导是中国特色职业教育最本质的特征,是新时代中国特色社会主义教育事业高质量发展的根本保证。因此,本套教材在编写过程中注重提高政治站位,全面贯彻党的教育方针,"润物细无声"地融入中华优秀传统文化和现代化发展新成就,将正确的政治方向和价值导向作为本套教材的顶层设计并贯彻到具体项目任务和教学资源中,不仅仅培养学生的专业素养,更注重引导学生坚定理想信念、厚植爱国情怀、加强品德修养,以期落实"立德树人"这一教育的根本任务。

二、基于新版专业简介和专业标准编写，权威性与时代适应性兼具

教育部2022年颁布新版《职业教育专业简介》后，华中科技大学出版社特邀我担任总顾问，同时邀请了全国近百所职业院校知名教授、学科带头人和一线骨干教师，以及旅游行业专家成立编委会，对标新版专业简介，面向专业数字化转型要求，对教材书目进行科学全面的梳理。例如，邀请职业教育国家级专业教学资源库建设单位课程负责人担任主编，编写《景区服务与管理》《中国传统建筑文化》及《旅游商品创意》（活页式）；《旅游概论》《旅游规划实务》等教材为教育部授予的职业教育国家在线精品课程的配套教材；《旅游大数据分析与应用》等教材则获批省级规划教材。经过各位编委的努力，最终形成"高等职业教育'十四五'规划旅游大类精品教材"。

三、完整的配套教学资源，打造立体化互动教材

华中科技大学出版社为本套教材建设了内容全面的线上课程资源服务平台：在横向资源配套上，提供全系列教学计划书、教学课件、习题库、案例库、参考答案、教学视频等配套教学资源；在纵向资源开发上，构建了覆盖课程开发、习题管理、学生评论、班级管理等集开发、使用、管理、评价于一体的教学生态链，打造了线上线下、课内课外的新形态立体化互动教材。

本套教材既可以作为职业教育旅游大类相关专业教学用书，也可以作为职业本科旅游类专业教育的参考用书，同时，可以作为工具书供从事旅游类相关工作的企事业单位人员借鉴与参考。

在旅游职业教育发展的新时代，主编出版一套高质量的规划教材是一项重要的教学质量工程，更是一份重要的责任。本套教材在组织策划及编写出版过程中，得到了全国广大院校旅游教育教学专家教授、企业精英，以及华中科技大学出版社的大力支持，在此一并致谢！

衷心希望本套教材能够为全国职业院校的旅游学界、业界和对旅游知识充满渴望的社会大众带来真正的精神和知识营养，为我国旅游教育教材建设贡献力量。也希望并诚挚邀请更多旅游院校的学者加入我们的编者和读者队伍，为进一步促进旅游职业教育发展贡献力量。

王昆欣

世界旅游联盟（WTA）研究院首席研究员

高等职业教育"十四五"规划旅游大类精品教材总顾问

序 二

Introduction II

2024年5月17日，全国旅游发展大会在北京召开。在本次会议上，习近平总书记对旅游工作作出重要指示，强调"新时代新征程，旅游发展面临新机遇新挑战"，要"坚持守正创新、提质增效、融合发展"。党的二十大报告提出，坚持以文塑旅、以旅彰文，推进文化和旅游深度融合发展。当前，我国正加快形成旅游业新质生产力，推动旅游业高质量发展，加快建设旅游强国。

改革开放以来，我国经济社会发展突飞猛进，各项事业发展过程中出现了许多的新情况、新趋势。人们对于美好生活的追求日益迫切，特别是对于个性化、差异化、品质化的需求也逐渐增强。我国旅游业在这一时期也实现了快速发展，各类旅游形式不断涌现。随着我国人民消费水平、受教育程度的不断提高，加之各类旅游设施的不断完善，休闲旅游观念日渐深入人心，旅游者愈发注重旅游的品质、深度和体验，更加追求个性化和独特性，传统的跟团游等旅游方式已然无法满足旅游者更高层次的需求。定制旅游的出现恰好可以满足追求个性化且自主性较强的旅游者，与之相对应的是定制旅行专业人才缺口日益明显。在此背景下，"定制旅行管理与服务"专业成为教育部《职业教育专业目录（2021年）》新增专业之一，并在2022年修订的《职业教育专业简介》中得到了详细介绍，该专业紧扣《中华人民共和国国民经济和社会发展第十四个五年规划和2035年远景目标纲要》对职业教育的要求，是职业教育支撑服务经济社会发展的重要体现。

为了更好地培养德智体美劳全面发展，掌握扎实的科学文化基础和定制旅行服务与管理及相关法律法规等知识，具备良好的沟通能力、创新能力和定制旅行产品设计与数字化运营等能力的高素质、技术技能型人才，华中科技大学出版社与郑州旅游职业学院合作，在全国范围内精心组织编审、编写团队，汇聚全国具有丰富定制旅行管理与服务教学经验的旅游职业院校的知名教授、学科带头人、一线骨干教师、"双师型"教师，以及行业专家共同参与"定制旅行管理与服务系列教材"的编撰工作。

本套教材编写团队根据"十四五"期间高等职业教育发展要求，坚持从三大方向打造"利于教，便于学"的特色教材。

（一）权威专家引领，校企多元合作

本系列教材以开设"定制旅行管理与服务"专业的旅游专业类职业院校、旅游管理类双高院校、应用型本科院校在内的专业师资为核心，邀请行业、企业、教科研机构多元开发，紧扣教学标准、行业新变化，吸纳新知识点，体现当下职业教育的最新理念。

（二）工作过程导向，深挖思政元素

教材内容打破传统学科体系、知识本位理念，引入岗位标准和规范的工作流程，注重以真实生产项目、典型工作任务、案例等为载体组织教学单元，突出应用性与实践性，同时贯彻落实党的二十大精神，加强思政元素的深度挖掘，有机融入思政教育和德育内容，以深化"三教"改革、提升课程思政育人实效。

（三）创新编写理念，编制融合教材

以"纸数一体化"为编写理念，依托华中科技大学出版社自主研发的华中出版资源服务平台，强化纸质教材与数字化资源的有机融合，配套教学课件、案例库、习题集、视频库等教学资源，同时根据课程特性，有选择性地开发活页式、工作手册式等新形态教材，以符合技能人才成长规律和学生认知特点。

期待这套凝聚全国高职旅游院校众多优秀学者和定制旅行行业精英智慧的教材，能够为"十四五"时期高职"定制旅行管理与服务"专业的人才培养发挥作用！

文广轩

教育部全国旅游职业教育教学指导委员会委员

定制旅行管理与服务系列教材总主编

前言

数智时代，文旅行业正经历着前所未有的快速迭代。个性化、定制化、智能化的旅游产品需求日益增长，这不仅对旅行产品提出了前所未有的新要求，更是对旅游专业人才的能力与素质提出了更大的挑战。在此背景下，定制旅行应运而生，作为一种新兴的旅游模式，其核心精髓在于根据消费者的个性化需求，量身打造专属的旅游产品和服务。这种服务不仅给旅游业供给侧结构性改革提供了重要方向，是推动行业创新发展的关键途径，也是党的二十大精神"坚持以人民为中心的发展思想"的重要体现。定制旅行通过提升旅游品质，满足了消费者对美好生活的向往和追求。

本书立足于定制旅行的基本内涵，深入剖析了定制旅行产品设计的理念、流程和方法。在党的二十大精神的指引下，紧密结合新时代旅游产业发展的实际需求，强调创新、协调、绿色、开放、共享的新发展理念，引导学生和从业人员全面理解和把握定制旅行的新特点、新趋势。

在本书的编写过程中，我们始终秉持"以学生为中心，以立德树人为根本"的教育理念，强调知识、能力、思政目标并重。依据定制旅行产品设计的实际工作流程，选取定制旅行企业实际项目案例作为教学载体，采用任务驱动的方式，以工作过程为导向，对课程内容进行模块化处理。通过"项目＋任务"的教学模式，开发了任务工单，注重课程之间的相互融通及理论与实践的有机衔接，形成了多元多维、全时全程的评价体系。同时，基于互联网和现代信息技术的融合，我们在这本活页式教材中配套开发了丰富的数字化资源，以满足文旅行业转型升级的新形态下定制旅行岗位新技能的培养需求。

本书由校企合作编写，由郑州旅游职业学院贾玉芳和河南会景旅游管理有限公司李会勤共同审稿，编写分工如下：项目一由邓莎莎编写；项目二由贾玉芳编写；项目三由李霞、王璐和程鹏编写；项目四由何东飞编写；项目五由芦冰编写；项目六由李志丹编写；各项目的经典案例由李会勤审定。

本书不仅对旅游专业教学内容进行了更新，还在旅游教育理念方面进行了完善。希望本书能够激发学生和从业人员的创新精神，提升他们的实践能力，从而培育出适应时代发展需求的高素质、技术技能型旅游专业人才，推动我国文旅产业的转型升级和可持续发展，为实现中华民族伟大复兴的中国梦贡献智慧和力量。

  由于本书涉及内容广泛，以及编者水平有限，难免存在不足之处，恳请广大读者批评指正。

编者

2024年6月

目 录

Contents

项目一 平台首呼落单 /1
 知识传递 /2
  任务一 需求单编辑 /2
  任务二 首次外呼完成 /5
  任务三 需求单完善 /11
 知识内化 /11
 巩固提升 /16

项目二 定制需求分析 /20
 知识传递 /21
  任务一 核心需求研判 /21
  任务二 客户需求调整 /30
  任务三 产品资源匹配 /38
 知识内化 /42
 巩固提升 /48

项目三 旅行产品定制 /49
 知识传递 /51
  任务一 定制产品命名 /51
  任务二 产品特色描述 /53
  任务三 旅游交通安排 /56
  任务四 旅游住宿安排 /70
  任务五 旅游餐饮安排 /76
  任务六 旅游景区(点)安排 /81
  任务七 体验活动设计 /93
 知识内化 /107
 巩固提升 /115

项目四　产品价格设计　　　　　　　　　　　　　　　/127

　　知识传递　　　　　　　　　　　　　　　　　　　/128
　　　　任务一　产品成本核算　　　　　　　　　　　/128
　　　　任务二　产品报价设计　　　　　　　　　　　/132
　　知识内化　　　　　　　　　　　　　　　　　　　/146
　　巩固提升　　　　　　　　　　　　　　　　　　　/156

项目五　产品视觉呈现　　　　　　　　　　　　　　　/157

　　知识传递　　　　　　　　　　　　　　　　　　　/159
　　　　任务一　产品创意呈现　　　　　　　　　　　/159
　　　　任务二　产品图文设计　　　　　　　　　　　/164
　　　　任务三　新媒体工具的运用　　　　　　　　　/183
　　知识内化　　　　　　　　　　　　　　　　　　　/191
　　巩固提升　　　　　　　　　　　　　　　　　　　/196

项目六　产品方案完善　　　　　　　　　　　　　　　/200

　　知识传递　　　　　　　　　　　　　　　　　　　/201
　　　　任务一　定制旅行产品资源采购　　　　　　　/201
　　　　任务二　定制旅行产品资源组合　　　　　　　/210
　　　　任务三　定制旅行产品方案完善　　　　　　　/212
　　知识内化　　　　　　　　　　　　　　　　　　　/217
　　巩固提升　　　　　　　　　　　　　　　　　　　/225

参考文献　　　　　　　　　　　　　　　　　　　　/227

项目一　平台首呼落单

项目情景

平台首呼落单是指旅游定制师通过平台接单后与客户的首次电话沟通并落实订单的全过程。其目的是确认客户在平台所填需求单的正确性,并且深入挖掘客户的出游需求,设计与之匹配的行程方案,通过旅游定制师专业的业务知识和优秀的沟通能力为客户答疑解惑,赢得客户信任,最终达成订单。

本项目包含三个工作任务:一是需求单编辑;二是首次外呼完成;三是需求单完善。通过学习,学生应掌握如何编辑需求单、设计首呼纲要并进行首呼,掌握如何整理首呼录音记录和完善需求单。

学习目标

● **知识目标**

（1）了解需求单编辑的注意事项；
（2）掌握需求单的概念以及其所包含的基本信息；
（3）了解需求单的收集平台；
（4）熟悉首呼流程；
（5）掌握首呼纲要的设计；
（6）掌握首呼技巧；
（7）掌握如何完善需求单。

● **能力目标**

（1）能根据客户填写的平台需求单设计首呼纲要；

(2)能运用沟通技巧通过首呼来收集和细化客户需求;
(3)能根据首呼记录和录音完善需求单。

● **素养目标**

(1)培养学生应用专业知识的能力,提高自身的专业素养;
(2)培养学生的逻辑思维能力,提高自身的语言表达能力;
(3)培养学生与客户沟通的能力,增强服务意识。

知识框架

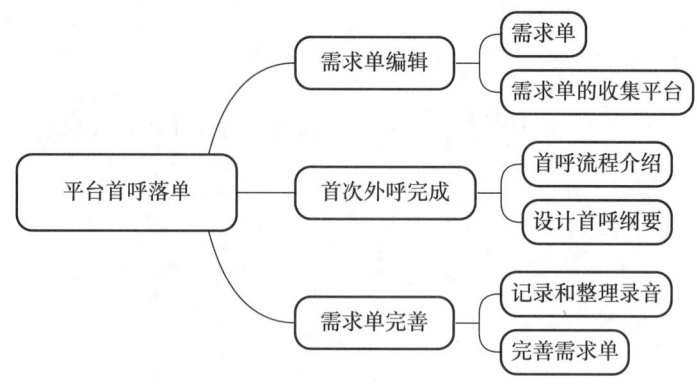

知识传递

任务一 需求单编辑

一、需求单

(一)需求单的概念

任意登录一个定制旅游平台,你都可以看到需求单的身影。那么,到底什么是需求单呢?

所谓需求单,主要是指客户通过定制旅游平台提交的出行意向表。该表包含的内容有出游性质、目的地、出发地、预估出游时间、预估出行人数、预估人均预算、其他需求、联系人信息等。通过需求单,旅游定制师可以初步了解客户的出游目的及需求,进而为随后的首呼和定制旅行方案的设计奠定基础。

在需求单编辑环节,应当注意以下两个方面。

视频微课

认知需求单

1. 需求单内容易于填写

本着节约时间、避免反感和易于作答等因素的考量,需求单中的内容只需要客户填写一些简单的重要信息,不适宜填写过多的内容。更多的细节可以留到首呼环节让旅游定制师与客户再沟通。

2. 需求单选项易于分析

需求单中设置的内容建议以封闭式选项为主,尽量少设置开放式选项。对于封闭式选项,客户只需要根据自己的想法选择选项即可。因为答案是较为标准化的,所以旅游定制师在后续分析需求单时比较容易。

(二)需求单的基本信息

需求单一般包含下列几项基本信息。

1. 出游性质

出游性质的选项可以包括个人定制和公司定制。两种定制最大的区别就在于人数,显然在一般情况下,公司定制的出游人数多于个人定制。另外,根据出游性质,旅游定制师基本可以推断出游人员的关系。对于个人定制,出游人员的关系可以是家人、朋友、同学、情侣等;对于公司定制,出游人员的主要关系是同事。

2. 目的地

目的地指的是此次定制旅行期望前往的目的地国家或地区。该目的地通常拥有特定性质的旅游资源,具备一定的旅游吸引力,是能够吸引一定规模的旅游者进行旅游活动的特定区域。这样的旅游目的地一般需要具备三个条件:第一,拥有一定数量的旅游资源,并且可以满足旅游者旅游活动的需要;第二,拥有与旅游资源性质相适应的旅游设施和交通条件;第三,该地区具有一定的旅游需求量。在平台设置的需求单中,目的地选项通常允许客户最多选择五个目的地。选项过多,不便于旅游定制师的操作;选项过少,客户的可选择空间较小。

3. 出发地

出发地是指客户定制旅行出发的城市。通过知晓客户的出发地,便于旅游定制师在后续首呼时,能为客户提供适合的大交通选择。

4. 预估出游时间

预估出游时间是指此次定制旅行出发和返程的日期。旅游定制师根据此选项可以算出客户的出游天数。

5. 预估出行人数

预估出行人数是指此次定制旅行出游的人数。此选项可以进行细化,让客户分别填写出成人、儿童的具体人数,以便旅游定制师在后续首呼和设计定制旅行方案时,可以明确报价等细节。

6. 预估人均预算

预估人均预算是指此次定制旅行客户打算人均支付的旅行费用。此选项便于旅游定制师判断客户的消费能力,也便于旅游定制师知晓后续方案大致的报价方向。

7. 其他需求

在其他需求中,需求单可以设置"需要提供什么",此封闭式选项可以是线路设计、机票、用车、导游、酒店、签证、门票、用餐等,最大限度地细化客户的需求。需求单也可以设置"最多几位定制师联系",以便客户可以货比三家,选择最优方案。另外,还可以设置"个性化需求"。此设置为选填项,也就是说客户可以填也可以不填。愿意填写的客户可以在此提出一些个性化需求,比如对出行方式、酒店、景点的具体要求等。

8. 联系人信息

为了方便后续的首呼,需求单的选项中一定要包括联系人的信息。此信息一般包括姓名、手机号、电子邮箱等。

二、需求单的收集平台

从平台的归属角度来划分,我们可以将需求单的收集平台分为自有平台和第三方平台。

(一) 自有平台

自有平台是指企业利用自主开发或运营的APP、微信小程序、微信公众号、网站等收集需求单。通常来讲,客户通过企业自有平台填写的需求单会被企业内部合理分派给对应的旅游定制师来设计方案。

(二) 第三方平台

第三方平台是指企业通过第三方网络服务平台收集需求单。这种方式需要企业与第三方网络服务平台签约合作。这种方式收集的需求单的分派流程如下:首先,客户在第三方平台填写需求单;其次,需求单进入平台系统抢单池;再次,各旅游定制师抢单;最后,平台系统分派需求单。抢单成功的旅游定制师准备首呼,抢单未成功的旅游定制师等待下一个抢单。

目前,第三方平台有两种。一种是专业性比较强的OTA平台,如携程、同程、飞猪等,其中,以携程最有代表性。2016年1月,携程宣布上线国内首个C2B"定制旅游"平台,首次让客户直接对接全球数以千计的专业服务商及旅游定制师,各专业服务商及旅游定制师按照每个客户的个性化需求设计最优方案并提供接待服务。而携程作为网络预订平台,则为客户提供售后保障与赔付机制。另一种是娱乐性比较强的社交平台,如抖音、小红书等。当企业利用这类平台发布"种草"短视频或是笔记后,往往能激发客户的购买欲,从而促使客户利用该平台与企业对接。

任务二 首次外呼完成

平台首呼落单是旅游定制师通过平台接单后与客户的首次电话沟通并落实订单的全过程。其目的在于确认客户在平台所填需求单的正确性,并且深入挖掘客户出游需求,设计与之匹配的行程方案,通过旅游定制师专业的业务知识和优秀的沟通能力为客户答疑解惑,赢得客户信任,最终达成订单。

认知首呼

一、首呼流程介绍

首呼流程包括首呼前、首呼中、首呼后三个环节(见图1-1)。在首呼前环节,旅游定制师需要对客户需求单进行分析,并依据客户需求查阅相关的交通、酒店及景区等信息。与此同时,调整好自己的个人状态并优化周边环境,以便在接下来的首呼中能给客户留下良好的第一印象。在首呼中环节,旅游定制师一方面需要对客户所填需求单进行信息确认;另一方面需要充分了解客户的旅游目的,挖掘客户的旅游需求,匹配适合的线路和玩法,引导相关产品的推荐,从而展示产品的特色。同时,要做好录音记录,充分听取客户的建议与意见,解答客户的疑问,赢得客户的信任和肯定。在首呼后环节,还要整理好客户需求记录并完善需求单,同时根据沟通反馈内容,及时调整方案。

首呼前环节	首呼中环节	首呼后环节
✓ 分析需求单 ✓ 查询相关信息 ✓ 调整状态	✓ 了解旅游目的 ✓ 挖掘旅游需求 ✓ 匹配线路和玩法 ✓ 引导推荐产品,展示产品特色 ✓ 解答疑问,赢得信任 ✓ 做好录音记录	✓ 整理需求记录 ✓ 完善需求单 ✓ 调整方案

图1-1 首呼流程图

二、设计首呼纲要

在首呼流程中的三个环节中,首呼中环节最为重要。客户填写的需求单信息相对简单,所以旅游定制师要对自己"问什么""怎么问"做到胸有成竹,这样才能有效收集到更多的客户需求,同时也不会引起客户的反感。

(一)首呼纲要的构成及示例

我们首先要解决旅游定制师在首呼时"问什么"的问题。一次合格的首呼,其设计纲要需要包括自我介绍、信息确认、挖掘需求、匹配玩法、引导推荐、解答疑问、确定下次联系时间等方面,具体内容见表1-1。

设计首呼纲要1

设计首呼纲要2

表1-1 首呼纲要的内容

首呼纲要		具体内容	例子
自我介绍		自我介绍通常需要包括问候和称呼客户,表明旅游定制师身份、名称,以及供应商名称、联系目的等内容。旅游定制师在表明身份和名称时,应该言简意赅且好记;在表明联系目的时,也要交代清楚	××先生/女士您好,我是××定制平台向您推荐的旅游定制师××,我看到您在平台提交过一张从××出发去××的订单,方便耽误您5分钟跟您核对下信息吗?
信息确认	出游时间	旅游定制师需要询问客户具体及可选出游日期、游玩天数	您填写的往返出游时间是××至××,想请问您,这个时间是否可以前后微调呢?
	出游人员构成	旅游定制师需要询问清楚出游人数、出游人员关系。若有特殊人群,还需细化一些相关信息(如幼童或老人的年龄等)	我看到您是2名成人1名小孩一同出游,请问孩子多大了?孩子是男孩还是女孩?
	目的地	若客户写了多个目的地,旅游定制师需引导客户对其进行排序或是做出选择	请问您是第一次去××还是之前来过呢?
	证件信息(出境)	若涉及出境,旅游定制师还需要与客户确认护照有效期及签证办理情况	请问各位出行人都已经办理好在有效期范围内的护照和签证了吗?如没有,需要我们这边代为办理吗?
挖掘需求		旅游定制师要么直接明了地询问客户的出游目的(度蜜月、亲子游、主题游等)或根据客户的出游目的地、出游人员构成等因素做出合理判断后进行提示性提问	您的需求单中说希望多安排一些亲子活动,是吗?

续表

首呼纲要		具体内容	例子
匹配玩法	活动项目	旅游定制师需要根据客户需求匹配和推荐至少1—2个目的地景点或活动项目	（1）客户首次出游且不了解：给您简单介绍一下，一般首次来××的客人都会选择××线路。这条线路主要是体验××，您对此感兴趣吗？ （2）客户首次出游但了解：请问您这次出游有什么景点或线路需要帮您安排吗？ （3）客户非首次出游：上次您来××选择了哪条线路，去了哪些景点？这次我为您安排其他的线路或者深度体验的方案！
	线路安排	旅游定制师需要根据客户需求安排合理且富有特色的每日行程	
引导推荐	用餐需求	旅游定制师需要询问客户在菜系、口味、就餐环境等方面的偏好并据此来推荐	请问您对用餐有特殊要求吗？
	酒店需求	旅游定制师需要询问客户对所住酒店的位置、星级、房型、价格、品牌等方面的偏好并以此来推荐	当地的酒店标准很全，大致价位为每晚300元至2000元，您对酒店的地理位置、星级、品牌方面有什么要求？
	大交通及用车需求	旅游定制师需要询问或是推荐客户出游的大交通（飞机、火车等），客户若选择飞机，就需要询问客户对航班时间（国际航班转机航段）、航司、舱位等方面的偏好；若选择火车，就需要询问客户对班次时间、座席等级等方面的偏好。 若客户有用车需求，旅游定制师就需要询问客户对车型、乘车时长、司机等方面的偏好	（1）大交通：您从郑州到三亚，路程比较远，推荐您乘坐飞机会比较节约时间。那么，你对航班时间、舱位及航司有要求吗？ （2）您这次想去的××景区距离郑州市比较远，为了节约时间，以及体验感更好一些，给您安排一辆七座商务车，您看行吗？
解答疑问		在首呼过程中，旅游定制师随时解答客户提出的问题，解决客户的疑虑	客户：刚才有旅游定制师联系过我了，你怎么又重复联系我？ 旅游定制师：您在填写需求单时，有可能选择了多名旅游定制师，我是其中的一位，您可以先听一听我的方案，做比较后再从中选择您更喜欢的那一个方案
约定下次联系时间		旅游定制师需要告知客户方案制作所需的时间，并且询问下次联系的方式和时间	王先生/女士，您的需求我已经了解，稍后我会根据您的需求来制作行程方案，大致需要2小时，届时会通过××发送给您。请问下次什么时间比较方便我再联络您呢？好的，谢谢，祝您生活愉快！

（二）首呼技巧

我们需要解决旅游定制师首呼时"怎么问"的问题。下面分别从需求反馈、明确首呼时间、运用规范话术等方面来说明。

1. 需求反馈

同一时间段，系统会给旅游定制师分派多个客户需求单。为了能及时跟单并降低丢单率，旅游定制师需要能准确判断出客户需求单的紧急程度并排好反馈顺序。

（1）丢单率。

这里所说的丢单率，是指旅游定制师由于各种原因造成分派的客户需求单没有及时处理，进而平台重新指派其他旅游定制师或客户主动撤单的概率。通常来说，旅游定制师的丢单率和服务时效成正比。服务反馈越快，丢单率越低；反之，丢单率则越高。

（2）紧急程度。

这里所说的紧急程度，是指客户需求单所展现的出游时间、资源预订情况或客户对定制方案的急切性。客户需求单紧急的情况有以下几种。

① 临近客户要求的出发时间。

② 客户所给的方案设计时间比较短，比如：公司团建需要旅游定制师尽快完成设计方案，才好上报公司高层做决策。

③ 客户所选的目的地热度较高，旅游要素的预订难度大，比如：客户选择樱花节期间去日本赏樱花。

④ 目的地的大交通班次较少或较为稀缺等，比如：南极邮轮舱位、环球航线舱位等。

（3）反馈顺序。

这里所说的反馈顺序是指旅游定制师根据客户需求单的紧急程度，判断出首呼先后顺序的过程。参照上述介绍的紧急程度，通常旅游定制师的反馈顺序如下：临近出发时间＞大交通的班次较少＞客户所选的目的地热度较高＞客户所给的方案设计时间较短。

2. 明确首呼时间

对于指定了首呼时间的客户，旅游定制师需要在指定时间内完成首呼；对于未指定首呼时间的客户，旅游定制师通常需要在接单后1小时内完成首呼。但若接单的时间太晚（22:00以后），为了不影响客户休息，旅游定制师需要在次日9:00左右完成首呼（具体参考表1-2）。首呼通话时间把握在15分钟较为适宜，时间太长会引起客户的不适，时间太短则首呼的意义不能达成。另外，若是首呼失败（未能联系上客户），那么旅游定制师需要在30分钟内至少追加一次外呼，以确保能尽早联系上客户。

表1-2 首呼时间

接单时间	客户是否指定时间	首呼时间
2023-08-01，9:00	指定时间14:00—15:00	当天14:00—15:00首呼
2023-08-01，9:00	未指定时间	当天10:00前首呼
2023-08-01，22:00	未指定时间	次日9:00左右首呼

3.运用规范话术

为了展现良好的职业形象，首呼前旅游定制师需要调整好个人及周边环境状态，为接下来的首呼做好准备。

首呼中，旅游定制师一方面要有清晰的沟通逻辑，另一方面要运用得当的话术规范。这不仅能提高旅游定制师的成单率，赢得客户信任与肯定，还能展现其专业的服务能力与较高的素质。

(1)清晰的沟通逻辑。

如何能在与客户沟通的过程中做到表述清晰且有逻辑？在此，介绍一种分析模式——"5W1H"分析法。1932年，美国的政治学家拉斯维尔最早提出"5W"分析法，后经人们的不断运用和总结，逐步形成了"5W1H"的成熟模式。该模式在企业管理、日常生活和学习等众多领域得到了广泛应用。"5W1H"指的是What(何事)、When(何时)、Where(何地)、Who(何人)、Why(何因)和How(何法)，所以它也被称为"六何分析法"。旅游定制师在首呼中运用此法可准确界定、清晰表述问题，有助于高效、全面、条理化思考和分析问题，避免关键要素的遗漏。此法简单、方便、易于理解。"5W1H"分析法与首呼内容对应关系如图1-2所示。

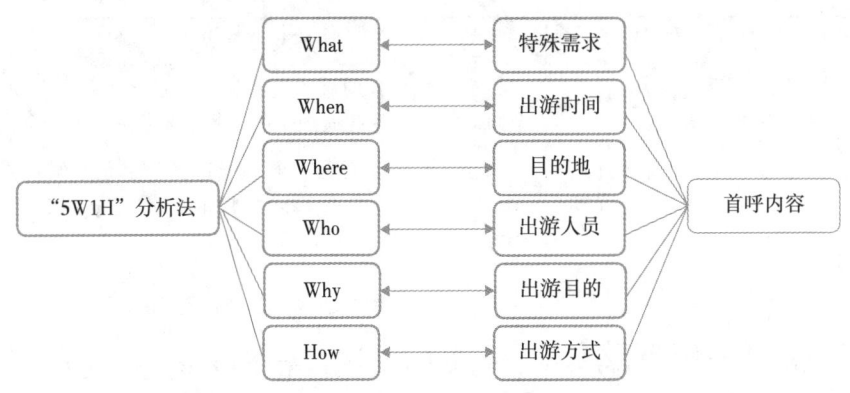

图1-2 "5W1H"分析法与首呼内容对应关系图

(2)得当的话术规范。

说话是一门艺术。旅游定制师需要得当地阐述自己的想法，便于客户的理解，易于获得客户的肯定和信任。具体的话术规范可参考以下几方面。

①规范使用开头语和结束语。首呼时，旅游定制师应当在开头语规范地进行自我介绍。比如："××先生/女士您好，我是××定制平台向您推荐的旅游定制

师××,我看到您在平台有一张郑州出发去上海的订单,方便耽误您5分钟跟您核对一下信息吗?"同时,在首呼结束时也应当规范地运用结束语。比如:"××先生/女士,您的需求我已经明晰,稍后我会根据您的需求来制作行程方案,大致需要×小时,届时方案会通过××发送给您。请问下次什么时间比较方便我再联络您呢?""好的,谢谢,祝您生活愉快!"

② 学会沟通技巧。一是从客户角度出发,学会感同身受地去沟通,如"我非常理解您的心情。""请您不要着急,我能理解,我们一定会竭尽全力为您解决。""我与您有同感。"二是学会为客户提供选择,如"您想要什么房型呢,标准间或是大床房?""帮您查询了一下,选择飞机、高铁,或自驾都是可以的,您想怎样过去呢?"三是学会重视和认可客户,如"这个时间,您选择前往三亚过冬真是太明智的选择!""当然,最终的选择是由您做出的,我们会为您提供最好的服务。"

③ 地方方言及外语要求。通常来说,旅游定制师首呼时应当全程使用标准普通话与客户进行沟通。但由于客户的来源不同,旅游定制师也可以使用方言或外语与客户进行沟通,比如:遇到客户使用本地方言的,旅游定制师可用本地方言与客户进行交流,以增进亲切感;当客户使用外语时,旅游定制师应当使用外语和客人进行沟通。

④ 学会回复问题。在首呼过程中,客户的问题主要涉及两个方面:一方面,是对旅游定制师身份的确认;另一方面,是对定制服务的疑虑。对于客户的高频问题,旅游定制师可以参考表1-3来答复。

表1-3 首呼中客户的高频问题及答复参考内容

序号	客户高频问题	答复参考内容
1	你是哪位?你怎么会有我的联系方式?	我是××平台的旅游定制师,我看到您在平台提交的定制需求单,想耽误您5分钟时间核对一下信息
2	刚才有旅游定制师联系过我了,你怎么又联系我?	您在填写需求单时,有可能选择了多名旅游定制师,我是其中的一位,您可以先听听我的方案,做比较后再从中选择您比较喜欢的那一个方案
3	咨询定制方案要收费吗?	在您确认方案前是不需要收取费用的
4	你这个定制的行程为什么比跟团游贵很多?	定制游价格高的同时品质也很高。独立成团、量身打造让行程的体验感更好,这是跟团游无法比拟的
5	出行过程中遇到问题我可以联系谁?	出行前我们会为您建立微信沟通群,行程中有任何问题,您都可以随时通过微信群或电话联系我或行中管家
6	这个价格还能再优惠些吗?	遇到这个问题,建议旅游定制师先引导客户确定大致行程。有了大致行程才能计算报价。可与客户讲明报价的构成,让客户知道你的报价是合情合理的。对于价格敏感型客户,可以适度优惠,以满足客户的心理需求

任务三 需求单完善

前面我们介绍过,首呼环节中旅游定制师可以参照"5W1H"分析法,结合首呼纲要来与客户进行沟通。即便准备充足,仍然无法杜绝一些答非所问的无效沟通。所以,旅游定制师需要具备对所收集的客户信息进行整理与判断的能力。

一、记录和整理录音

俗话说,好记性不如烂笔头。所以,在首呼中,旅游定制师除了要进行录音,还需要做好记录。首呼记录具体指的是旅游定制师在与客户进行首呼沟通之后所收集到的信息,同时按照各项要求把相关信息录入系统或做好纸质记录的内容。对于记录的方法和保存路径,旅游定制师可根据工作习惯进行,没有任何要求。

首呼记录的具体内容包括但不限于:确认订单中明确的需求(如具体景点)、明确订单中宽泛的需求(如出游时间为春节期间、出游目的地为云南、高档次酒店等)、细化订单中简略的内容(如出游目的是度蜜月等)、推荐订单中特定的需求(如当地的特色美食餐厅等),以及获取订单外的其他信息(如亲子游客户中孩子的年龄信息及其他诉求等)。

在首呼过程中,时间的限制、客户原因等导致沟通临时中断,可能使旅游定制师无法通过一次首呼完全明了客户更多的定制需求。这些不明确的需求,需要旅游定制师耐心沟通,再次联系和引导客户说清讲明。

二、完善需求单

在完善需求单环节,旅游定制师需要将录音和首呼记录内容进行核对整理,并将整理完善后的内容按照要求录入系统或做好纸质记录。此时,客户的定制产品方案大致形成。平台首呼落单环节全部完成,紧接着将进入需求分析环节。

 知识内化

任务描述

作为一名旅游定制师,你接到了平台分派的一个定制客户需求单。接下来,需要你通过首呼来落实订单。

课堂自测

项目一

定制旅行产品设计（活页式）

实训目标

学生能够根据客户的平台需求单，设计首呼纲要；掌握首呼的内容及沟通技巧；具备逻辑思维能力以及与客户沟通的能力。

任务分组

请将分组情况填入表1-4。

表1-4 学生分组表

组别	工作任务——设计首呼纲要
1	
2	
3	
4	

工作准备

本任务涉及一位客户的平台需求单（见表1-5），请仔细阅读相关资料，完成实训任务。

表1-5 王先生平台需求单

客户	王先生
出发地	郑州
目的地	厦门
预估出游时间	9月29日至10月6日
预估人均预算	1000元/人
预估出行人数	2名成人
其他需求	新婚蜜月游，喜欢温馨浪漫的"网红"打卡地；住宿需要豪华、私密性高一点的酒店；需要在10月1日当天准备一次浪漫的烛光晚餐

工作实施

引导问题：学生两人一组，分饰旅游定制师和客户，基于实训任务，设计首呼纲要，完成模拟后互换角色再次进行模拟。

步骤一：设计首呼纲要。依照客户的需求单，编写首呼纲要的内容，并填入表1-6。

表1-6　设计首呼纲要

首呼纲要	具体内容	
自我介绍		
信息确认	出游时间	
	出游人员构成	
	目的地	
	证件信息（出境）	
挖掘需求		
匹配玩法	活动项目	
	线路安排	
引导推荐	用餐需求	
	酒店需求	
	大交通及用车需求	
约定下次联系时间		

步骤二：模拟首呼。依据所设计的首呼纲要内容，两名同学一组，完成模拟首呼训练（进行一轮后，角色互换）。

步骤三：完善需求单。完成模拟首呼后，对客户需求单进行完善，并将细化内容填入表1-7。

表1-7　完善客户需求单

首呼内容	内容细化
出游目的地	
出游人员构成	
出游日期/天数	
出游目的	
交通要求	
酒店要求	
景点/活动要求	
餐饮要求	
费用预算	

评价反馈

任务完成后，将学生自评、组内互评、组间互评、教师综合评价结果分别填入

表 1-8 至表 1-11。

表 1-8 学生自评表

班级		姓名		日期	年 月 日
评价指标	评价内容			分数	分数评定
通话礼仪	能够在模拟首呼过程中，主动礼貌地称呼客户并问好；规范自我介绍；态度友好，语气热情；道别时约定好下次联系时间			10分	
信息确认完成	在模拟首呼过程中，能够有效地对出游人员构成、出游日期、大交通、景点及活动、酒店等客户要求进行信息确认			40分	
专业技能	能够在模拟首呼过程中，保证吐字清晰，普通话标准			10分	
	对客户选择的目的地情况较为熟悉			10分	
	能有效地解答客人提出的问题			10分	
沟通技巧	能在整个模拟首呼过程中保持沟通顺畅			10分	
自评反馈	按时、按质完成任务；较好地掌握了知识点；具有较强的语言表达和理解能力			10分	
自评分数					
有益的经验和做法					
总结反馈建议					

表 1-9 组内互评表

组长		组名		日期	年 月 日
组内验收成员					
	评分标准			分数	得分
验收评分	（1）能根据客户需求单设计首呼纲要； （2）模拟首呼后完善需求单			10分	
	能够在模拟首呼过程中，主动礼貌地称呼客户并问好；规范自我介绍；态度友好，语气热情；道别时约定好下次联系时间			10分	
	在模拟首呼过程中，能够有效地对出游人员构成、出游日期、大交通、景点及活动、酒店等客户要求进行信息确认			40分	
	能在模拟首呼过程中展现自己的专业技能			30分	
	能在整个模拟首呼过程中保持沟通顺畅			10分	
评价分数					
不足之处					

表 1-10　组间互评表

班级		被评价小组		日期	年　月　日
评价指标	评价内容			分数	分数评定
通话礼仪	能够在模拟首呼过程中，主动礼貌地称呼客户并问好；规范的自我介绍；态度友好，语气热情；道别时约定好下次联系时间			10分	
信息确认完成	在模拟首呼过程中，能够有效地对出游人员构成、出游日期、大交通、景点及活动、酒店等客户要求进行信息确认			40分	
专业技能	能够在模拟首呼过程中，保证吐字清晰、普通话标准			10分	
	对客户选择的目的地情况较为熟悉			10分	
	能有效地解答客人提出的问题			10分	
沟通技巧	在整个模拟首呼过程中保持沟通顺畅			10分	
配合度	组内学生之间的配合度较高			10分	
互评分数					
简要评述					

表 1-11　教师综合评价表

项目名称	模拟首呼	总得分	
评价依据	学生完成模拟首呼		
评分项	考核内容	考核标准	分值
通话礼仪（25分）	称呼与问好	礼貌地称呼客户，加2分 主动向客户问好，加2分	
	规范的自我介绍	自我介绍完整，介绍内容包含平台/公司名称、旅游定制师身份、本人称呼，完成一项加4分，总计12分	
	态度友好，语气热情	态度冷淡，语气生硬（0—1分） 态度平淡，语气平淡（2—3分） 态度热情，语气亲和（4—5分）	
	友好道别并约定下次联系时间	亲昵道别，加2分 预告方案制作时间或约定下次联系时间，加2分	
信息确认完整度（33分）	出游人员构成	确认出游人数，加2分 确认出游人员关系或特殊人群相关信息（如儿童、老人的年龄等），加2分	
	出游日期/天数	确认具体出游日期、游玩天数，完成一项加3分，总计6分	

续表

评分项	考核内容	考核标准	分值
信息确认完整度（33分）	大交通要求	飞机、火车择一即可 飞机：航班时间、航司偏好，完成一项加3分，总计6分 火车：班次时间、座席等级，完成一项加3分，总计6分	
	酒店要求	确认位置、级别、房型，完成一项加3分，总计9分	
	景点/活动要求	确认客户对景点或活动安排的偏好，加3分 进行景点或活动推荐，加3分	
	证件信息确认	确认护照有效期、签证办理情况，完成一项加1分，总计2分 （备注：境内目的地不做考核，加2分）	
专业技能（27分）	普通话标准，吐字清晰	咬字清晰，加3分 无地方口音，加2分	
	目的地熟悉度	无法解答或模糊回答客户提出的目的地相关问题（0—3分） 能解答客户提出的大部分目的地相关问题（4—7分） 能解答客户提出的所有目的地相关问题（8—10分）	
	有效回答客人提出的问题	能有效、完整地回答客户的问题（可参照首呼中客户的高频问题随机提问两题），答对一题加6分，总计12分	
沟通技巧（15分）	沟通顺畅	表述内容清晰准确、措辞得当，加5分； 能有效回答客户的问题（内容准确），加5分	
	逻辑清晰	沟通有条理，可以有条不紊地向客户确认所有信息，加5分	

（资料来源：携程旅游学院）

 巩固提升

赵先生北京四天三晚亲子定制游

1.旅游定制师收到的平台需求单

旅游定制师收到的平台需求单如表1-12所示。

表1-12 游定制师收到的平台需求单

预估出游时间	8月3日至8月6日
目的地	北京
预估人均预算	5000元/人
预估出行人数	3人（2名成人1名小孩）
其他需求	亲子游，孩子喜欢动物和历史文化，酒店档次高一些，不想长时间坐车，想体验当地的美食以及特色亲子活动

2.旅游定制师首呼

旅游定制师：赵先生，您好！我是××平台的旅游定制师××，我看到您在平台上有一个从郑州出发到北京的需求单，可以耽误您五分钟时间跟您核对一下吗？

客户：好的，你说吧。

旅游定制师：赵先生，我看您在平台填写的出游时间是8月3日至8月6日（周四至周日），想问问您，这个时间可以微调吗？

客户：不行，我只有这几天的假期。

旅游定制师：好的，我明白了。我看您家出游的人员是两大一小亲子游，请问您孩子多大？男孩还是女孩？

客户：男孩，马上10岁了。孩子很喜欢小动物和历史文化，所以想利用这几天假期陪陪孩子，也让孩子了解一下首都北京的历史文化。另外，8月5日是孩子10岁的生日，请一定给我们特别安排一个惊喜的生日活动。

旅游定制师：您平时工作繁忙，利用假期陪孩子是一个不错的选择。我看到您在订单中提到希望体验北京的美食和特色亲子活动。

客户：是的，有这个打算。所以希望通过你们专业的视角，好好给我们全家谋划一下这次难得的出游。

旅游定制师：请问您是第一次去北京还是之前来过？

客户：以前自己去过，但孩子没有去过，所以你可以结合一下我的需求来推荐。

旅游定制师：好的，没问题，赵先生。根据您的需求，在景点和特色活动方面，我为您推荐北京自然博物馆、故宫、北京动物园、北京海洋馆以及中国国家博物馆，这些景点都是很多亲子家庭来北京旅游的首选。在这些景点的游览过程中，合理地为您和全家添加上亲子互动活动。比如：北京自然博物馆的夜游活动和亲子DIY制作"幸福水藻球"，故宫的研学活动"皇宫里的职业体验——我在故宫当工匠"，等等。在美食方面，我推荐您可以选择极具北京风味的炸酱面、烤鸭等，去南锣鼓巷边逛边吃也是不错的选择。另外,针对您说的生日惊喜活动,我为您推荐在北京海洋馆与白鲸互动潜水庆生活动,相信这个活动一定能给您的宝贝留下一次难忘的生日体验。您看这些景点和活动您感兴趣吗?

客户:都挺好的。用餐方面,我们选择全程自理,方便自选。另外,潜水庆生在安全方面有什么保障呢?

旅游定制师:这个请您放心。用餐方面,对于需要提前预约的名店,我们也会为您做好提前预约。潜水方面,为了保证安全,我们不仅为宝贝购买了潜水保险,而且全程提供专业教练及团队的保驾护航。这次您从郑州出发到北京,我帮您看了一下,在大交通方面,选择高铁最省时省力。为了增加舒适度,缓解旅途疲劳,我推荐您可以选择高铁的商务座。另外,在北京的小交通方面,我推荐您选择包车,可以节省时间。我们也可以为您配备一名会开车的行中管家全程为您服务。

客户:可以的。不过,在高铁时间安排上不要选择太早的车次。行中管家选个男士吧,驾车技术一定要过硬。

旅游定制师:这个没有问题,高铁时间建议在10:00左右。行中管家也会根据您的需求精心选择安排。您看可以吗?

客户:好的。

旅游定制师:住宿方面,我看您说需要档次高一些的酒店,那我为您推荐首都宾馆。这个宾馆地理位置优越,交通极其便利。请问您想选择什么房型?豪华套房还是亲子套房?

客户:亲子套房吧。

旅游定制师:好的,明白了。亲子套房可以有很多主题的选择,随后发给您,您选择好后可以提前联系行中管家为您预约准备。另外,在孩子过生日当天,我们赠送当天的亲子套房以及用餐环境的生日布置,希望能给孩子一个生日惊喜。您看这样安排可以吗?

客户:好的,谢谢你。

旅游定制师:根据上述我和您核对的这些信息,请问还有需要补充的吗?

客户:没有了,等你的方案出来,我们先看一下,到时候再做调整。

旅游定制师:好的,赵先生。那我先不打扰您了,我会根据您的要求在2小时内尽快把方案做好,然后通过平台发送给您。请问下次什么时间联系您比较方便呢?

客户:19:00以后吧。

旅游定制师:好的,谢谢您!祝您生活愉快,再见!

客户:再见。

3.旅游定制师完善需求单

旅游定制师完善的需求单如表1-13所示。

表1-13 旅游定制师完善的需求单

首呼内容	内容细化
出游目的地	北京
出游人员构成	2名成人1名小孩（男孩，10岁，8月5日的生日）
出游日期/天数	8月3日至8月6日，4天行程
出游目的	亲子游
交通要求	大交通：10:00左右的高铁商务座 小交通：包车，5座的商务车
酒店要求	首都宾馆，亲子套房，男孩主题 生日当天赠送房间的生日布置
景点/活动要求	景点：北京自然博物馆（夜游）、天安门、故宫、北京动物园、北京海洋馆、中国国家博物馆 活动：北京自然博物馆的夜游活动和亲子DIY制作"幸福水藻球"，故宫的研学活动"皇宫里的职业体验——我在故宫当工匠"，北京海洋馆白鲸互动潜水庆生活动等
餐饮要求	全程自理，旅游定制师推荐餐厅，自己点菜结账
费用预算	人均5000元

| 案例分析

赵先生北京四天三晚亲子定制游

项目二 定制需求分析

项目情景

定制旅行产品设计是基于对客户需求的精准分析。需求分析是定制产品设计开始前的首要任务,是定制师工作过程中非常重要的基础和前提。定制师要根据首呼落单做好需求收集和整理,通过需求分析开始定制旅行产品方案。

本项目包含三个工作任务:一是核心需求研判;二是客户需求调整;三是产品资源匹配。通过学习,学生应掌握客户的类型及特征,理解定制产品资源概念及内容,了解定制产品来源的途径,掌握需求分析理论及需求合理性的判断;掌握产品资源匹配的方法,能够根据客户类型及诉求明确客户的核心需求,匹配适宜的资源,根据科学的理论判断客户需求的合理性,帮助客户调整需求,提高成单率。

学习目标

● 知识目标

(1)掌握客户类型的划分及各类型客户的表现特征;
(2)掌握客户核心需求判断的方法;
(3)熟悉需求合理性的概念及判断因子;
(4)掌握调整客户需求的目的、内容与方法;
(5)了解定制产品资源的概念和内容;
(6)理解需求分析的理论基础;
(7)掌握定制产品资源获取的途径及资源匹配的方法。

● 能力目标

(1)能根据客户的需求单及前期的沟通快速地、准确地判断客户所属的市场;
(2)能根据前期收集的客户需求信息进行判断,快速地分析客户需求的核心诉求点;

（3）能将可掌控的产品资源与顾客需求进行匹配，判断客户行程需求的合理性；

（4）能根据所掌控的产品资源来调整客户的期望值，提高成单率；

（5）能根据客户需求进行针对性的行程推荐和有价格优势的产品资源推荐，提高成单率。

● 素养目标

（1）通过需求单提取客户特征，分析并判断客户类型，培养学生逻辑思维能力，提高自身的专业素养；

（2）通过对首呼沟通中客户的详细信息分析，培养学生分析问题的能力与沟通意识，增强学生的服务意识，提高学生的职业自信；

（3）通过需求合理性判断，提高学生自身洞察力与判断力；

（4）通过对客户需求单的调整，培养学生挖掘客户深层需求的能力以及对客沟通技巧，增强服务意识和专业素养；

（5）通过寻找产品资源，要求学生具备探索、求真务实、精益求精的精神，培养分析能力与判断力。

知识框架

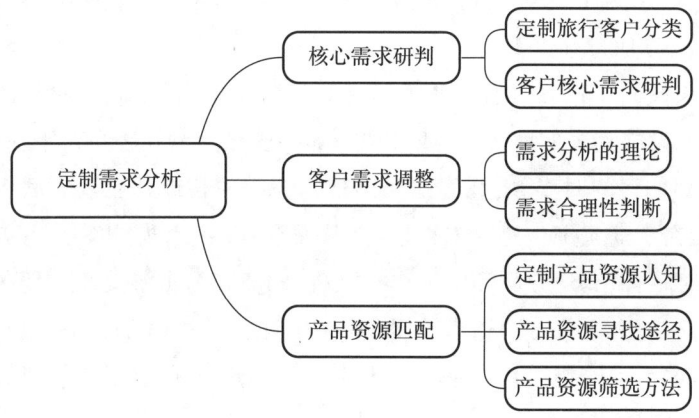

 知识传递

任务一　核心需求研判

一、定制旅行客户分类

（一）销售渠道

根据销售渠道，定制旅行客户可分为线下客户和线上客户。定制旅行客户群体与常规跟团游、自由行相比,更加注重个性化的旅行服务,具有追求品质、有一定经济实力、注重旅行体验、希望节省时间等共同特征。

1. 线下客户

线下客户是指通过旅行社门店、个性化服务旅游企业及机构预订定制旅行产品的客户。

2. 线上客户

线上客户是指通过在线旅游企业定制服务平台预订产品的客户。

(二)客户群体

根据客户群体,定制旅行客户可分为散客客户与企业客户。定制旅行不能简单地理解为特殊的交通工具、单独的住宿和个性的餐饮,其最重要的是向客户提供理想中与众不同的旅行体验及优质的旅行服务。不同类型的客户群体,其特征也有所差异。

1. 散客客户

散客客户的出游偏好为婚礼、蜜月、亲子、游学、摄影、美食、购物、户外等。

(1)婚礼客户的特征。

婚礼客户倾向于选择具有优美的自然环境、浓郁的民俗风情的目的地,如浪漫的海滨地区和设施完善的度假地,或者选择那些曾经给婚礼客户留下深刻印象的地方。在游览和住宿的时候,婚礼客户愿意选择高端住宿或特色奢华酒店,追求私人空间,希望能在宁静氛围中感受二人世界,从而升华感情。婚礼客户一般花费较高,旅行时间相对较长,交通方面倾向于选择飞机、邮轮作为出游交通工具。

在活动安排上,婚礼客户追求浪漫,喜欢有创意、个性化的产品,重视服务细节,因此,目的地的活动安排需要注重个性化体验活动,同时彰显品质与档次。

(2)蜜月客户的特征。

蜜月旅游最重要的是浪漫氛围的营造,需要制造值得回味的浪漫瞬间;从蜜月旅游购买决策主体的特征分析来看,影响力较大的通常为女性,女性对蜜月旅游的投入和重视程度比男性高,在决策中起关键作用,从需求识别到蜜月旅游产品购买意向形成的过程中,女性更注重的是情感与心理上的满足。因此在产品设计、营销宣传等方面,旅游企业应着重研究女性蜜月客户的特点。

蜜月旅游的消费水平较高,新婚夫妇为蜜月旅游准备了充足的预算与时间,因此,计划的出游时间更长、出游距离更远、消费的时空范围更大。作为一生中一次极为重要的旅游活动,它强调了新婚夫妇共同拥有的独特体验,所以重复购买率较低,蜜月客户的价格敏感度较低;在细节安排上,要注意行程的浪漫主题,安排酒店房间蜜月礼遇;推荐浪漫餐厅,并提供预订服务;行程结束后赠送蜜月旅程纪念,如纪念相册、纪念视频、旅行纪念徽章等可长久保存的定制型纪念品。

(3) 亲子客户的特征。

① 关注孩子需求,重视教育。亲子游是以"子"为根本,以"亲"为纽带,以"游"为载体,核心在"子"。从出游时间来看,家长工作繁忙及孩子上学是限制亲子游时间的主要原因。春节、劳动节、端午、暑假等节假日成为亲子客户出行的高峰时间,一般来说亲子客户出行高峰为每年1—2月、7—8月及10月。根据市场调查,家长们把亲子游视为课外教育以及增强与孩子沟通的重要契机,这也就意味着亲子游产品不能只关注孩子的玩耍需要,而是要增加教育性内容,注重寓教于游,为亲子间的互动和交流创造更多美好而宝贵的情境。亲子游产品对孩子的健康成长有着积极的促进作用,必须注重这类产品的健康性、教育性、科普性及生态性功能的设计。

② 需求兼顾性,互动性强。从本质上讲,现代的亲子游应同时满足家长与孩子双方的旅游需求,"亲"与"子"并重。亲子游重要的是参与,是"亲子互动",家长需要参与到孩子的活动与成长过程之中,双方在互动中进一步加深理解。那么,这就需要对产品进行差异化设计。亲子游要达成"亲子"的目的,互动性是最突出的特质,只有通过互动,才能传递"亲"与"子"之间的信息。因此,定制师在进行产品设计时应兼顾家长的需求,加入更多的互动元素,重视亲子关系及体验。在活动安排、行程设置上,要契合家长与孩子共同出游的需求;在酒店选择上,要更加注重酒店的配套设施是否齐全、是否关注生活细节。

③ 重视产品差异化,分年龄段设计产品。不同年龄段的孩子需求也不一样,亲子游产品应根据不同年龄阶段,推出差异化项目,凸显个性化。亲子游主体的特殊性、旅游目的的独特性,造成了它与传统观光旅游、成人旅游诸多不同的性质和特点,只有充分把握亲子游主体不同年龄阶段的喜好和诉求才能打造真正意义上功能完备、品质出众的亲子游线路和产品。

(4) 游学客户的特征。

游学的本质是学与游的融合,它是一种具有目的性的、将学习融入旅游当中的活动。游学客户希望能通过游学唤起好奇心、开阔眼界、增长见识、提升能力、学习新技能等。因此,应合理安排"游"与"学"的比重,提升旅游活动的参与性、体验性和文化性,寓教于乐。值得注意的是游学产品的购买与消费分离;游学产品的购买者是家长,但消费者是学生。在购买阶段,家长作为购买者占据主体,而学生作为旅游消费者间接影响购买者;在旅游的核心体验阶段,学生是主体,家长事先购买旅游产品,却不参与其中;在设计产品时,兼顾两者的感受和需求很重要。

(5) 摄影客户的特征。

摄影客户以男性居多,更喜欢在旅行中进行专业性的拍摄,而女性更多地表现出对摄影图片效果的高度关注。通常摄影客户的设备器材价格较贵、消费水平也较高、支付能力较强、受教育水平普遍较高、具备一定的摄影素养、专业性很强,专业的摄影旅游酒店和家庭旅馆是摄影旅游爱好者比较喜欢的住处,他们在保健和娱乐方面的花费较高。

摄影客户扮演着摄影者和旅游者的双重角色,但摄影是其主要目的,他们期望能拍摄出优秀的作品、增强摄影能力,同时也期望可以丰富精神世界。此外,由于他们较为熟悉目的地的基础环境,更愿意选择再次前往目的地进行摄影旅游,重游率高。摄影客户倾向与兴趣一致的伙伴一起旅游,如他们喜欢跟着自己所在摄影协会的成员一起出行。摄影产品设计需注重季节性。一些摄影旅游目的地,如黑龙江雪乡、福建霞浦滩涂、新疆禾木、江西婺源、内蒙古额济纳胡杨林、云南元阳哈尼族梯田等,虽然摄影旅游资源丰富、稀缺、独特,但具有一定的季节性。这些地方摄影客户的出游频率明显高于其他游客,旅游经验更加丰富。摄影客户具有突出的个性,且自由性表现突出。

(6)美食客户的特征。

美食旅游的参与性强,美食客户注重旅游体验。美食旅游最重要的是品位,这种来自味觉的美感既是有形的,又是无形的,美食旅游可充分调动人的视觉、味觉、嗅觉、触觉。虽然美食旅游客户有不同的细分,其偏好也有差异,但是都比较重视旅游体验。例如:新奇探索型美食客户渴望现场向手艺人学习,并亲自参与美食制作,比较享受美食带来的新奇感受;体验型美食客户希望在美食旅游中放松身心,在意美食所带来的感受,喜欢观看带有艺术性的烹饪表演;狂热型美食客户对各类与美食相关的活动都很热衷,并且会因美食旅游资源的吸引而多次重游,是美食旅游的重点开发客户。此外,美食旅游其他的参与性活动,如观看烹饪竞赛、茶艺扮演和学做地方菜等,都能激起人强烈的模仿欲。

(7)购物客户的特征。

购物客户在选择目的地时,从单一地注重实效转向注重实效和享受。购物客户不仅考虑商品的产地优势、价格优势、名牌优势,还特别在意目的地的社会治安环境,以及便利的交通、出入境手续的繁简等。此外,目的地优美的自然环境和人文风情也是其重要的考虑因素。他们希望在满足自己购物欲的同时,进行观光游览活动。

购物游的季节性不明显,时间制约性不强。购物客户倾向于前往拥有较多的大型购物商场、特色市场(当地集市、夜市等),以及免税店等购物场所的国家和城市,希望了解当地特产介绍、目的地地理位置、往返交通推荐、购物优惠信息、退税办理方式和流程、购物注意事项等内容。

(8)户外客户的特征。

① 目的地选择小众化,喜欢冒险。户外客户更喜欢选择非热门目的地,具有冒险精神,在选择目的地时,他们通常以尚未开发或知名度较低的目的地为主,食宿则主要依靠自带食物和搭帐篷来解决。这些小众目的地因缺乏宣传,游客对其知之甚少,大多靠"驴友"口口相传。在旅游过程中,他们强调体验与自我实现,通常以放松身心、缓解压力为目的,寻求探险、挑战、刺激,习惯群体出行,坚持可持续发展与适

度、环保的原则,注重人与自然和谐相处,具有公益、慈善、乐于助人之心。

② 性格与年龄特征明显。一般来说,由于男性好奇心较强、具有冒险精神,户外旅游的男性参与程度较高。加之社会赋予男性的压力较大,所以男性渴望通过户外体验释放工作生活压力,实现自我。户外客户主要为青年人群,此年龄段的人群精力相对充沛,是户外旅游的主要客源。此外,中年人群也有部分参加者。

③ 渴望个性化体验。如今,参加户外旅游的人群受教育程度和素质越来越高,他们绝大部分经济状况良好,渴望高品质、自由化、个性化旅游产品,倾向于跟随俱乐部出游。户外旅游这一新型旅游方式满足了客户个性化的需求,为客户真正实现体验、展示自我提供了良好的平台。

2. 企业客户

企业客户的出游偏好为商务、奖励、团建、会议、疗休养等。

(1) 商务客户的特征。

① 消费水平高,重视效率。商务客户的费用通常由其单位或组织内部统一支付或核定报销,相对来说,他们的消费能力较强,对商务配套设施有需求、要求高,对价格不太敏感。他们对旅游中的交通工具及下榻酒店非常讲究。交通工具首选的是飞机,酒店着重考虑的是商务设施的完善和服务人员能随时提供高质、高效的服务。

② 目的地重游率高,自主选择性较小。公司或相关机构的中高管理层以及市场业务人员是商务旅游的主要客户,客源相对稳定。因为国家、地区之间的经济关系大多具有长期性,公司跨地区的营销、合作以及投资项目的运作都存在较长的周期,在此期间需要大量重复性的商务旅游,甚至很多重复性商务活动是由同一人承担的,所以他们进行的商务活动及目的地相对稳定,常多次前往同一个目的地。其外出旅行的时间、旅行方式、目的地更多是公司意愿的体现,并非本人能决定。外出旅行对他们来说更像常态化工作,商务是首要的,旅游是次要的。

③ 出游受季节影响小,涉及服务行业多。虽然一个国家或地区政治、军事、治安局势的恶化或者疫病的流行会使旅游者数量大幅度减少,但由于经济活动的惯性,异地交往、当面敲定、现场交割的商务行为依然不能被日益发达的互联网业务替代,商务旅游的减少趋势略显平缓。此外,商务客户较少受季节、气候影响,有利于平衡旅游淡旺季。

(2) 奖励客户的特征。

① 需求档次高,消费水平高。奖励客户无论在交通、住宿、餐饮、接待、游览、娱乐等各方面的需求均体现出高档次的特点。对实施奖励旅游的企业来说,价格不是重要的考虑因素,而是为了对优秀员工起到很强的激励作用。奖励客户的消费水平比较高,奖励旅游过程中的每一个环节都要求提供最优质的服务,最终在活动内容、组织安排以及接待服务上做到尽善尽美。奖励旅游在目的地选择上,热衷国内知名

城市及附近地区,而在国外目的地选择上,则更偏好于距离较近的周边国家。

② 季节性不强,专业度高。在出游时间选择上,奖励旅游比较重视旅游活动效果,通常选择避开旅游旺季出行,但有时候也会选择旺季出游凸显公司实力。奖励旅游作为一种高标准、高品质的专项旅游产品,其活动安排与公司的企业文化相适应,充满着富有浓厚人情味和浓郁文化气息的活动项目,具有鲜明的企业文化特征。定制师需要对奖励公司相关的专业知识和专业操作技术进行深度、充分的市场调研,将企业文化与精神融入奖励旅游产品以符合其专业度高的特征。

③ 激励作用明显,创意性强。员工普遍认为参加奖励旅游是一件光荣的事,这极大地满足了个体的成就需求。奖励旅游并非简单地提高接待标准的豪华旅游,而是融入了企业管理目标的、具有创意的旅游形式,是一种创造性的旅游活动。奖励客户渴望通过它获得与众不同的体验。奖励旅游通过各种主题活动的巧妙策划和精心安排,把各个旅游要素有机组合在一起,从而满足奖励客户的需求、实现企业的奖励目的。质量和创意是衡量奖励旅游成功的关键标准。

(3) 团建客户的特征。

① 功能性需求强烈。团队拓展旅游作为一种新的旅游方式,具备愉悦性这一旅游的本质属性,团建客户在参加团队拓展旅游的过程中渴望享受到旅游带来的身心愉悦。除此之外,团建客户在旅游过程中希望能感受到拓展旅游所带来的教育意义,从团队拓展旅游的功能来看,参与者个人希望能增强自信心、提高身体素质、开发个人潜能、改善社会人际关系等。而对企事业单位的组织者来说,他们希望通过团队拓展旅游培养员工的团队协作精神,克服惰性,激发想象力和创造力等。

② 团体协作性高。团队拓展旅游的各个项目活动不仅需要成团才能开展,更重要的是它要求参加团队拓展旅游的成员之间能相互鼓励、互相信任、团队协作、共同前进,只有这样才能让活动卓有成效地完成。

③ 强沉浸式体验性。传统旅游活动中,客户在旅游地进行观赏、休闲,也会安排参与性活动,但与团队拓展旅游相比,传统旅游的参与性活动仅仅是整体旅游活动中极少的一部分,且并不要求所有客户都参与其中,不感兴趣的客户可以自由选择。然而,团队拓展旅游的项目要求全体客户积极参与其中,这在生理和心理上对客户都是挑战,具有强沉浸式体验性。

(4) 会议客户的特征。

① 数量庞大,范围广泛。会议客户包括会议主办者、策划者、会议代表以及会议展览商。会议旅游通常是一人开会,多人出游。很多会议代表都会有陪同人员协助其完成与会事务,如秘书和助理等。同时也有一部分会议代表会携带家属。此外,还有一大批会议旅游的附属活动参与者,如在大型会议活动中,对会议进行追踪报道的网络媒体,以及报刊、电视台的工作人员等。

② 消费水平高,以信息交流为主。消费水平高是商务客户的普遍特征,由于大部分费用由公司支付,客户对交通、住宿及餐饮这三项的消费价格并不是很敏感。

会议客户拥有更高的消费能力,乐于将资金用在观光、购物、娱乐等旅游项目上。另外,会议客户选择下榻的酒店代表了公司形象,因此,会议客户对接待设施的要求高于其他客户。不同于以休闲为主要目的的旅游形式,会议客户虽然会借会议之机进行观光游览和娱乐活动,但是其重点仍在于会议本身,要通过参加会议获取有利于组织和自身发展的新思想,开阔眼界。会议组织的权威性、会议主题的创意性、参会人员的知名度等是决定会议吸引力的关键因素。

③ 旅游时间短,缺乏自主性。由于会议客户到达目的地主要是为了参加会议,所以其旅游时间必须根据会议安排确定,缺乏自主性。通常大部分会议客户的出游时间集中在会议结束后,少数人会提前几天到目的地旅游,还有极少部分人会趁会议休息的时间出去旅游(比如午休或晚上的时间)。

④ 重游率高,弥补淡旺季波动。由于会议的召开很多都具有一定的周期与规律,加上部分会议会址固定,或者会在几个地区中轮换选择,会议客户的重游率明显高于观光与休闲度假游客。这样便能为会议旅游目的地带来不少固定客源。从会议组织的角度而言,为获得交通和住宿的保障,保证会议顺利召开,主办方常常避开旅游旺季,而旅游接待企业为了避免淡季客源不足、服务设施设备闲置,也会在淡季加大宣传与促销力度。

(5) 疗休养客户。

① 年龄覆盖范围广,需求有差异。处于不同年龄段的人的身体会出现不同变化,存在不同方向和程度的疗休养需求。例如,年轻人比较在意追求塑形、美容等外在健美,中年人精神调养需求强烈,老年人则更倾向于选择侧重养生、治疗功能的产品。因此,针对疗休养客户的定制旅行产品要考虑年龄因素。同时,不同职业类型的疗休养客户对定制产品也存在不同需求。此外,客户受教育程度和其旅游需求正向相关,而性别因素对疗休养客户的购买意愿并无显著影响。

② 停留时间长,活动安排多样。疗休养旅游按照类型可以分为健康疗养、老年病疗养、职业病疗养、骨伤康复、慢性病疗养等。一般疗养时间为一周起,有些需要一个月甚至更久。各个疗养院的疗养项目非常齐全,一般会安排体能训练,如日常的出操、爬山、散步、球类运动等,还配备理疗、泡温泉、体检及治疗项目。除了日常的疗养安排,此类旅游还有休闲度假活动安排。

③ 出游意愿高,注重安全性。员工希望通过疗休养旅游达到开阔视野、消除病痛、修身养性、放松身心等目的;企业则希望通过疗休养旅游,进一步增强企业的凝聚力,提高员工的工作积极性、主动性与创造性,让员工为企业创造出更大财富。因此,员工一般都愿意参加企业安排的疗休养旅游。此外,退休的老年人在身体条件允许的情况下,希望通过旅游丰富生活体验、增长阅历的需求并没有随着年龄增长而下降,他们在时间选择上很灵活,并且呈现出"错峰"趋势。疗休养类定制旅行产品属于新兴旅游产品类型,与大众旅游产品相比,人们对其认知程度有限,对其安全性存在疑虑的可能性比较大。安全性对疗休养客户的定制意愿产生显著影响。

(三)消费水平

根据消费水平,定制旅行客户可分为高端定制客户和大众定制客户。

1. 高端定制客户

高端定制以高端人群的旅游定制需求为主,为其提供高端产品及服务。高端定制旅行的判定核心是资源的稀缺性和服务环节的极致性。高端定制旅行较大众定制旅行来说,更需要独特的资源和深度的体验。高端定制客户更注重定制师对其需求的独特理解,以及定制师匹配资源的能力和对于目的地的高认知。

2. 大众定制客户

大众定制以大众旅游需求为主,提供高性价比的旅游产品及服务。大众定制旅行主流形式是根据客户提出的初步需求,设计出一个定制旅行方案,再根据客户提出的建议进行修改,最后根据方案采购资源或代为预订。客户对稀有资源的需求并不大,多数现有资源已经可以满足其需求,客户更注重的是产品的性价比,以及资源的搭配和组合。

二、客户核心需求研判

(一)根据需求单初步判断客户类型

客户需求分析是定制师进行产品设计前考虑的核心要素之一,只有把握住客户的核心需求,定制师才能让客户满意、提升客户的认可度。一般情况下,定制师可以通过分析客户提交的定制需求单上的出游特征来初步判断客户所属的类型。由于客户填写的需求单比较简单,定制师一般会根据经验和专业进行初步判断。散客需求与客户类型对照表如表2-1所示。

表2-1 散客需求与客户类型对照表

客户需求单内容	客户信息	判断类型
目的地	海岛类	蜜月、婚礼、摄影、亲子
	山体类	户外、游学、摄影
	城市类	购物、美食、游学、亲子
	乡村类	摄影、美食、亲子
出行时间	2日	摄影、美食、户外、亲子
	3—5日	购物、美食、户外、亲子
	6—7日	蜜月、婚礼
	7日以上	蜜月、游学

续表

客户需求单内容	客户信息	判断类型
出行人员	2人	蜜月、婚礼
	3—5人	摄影、购物、户外、美食、亲子
	5人以上	摄影、户外、美食、游学
费用预算	小于300元/（人·天）	摄影、美食、户外
	300—500元/（人·天）	美食、户外、亲子
	大于500元/（人·天）	婚礼、蜜月、购物、游学

客户的需求单内容比较简单，一般包括出发地、目的地、出行时间、出行人员和费用预算，定制师重点对后四项内容进行对标分析。一般来说，客户类型可以根据出行人员和目的地很快区分，比如我们可以先把目的地简单地分为海岛类、山体类、城市类、乡村类四类，然后根据不同类型的客户对旅游目的地有不同的倾向来区分客户类型（如目的地是海岛类的客户，其类型可能是蜜月、婚礼或摄影客户，而目的地是乡村类的客户，其类型可能是摄影、美食或亲子客户）。假设客户出行时间较长、2人出游、费用预算比较高、目的地为海岛，根据表2-1，我们可以通过上述信息推断其为蜜月或是婚礼客户。这也就是说，定制师可以根据客户需求单上简单的信息，结合以往的经验，逐项核对，初步判断客户类型，从而对客户的基本需求进行预测。

（二）根据首呼沟通确定客户核心需求

定制师通过客户需求单，简单圈定客户类型范围后，要迅速做好首呼前的准备工作，通过电话核实客户的相关出游信息并记录下来后，在记录的详细旅游诉求中用心寻找客户的核心需求。要如何找到用户的核心需求呢？我们可以借助管理学家西蒙·斯涅克的"黄金圈法则"思维模式（又称黄金思维圈，Golden Circle）来进行倒推，从而找到核心问题，挖掘客户的核心需求。

黄金圈法则是一种思维模式，它把思考和认识问题分为三个圈层（见图2-1）：最外面的圈层是What层面，也就是做什么，指的是事情的表象；中间的圈层是How层面，也就是如何做，是实现目标的途径；最里边的圈层是Why层面，也就是为什么做。在思考问题时运用黄金圈法则就是要由内而外探究本质，通过思考为什么（Why）、怎么做（How）、做什么（What），找到核心问题。然而，黄金圈法则用在客户需求分析上需要倒推，即从外到内地挖掘核心需求。

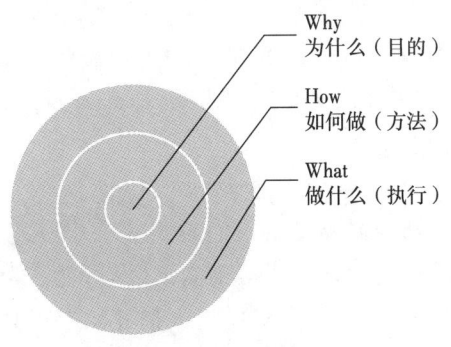

图2-1 黄金圈法则

Why——为什么(一般指目的、理念)：明确为什么要提供这些产品和服务,这个产品设计的目的和理念是什么。

How——怎么做(一般指行为、措施)：明确如何去做,提供怎样的可以有别于其他企业的差异价值、独特之处的产品和服务去迎合客户的需求。

What——做什么(一般指现象、成果)：明确客户要去哪里、做什么或是想要提供的配套服务是什么。

客户往往不清楚自身的需求是什么,我们要根据用户的详细信息发现问题,分析客户的旅游诉求中可能存在的问题,思考解决问题的方法,最后探寻客户深层次的潜在需求,进而挖掘核心需求。

在实际操作中,定制师通过需求单和首呼电话,初步判断客户类型,根据客户类型的旅行偏好和出游特征进行下一步的需求分析,明确哪些需求是合理的、可以实现的,哪些需求是无法满足的,通过调整需求,制定出符合客户性格特点以及能够满足其个性化需求的产品策略。

任务二 客户需求调整

一、需求分析的理论

(一)马斯洛需要层次论

1. 马斯洛需要层次内容

马斯洛需要层次论由美国心理学家马斯洛提出,从人类动机的角度提出的需要层次理论,他强调人的动机由人的需要决定,而人在不同时期有不同的需要占据主导地位,而其他需要则居于从属地位。人的需要从低到高分为五个层次分别为生理需要、安全需要、归属和爱的需要,尊重需要和自我实现需要(见图2-2)。

(1)生理需要。

生理需要是指人们为了维持最基本的生存所需要满足的要求。比如食物、水、衣物、睡眠等方面的需要。生理需要是推动个体行为的根本动力,也是最基本的需要,如果无法满足生理需要,那么人们唯一考虑的就只会是如何活下去,而对于其他的基本不做考虑。

(2)安全需要。

安全需要是指人们对于安全、秩序、稳定,以及避免恐惧、威胁与痛苦的需要。当人们的生理需要得到满足之后,就产生了安全需要,比如人身安全、财产安全、健康保障等。在这个阶段,人们开始有更高的追求,如房子、轿车、工作、存款等,这些成了推动个体行为的动力。

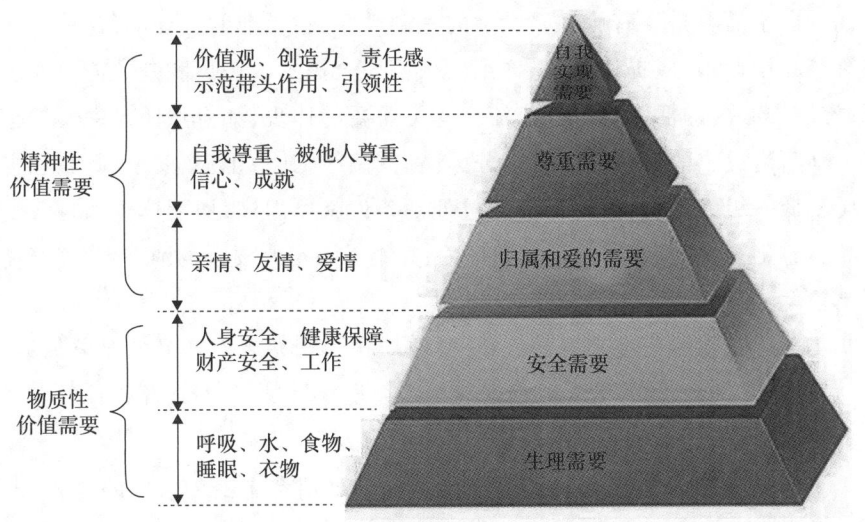

图 2-2 马斯洛需要层次结构

（3）归属和爱的需要。

归属和爱的需要是指人对于社会、社交的联系的需要，需要感情联系、被认可，乃至于有地位等。归属是指人需要在某个组织或者群体中获得认可，并且有归属感，希望成为群体的一员，大家相互关心和照顾。爱是指人都希望获得友情和爱情，人是群居动物，需要和其他人关系融洽，收获友情和爱情。归属和爱的需要已经是比较高层次的需要。在这个阶段，人为了满足归属和爱的需要而产生的动力将会超过其他需要。对于一个刚刚解决温饱问题的人，群体归属和爱是激励和指引个体行为的巨大动力。

（4）尊重需要。

尊重需要属于更高层次的需要，主要是指成就、名声、地位、升职等方面的需要。它包括自我价值体现的个人体现，也包括他人的尊重和认可。比如一些士绅名流或者慈善人士追求的目标是希望进一步被社会、被他人尊重和认可，所以为了满足这个需要而产生的动力也是巨大的。

（5）自我实现需要。

自我实现需要是最高层次的需求，比如实现理想、推动社会发展、改变时代等。一些成功人士仍选择不懈奋斗，就是为了创新、为了实现自己的理想和抱负，从而满足自我实现需要。

2. 马斯洛需要层次论在旅游产品定制中的运用

马斯洛需要层次论是一个宏观的理论，有助于将客户需要层次与产品本身功能相结合来实现客户需求目标。简单地说，就是当人们的底层需要得到满足后，才会进一步追求更高层次的需要。这一点对于实际工作具有启发意义。对旅游而言，在食、住、行、游、购、娱六要素中，食、住、行属于生理需要，在进行定制旅行产品设计时，要将其全部考虑在内，即使客户要求某个要素自理，如餐饮自理，也要提供餐饮建议。安全需要是所有旅游要素中的基础需要,也是非常重要的需要,因此在定制旅行产品设计中,应提供丰富、详细的旅游安全提示。归属和爱的需要属于情感需要,旅游中必要的活动安排和交流是这类需要的体现,如企业团建中安排拓展活动等。马斯洛提出的五种需要可以分为高、低两级,其中生理、安全、归属和爱的需要都属于低一级的需要,这些需要通过外部条件就可以满足;而尊重和自我实现需要是高级需要,通过内部因素才能满足,尤其对于有定制要求的消费者,高级需要的比例比较大。

从产品定制的角度来看,每一个需要层次上消费者对产品的要求都不一样,即不同的产品满足不同的需要。根据五个需要层次,定制旅行产品设计需要考虑以下要素:

① 生理需要。定制旅行产品必须首先满足消费者最低层次的需要,即使这些需要没有明确说明或者支付费用要求定制。

② 安全需要。定制旅行产品要满足消费者对安全的要求,定制师要关注产品和服务对消费者身体和财物的影响。

③ 归属和爱的需要。定制旅行产品要满足消费者对交际的要求,定制师要主动与消费者保持互动,为消费者与亲朋好友沟通提供便利条件,满足消费者爱和交际的需要。

④ 尊重需要。定制旅行产品要满足消费者与众不同的需求,定制师要关注产品的象征意义、内在价值,并且让消费者能够认知和感知其意义和价值。

⑤ 自我实现需要。定制旅行产品要符合消费者自己的判断标准,定制师要创造机会发挥消费者特长、挖掘消费者潜能、展示消费者才华,以及提供助人的机会。

经济学上,"消费者愿意支付的价格≥消费者获得的满意度",也就是说,定制旅行产品所满足的消费者需要的层次越高,消费者能接受的产品定价就越高。市场越低端,竞争越激烈,价格竞争就是将需要层次降到最低,消费者感觉不到其他层次的满意,所以愿意支付的价格也就很低。因此,在保障消费者低层次需要满足的同时积极提升定制产品的高层次需要,是定制师需要持续努力的方向。

(二)卡诺(KANO)模型

1. 卡诺(KANO)模型的内容

卡诺(KANO)模型是由狩野纪昭(Noriaki Kano)发明的。1984年,他首次提出满意度的二维模式,构建出卡诺模型。它是对客户需求进行分类和优先排序的有效工具,以分析客户需求对客户满意的影响为基础,体现了产品性能和客户满意之间的非线性关系。根据不同类型的质量特性与客户满意度之间的关系,狩野纪昭将产品服务的质量特性分为五类:基本(必备)型需求、期望(意愿)型需求、兴奋(魅力)型需求、无差异型需求和反向(逆向)型需求。其中,前三种需求根据绩效指标分类就

卡诺模型在定制旅行产品中的应用

是基本因素、绩效因素和激励因素。

2. 卡诺模型在旅游产品定制中的运用

卡诺模型(见图2-3)对客户需求进行分类,并对客户的不同需求进行区分处理,帮助定制师找出提高客户满意度的切入点,识别使客户满意的重要因素。根据影响满意度的因素,客户需求可分为五个类型,下面分别进行分析说明。

(1) 基本(必备)型需求。

基本型需求也称为必备型需求,指的是客户对定制师提供的服务和产品的最基本要求。即使这些基本型需求超过了

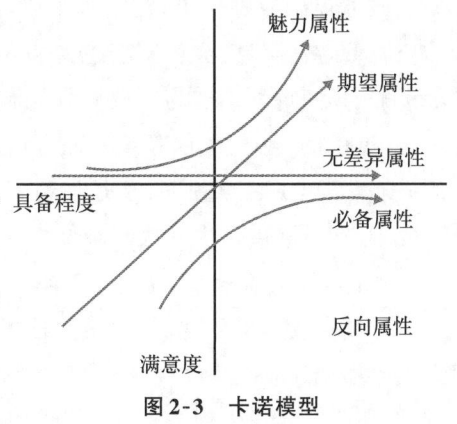

图2-3 卡诺模型

客户的预期他们也认为是应该的,优化此需求客户满意度不会提升;但如果不能满足这些基本型需求,他们会非常不满意。在旅行中,吃住、出行、游玩这些需求是必须要满足的基本需求,而购物和娱乐不是必需的,但是客户如果提出这些方面的要求,也就被视作基本需求。一旦没有识别出客户这些基本需求就设计产品,必然会引起客户不满。所以定制师在调整需求的时候,务必确认合理的基本需求都得到满足,因客观原因或主观前后矛盾而无法满足基本需求的地方一定要和客户沟通,视具体情况及时调整需求以获得客户认可。即使这些都做好了,客户也不一定会表现出满意,然而只要稍有疏忽,未达到客户期望,则必定会引起客户不满。因此,满足客户基本型需求是应该的,并不能提升客户满意度,并且一定不能出差错。

(2) 期望(意愿)型需求。

期望型需求也称为意愿型需求,指的是客户满意度与需求的满足程度成正比的需求。随着需求的满足,客户的满意度会显著提升。虽然期望型需求不像基本型需求那样是"必备"的,但有时候客户即使自己未必清楚需求是什么,仍希望需求获得满足。定制师需要根据客户类型,分析、挖掘出此类需求,这样才能在竞争中更有优势。期望型需求是在满足基本型需求的基础上的优化升级,通常提升效率或者增加数量都会让客户满意。比如旅游景区的Wi-Fi的稳定性越高,智慧旅游的质量就越好,客户满意度就越高。但是当客户的需求已经得到满足时,过度满足并不会获得更高的评价。比如在车上给客户由一次发一瓶水改为发两瓶水并不会使满意度提升。客户的期望型需求实际上就是旅游线路设计,定制师应根据客户的类型与特征,通过经验与专业判断,有针对性地调整期望型需求中不合理的地方,否则客户的不满就会增加。

(3) 兴奋(魅力)型需求。

兴奋型需求又称为魅力型需求,定制师在调整客户需求的时候,为了更好地提

升客户满意度,可以考虑为其提供兴奋型属性的旅游产品或者服务。兴奋型需求是不会被客户过分期望的需求,若没有不会不满意,若有则会非常满意。当客户未对产品或服务提出特别要求,定制师却给他们制造了一些惊喜,提供超出客户预期的产品或服务时,客户就会特别满意。如客户提出在英国研学旅游的时候需要有中文导游讲解,我们将其调整为专业蓝牌导游(英国最高级别的注册导游,经过专业严格培训,对英国的历史、文化等各方面有深入了解),此时这种稀缺的服务就提升了旅行的品质、超出了客户预期,于是加速了订单成交。一般我们为了更好地提升客户满意度,通常会提供至少一次兴奋属性的旅游产品或服务。

(4)无差异型需求。

无论提供或不提供此需求,客户根本不在意,满意度不会有丝毫改变,这类需求即无差异型需求。定制师在分析客户需求的时候,要根据客户特征挖掘真正的需求,摒弃那些对客户来说没有什么使用价值的需求,将精力投入前三种需求,以提高客户的满意度。

(5)反向(逆向)型需求。

反向型需求,又称逆向型需求,指引起强烈不满的产品特性和导致低满意度的产品特性。比如为心脏病客户提供的蹦极打折券,为自驾游客户提供的专车优惠券等。简单地说,并非所有客户都有相同的需求,定制师要根据他们的类型具体分析。如果客户根本都没有此需求,定制师提供它后反而会让客户满意度下降,并且提供的程度与客户满意度成反比。这些反向需求是定制师调整需求时应坚决摒弃的。

在实际操作中,定制师首先要全力以赴地满足客户的基本型需求,实现客户最基本的需求满足。其次,定制师要尽力满足客户的期望型需求,提供满足客户需求的额外服务或产品功能,使其产品或服务优于竞争对手并有所不同,引导客户加深对本企业的良好印象,使客户感到满意。最后,定制师要争取实现客户的兴奋型需求,为企业建立最忠实的客户群。

二、需求合理性判断

(一)需求合理性的概念

为了给客户提供量身定制的特色行程方案,定制师必须以客户需求为设计出发点。但在实际工作中,定制师并不能盲目迎合客户需求,只有在供给和需求上都合理才能够满足客户。在这里,需求合理性是指定制师从供给和需求两个角度,综合判断客户的旅行需求描述可最终呈现为个性化旅行定制产品方案的合理性。

(二)需求合理性的判断因子

客户价值的最大化是实现客户满意的前提,对客户来说,价值越大,满意度越高。定制师应先通过客户需求合理性分析再进行产品设计,这样其提供的产品会比竞争对手的产品更能满足客户需求,客户满意度也就更高。具体来说,定制师主要从供给角度判断客户需求是否可以实现,从需求角度判断客户需求是否自相矛盾。

1. 客户需求是否可以实现(供给角度)

从供给角度看,定制师必须清楚辨别出客户的需求在客观上是否有资源供给,在主观上是否有匹配资源。

(1)客观上是否有资源供给。

定制师通过调研实事求是地判断客户需求在客观上是否有资源供给。例如:企业提出奖励员工去月球旅游,这在当前技术条件下是无法实现的;客户提出在某个景区游玩时要入住当地的五星级酒店,而当地最高只有四星级酒店,在供给方面没有相关资源来满足客户需求。

(2)主观上是否有匹配资源。

每位定制师都有自己的独门秘籍,拥有资源控制渠道,如拥有卢浮宫闭馆后参观的资源、拥有大英博物馆馆长亲自讲解的资源等,甚至很多资源为某位定制师独有。虽然定制师有一定的资源控制渠道,但不可能面面俱到,如团建客户提出在山中蹦极的需求,而定制师在此山控制的户外资源是攀岩,主观上控制的资源不能满足客户需求。

2. 客户需求是否自相矛盾(需求角度)

(1)需求与客户类型特点自相矛盾。

按照常规来说,相同客户类型应有相似的特征,但客户提出的个别需求与此类型的客户特点完全相悖。如一群老年人提出去北戴河疗养的需求,定制师通过首呼了解到他们都在70岁左右,但他们要参加滑沙、滑草、滑翔机等刺激性项目,而疗休养旅游是以治疗疾病、康复疗养为目的的特殊旅游形式,是集休闲、观光与休养于一身的健康旅游,他们提出的参加刺激性项目与客户类型特点是相互矛盾的。

(2)同一需求点前后矛盾。

客户通常会对餐饮、住宿、交通、景点、娱乐、购物等有自己的想法,但是对于同一需求点有时候也会出现要求前后矛盾的现象。例如,客户要求必须乘坐某一航空公司的航班,同时要求起飞时间是早上,但实际上此航空公司的只有晚上的航班。这就会出现同一需求点前后矛盾。

(3)需求匹配的产品资源安排的时空矛盾。

客户的需求有时候在时间与空间安排上会出现不合理的情况。例如,客户提出一天要深度游玩两个景区后再返回市区用餐的需求,但景区之间以及景区与市区餐厅的距离较远,定制师在安排时就会出现矛盾。

(三)调整需求单

定制师通过需求单及电话首呼可判断出客户的核心需求,以便后续匹配产品资源来满足其核心诉求点。但并不是客户所有的需求都是合理的,在前期如果定制师发现需求不合理,不管是供给方还是需求方的问题,都应当积极调整,否则会造成客户对定制方案不满意或者为后期的行程埋下隐患。

1. 调整的目的

定制师对于需求不合理的地方,要及时与客户沟通并做出调整。满意度作为一种心理感受,是指客户需求被满足后的愉悦感。客户对商品或服务的预期与使用之后的感受进行比较,如果实际感知超出预期,那么客户的满意度将会提升,反之则会下降。客户价值是客户希望从某一特定产品或服务中获得的一系列利益,包括产品价值、服务价值、人员价值和形象价值等。客户成本是指客户为购买某一产品或服务所付出的成本,包括货币成本、时间成本、精力成本等。客户让渡价值是客户购买价值与客户购买成本之差,它是衡量客户满意度的标准,一般来说,差额越大,让渡价值越大,客户满意度越高。我们可以用三种途径来提高客户让渡价值,提升客户满意度。第一,增加客户购买价值;第二,降低客户购买成本;第三,增加客户购买价值的同时降低客户购买成本。

定制客户感知价值可以理解为客户对定制师提供的旅游产品和服务进行感知,通过对个人成本和价值的评估,得出的总体心理评价。定制师调整客户不合理需求,为的就是在提高客户获得价值的同时,降低客户购买成本,实现客户价值的最大化,从而达到客户预期或者超过客户预期,提升客户满意度。要注意的是,客户价值基于客户自身的感知,并不基于企业对产品所期望的价值,也不基于产品的客观价值,客户对获得价值与购买成本等各要素的关注程度不同,因此,定制师需要围绕客户特征,在首呼后及时调整需求单中不合理的地方,坚决避免出现客户感知小于期望而引发不满的情况。保证满足需求,即让客户感知与期望一致从而获得满意;超出需求,即让客户感知超出期望,实现客户忠诚度。

2. 调整的内容

在调整需求内容的时候,定制师解决的就是如何通过需求合理性判断去调整不合理的地方的问题。例如:如何调整需求去解决客观上没有某产品资源的供给问题?怎样解决客户提出的需求出现的自相矛盾的问题?怎么防止由于主观上没有匹配的产品资源而导致的订单流失?这些问题主要表现在以下两个方面。

一方面,在可掌控产品资源的情况下,解决客观的问题和自相矛盾的问题,主要涉及餐饮、住宿、交通、游览、活动需求。

(1)餐饮需求不合理。

如果定制师发现客户餐饮需求不合理,可以从餐厅位置、类型入手进行需求调整。比如客户要求在某景区吃米其林大餐,但景区所处位置比较偏远且没有高档餐厅,客观上不能满足其需求,故定制师要么引导客户品尝当地的风味餐,要么将用餐地点由偏远地区改为市区的米其林餐厅。

(2) 住宿需求不合理。

定制师可以通过调整酒店的位置、星级及类型来调整需求。若因为主观上自己手头没有匹配资源,则一定要选择与客户原本需求近似的资源升级送给客户,获得客户好感。如一对情侣想利用周末去燕子沟住一晚五星级酒店,由于周末满房,定制师和山上的五星级酒店供货商没有合作,便与客户商量将住宿改成与其有合作的山顶特色气泡酒店,白天一起看云卷云舒,夜晚相伴赏满天繁星。气泡酒店较难预订且文艺浪漫,这样的安排实际上提升了客户的满意度,于是客户当即确定了订单。

(3) 交通需求不合理。

由于客户对各类资料了解不够,同一需求点前后矛盾在日常操作中经常出现。对于这种无法满足的矛盾,定制师应当根据实际情况,先提供几种解决方案,再与游客进行沟通。在交通方面,定制师主要靠调整大交通,如航班、航空公司、转机航班衔接等来满足客户需求。例如,客户明确要求在早上坐某一航空公司的航班,若时间和航空公司两个条件不能同时满足,我们根据客户更在意航空公司还是更在意出发时间,然后通过更改航班时间或者更换航空公司,或者通过转机来帮助客户在可能的范围内选择满意的航班与时间。

(4) 游览需求不合理。

当客户的游览需求不合理时,我们要尽量根据客户产品类型去调整景点之间的时间和空间的关系。很多定制客户会在自己设想旅游线路的时候,想当然地安排。但是在实际操作中,时间和空间的分配通常会出现不合理的情况。定制师需要做的是帮助客户找到这些需求矛盾点,根据自己手头掌握的资源,结合客户类型,为其推荐游旅比高的旅游线路。所谓游旅比,指的是客户从出发地到目的地再回到出发地的旅游线路全过程中,游览总时间与交通总时间的比值。游旅比的高低直接影响客户的旅游质量和出游效率,定制师在设计旅游线路时,应设计游旅比高的线路,减少不必要的交通时间损耗,优化旅游线路。比如客户要一天深度游玩两个景区后再返回市区用餐,然而由于景区与市区、两个景区之间距离较远,此需求无法实现。定制师可以根据客户需求提出游玩一个景区加市区用餐,或者游玩两个景区在景区附近用特色农家餐的方案,实现时间和空间上的合理化。

(5) 活动需求不合理。

如果客户的娱乐活动需求与客户类型特征有自相矛盾的地方,定制师应当再次确认客户类型,看是否前期有误判。如果判断有误,重新分析需求即可。若判断正确,就应当与客户充分沟通,提前告知这种矛盾的需求与客户原本的旅游期待是相违背的,极大可能会造成旅行不满意,最后建议客户选择更加适合自身需求的安排。例如,对于要求进行刺激运动的老年疗休养客户,我们可以从客观的项目年龄限制及主观的身体健康的角度劝说老年疗休养客户放弃这些项目,并建议增加历史观光活动,让他们的疗休养旅游活动更加丰富、更有意义。

另一方面,在产品资源客观不存在或者是定制师未掌控的情况下,同类型的产品资源若能解决需求问题,定制师便可将其调整为同类型的产品资源。这里需要注意的是,如果未掌控的产品资源恰好满足的是客户的核心需求点,那么调整产品资源后需超出客户期望,这样才有机会拿下订单。而未掌控的产品资源如果满足的是客户的其他需求点,调整产品资源后至少应当达到客户的预期,客户才会认可。当然,如果定制师掌控的同类型产品资源实在无法满足客户需求,那么他可以选择放弃订单。

在实际操作中,如果客观上没有相关的产品资源,定制师则要根据客户类型特征,挖掘客户需求,从客观情况出发,劝说客户重新选择资源,如月球旅游由于没法控制资源,加上身体素质要求高,目前不具有普遍性和现实性。根据客户的选择,定制师能看出其经济实力强、喜欢探险、敢为人先,因此可以有针对性地引导客户参与一些高端探险旅游,如极地探险等。

除此之外,定制师可以建议客户更换同类资源,必要时可以通过弥补方案或者升级服务来提升客户满意度。比如摄影客户想要入住五星级酒店但目的地只有四星级酒店,在住宿需求没办法满足的情况下,分析出住宿不是其核心需求,可以在餐饮质量与分量等方面来弥补,以尽力满足客户需求。又比如团建的目的地网络信号不佳,且不具备露营条件,而露营是其核心需求,定制师应当及时与客户沟通,尝试更换目的地或者通过增加网络信号器、升级山顶特色民宿或增加私人庄园探秘等方案来弥补客户,从而超出客户的预期需求。

> 同步思考
> 调整客户需求的方法有哪些呢?

任务三　产品资源匹配

一、定制产品资源认知

(一)产品资源的概念

定制旅行产品的优势在于能够依据游客的个性化需求,制订专属的行程计划。这对定制师整合目的地资源的能力要求较高。定制产品资源跟传统旅游资源相比,其广度和深度都更加宽泛。从定制师完成定制旅行产品设计的这个角度去理解,我们可以把"产品资源"视为定制旅行产品设计中不可或缺的各项资源要素的总和,包括交通、住宿、餐饮、旅游景区、购物、娱乐活动及特色资源,以及为满足特殊的定制需求所对应的服务资源。

（二）产品资源的内容

1. 交通资源

旅游交通是帮助旅游者实现从一个地点到另一个地点的空间位移的途径，包括航空、铁路、公路、水路和特种交通等多种基本类型。虽然旅游交通通常不是旅游的直接目的，但是旅游消费者对于交通的体验感是非常直观的。定制旅行中，定制师应充分考虑交通安排的合理性，尽力确保客户出行的便捷性和旅途的舒适度。对于无法避免的影响体验感的因素，定制师应做到心中有数，向客户做出合理的解释和说明，确保客户理解定制方案中的交通安排是在时间预算、价格成本、行程安排等前提条件下做出的合理选择。定制师需明确的各类交通信息（如起始地点、班次、途中时间、速度、服务、价格、预订要求等），进行合理的交通组合，为客户合理安排行程。

2. 住宿资源

在消费升级和旅游业转型发展的强大动力下，旅游住宿的形式也越来越多样化，除了传统的连锁品牌酒店，还有民宿、木屋、主题酒店、房车、帐篷等。旅游消费者对于住宿的要求也呈现个性化和品质化的特点。定制旅行中，住宿安排是否合理，是影响客户评价定制旅行产品的重要因素；住宿安排与定制需求的匹配度，也是确立定制旅行产品特色的关键性因素。因此，定制师应尽可能多地掌握目的地的各类住宿资源信息（如当地可供选择的住宿类型、位置、装潢风格、配套设施及服务、房间数量、房型选择、价格、预订要求等），从中为客户安排符合其定制需求的住宿。

3. 餐饮资源

"民以食为天"，我们的生活离不开一日三餐。在旅游过程中，餐饮体验是非常重要的一个环节。另外，在一些以"美食体验"为主题的定制旅行中，餐饮的品质与特色更是关乎客户满意的核心要素。如何让客人"吃"得满意，是一个需要定制师认真思考的问题，其中包括花费多少钱吃、吃什么、在哪里吃、何时吃、吃多久等一系列具体问题。因此，定制师应尽可能多地掌握目的地的各种餐饮资源信息（如当地的特色餐饮文化、各类特色餐厅的具体位置、营业时间、装潢风格、菜肴口味、上菜速度、人均价格、预订要求等），从中为客户挑选符合其定制需求的餐厅。

4. 旅游景区资源

旅游景区是定制旅行中吸引客户前往游览的明确的区域场所，是具备相应的旅游服务设施并提供相应旅游服务的独立管理区，能够满足客户观光、求知、康养等旅游需求。对于定制师来说，对旅游景区资源有全面、正确且深刻的认知，能够在产品设计中充分挖掘旅游景区的价值和内涵，是提升客户体验感的重要基础。对于定制需求非常明确的客户，定制师要合理安排旅游景区及游览主题，为客户提供更多深度体验的辅助服务。定制师需明确的各类旅游景区信息包括景区类型、资源特色、地理位置、内部交通、设施设备、主题活动、配套服务、门票价格、开放时间等。

5. 购物资源

优质的旅游商品购物系统是现代旅游消费体系的重要组成部分，也是各地特色产品的重要传播渠道。定制旅行中，客户的购物需求和其他需求一样，都是定制师应认真对待、积极响应的。定制师在行程中为购物活动安排出恰当的时间，为客户规划合适的购物地点，是满足客户自身购物需求的前提条件。定制师需明确的各类目的地购物资源信息包括当地特色商品及品牌、购物场所、价格水平、退换货政策、免税政策、汇率、海关政策等。

6. 娱乐活动资源

旅游娱乐是旅游者在旅游活动中所观赏和参与的文娱活动。从旅游动机来说，"求乐"也是旅游者的重要的动机之一。娱乐活动属于精神产品，涵盖文学、艺术、娱乐、音乐、体育等诸多领域。作为定制师，我们需要结合目的地娱乐活动资源、客户的类型及其心理需求等因素，为客户规划有参与性、有体验感、有精神享受的旅游娱乐活动，这也是提高旅游产品质量、提升客户满意度的有效途径之一。定制师需掌握的各类目的地娱乐活动信息包括活动类型、场地位置、价格标准、活动内容、活动流程、禁忌人群、预订要求等。

7. 特色资源

定制旅行的产品资源还要满足游客的一些特殊需求。例如：艺术爱好者想要与世界顶级品牌的设计师面对面交流时尚艺术，或是与好莱坞巨星在时装发布会现场碰面；户外旅行者想要与知名探险家一起抵达极地；美食爱好者不仅希望享受美食，还想参加地方美食交流大赛等。这就需要定制师不断挖掘这些非常规的产品资源。

二、产品资源寻找途径

产品资源信息掌握得越全面，定制师在行程规划中就能越游刃有余地进行资源的整合设计，最终产品的体验效果也越能令客户满意。因此，掌握寻找产品资源的有效途径是每一位定制师必须修炼的内功。

（一）搜索引擎

网络是信息的海洋，通过各类搜索引擎，输入相关的关键词，定制师可得到非常多的相关信息。

（二）专业网站

这类专业网站通常是免费的。旅游行业内部、相关行业之间为了促进发展和交流，往往设有行业网站，定制师可以搜索到旅游从业者、专家、学者等专业视角下的行业信息。

(三) 行业展会

旅游展会是旅游业同行交流、增进了解、促进合作的专业平台。无论是参展还是观展,定制师都可以收集到丰富、具体的产品资源信息。

(四) 客户反馈

定制师在与客户沟通的过程中,客户通常会对自己的旅游经历、旅游体验进行具体的评价。这类评价信息能帮助定制师更好地了解目的地的资源。

(五) 竞争对手

知己知彼,百战不殆。竞争对手的产品中包含的产品资源是值得关注的,定制师既可以从中学习竞争对手整合相关产品资源的思路和方法,又可以采取差异化的方式应对市场竞争。

(六) 市场考察

实地踩线,了解各类旅游资源的供给情况,并进行地接社的考察,对于国内长线旅游产品、出境旅游产品的开发是十分有必要的。当然,实地的市场考察成本通常比较高,为降低整体的考察成本,定制师可以多关注同行组织的同业考察活动信息。

(七) 会议与论坛

与展会类似,旅游行业内相关主题的会议与论坛,汇集了来自旅游业的政府监管部门、各类旅游企业、经营管理者、专家学者等专业人士,因此,参加会议与论坛自然能够近距离接触到各类产品资源信息。

(八) 同业推荐

通常,同业推荐的产品资源是经历了筛选并获得质量认可的,但定制师在选择的时候仍要仔细甄别,确认符合自身产品的定制需求后再使用。

三、产品资源筛选方法

定制师通过收集产品资源信息,奠定了资源整合的基础,还要学会从中筛选并确定最符合特殊定制需求的目标产品资源。

定制师通常可采取两种筛选产品资源的方法:感知法和评价法。

（一）感知法

感知法指定制师在寻找产品资源时，通过与产品供应商的交流，以及对品牌、环境、服务、口碑与具体产品等观察，感知该产品资源与其他产品资源相比，在满足定制需求上具备的突出优势，如资源匹配性、服务质量、产品价格、预订条件等。以下为感知法的一些举例。

（1）大型会务团队：某酒店能满足客户提出的场地、设备、餐饮、住宿等一系列要求，负责会务的销售非常积极主动地沟通，态度诚恳，付款条件优越，且报价低于预算要求。

（2）研学团队：某研学团队需要定制一个某植物相关主题的课程，目的地某植物园的现有课程体系完备、场地、师资均符合定制需求。

（3）自驾游团队：某自驾游团队需要一位目的地向导，资源库中有一位合作多年的资深自驾游领队，接洽后表示档期正好空闲，可以接团。

（二）评价法

评价法指定制师围绕定制核心需求，设定产品资源对应的具体评价要素，赋予各要素相应权重，然后进行综合测评，以测评结果来筛选符合客户定制需求的产品资源。

散客定制旅行分为婚礼旅游、蜜月旅游、亲子游、游学、摄影旅游、美食旅游、购物旅游、户外旅游等。企业定制旅行分为商务旅游、奖励旅游、团建拓展旅游、会议旅游、疗休养旅游等。按照定制旅行的产品维度进行分析，偏向不同旅行目的地的客户对于产品资源中评测要素的要求也是不同的，定制师应通过了解某项产品资源的不同要素的重要性来设计权重并进行评测。比如在测评酒店这一产品资源时，定制师测评的要素应包括地理位置、品牌感知价值、房间、设备设施、配套服务、价格和消费者评价等方面。对于不同的产品主题，这几项测评要素所占的比重也有所区别。针对蜜月旅游，定制师在选择酒店时会更加关注房间、设备设施和配套服务这三个测评要素。定制师应根据客户需求选择不同的特色产品。

课堂自测

项目二

▶ 知识内化

任务描述

××旅行社接到一个定制旅行需求单，作为旅游定制师，你需要通过需求单来判断客户类型，明确客户需求，对客户需求的合理性进行判断，通过客户需求的调整来完成产品资源匹配。

实训目标

学生在实际操作的过程中能够判断客户类型、分析客户需求、判断客户需求的合理性;能够根据客户需求进行合理的产品资源的匹配和推荐,提高订单成交率;能够掌握客户类型特征及判断方法;能够掌握客户需求分析的方法以及合理性判断的因子;能够根据企业资源优势调整客户需求,完成产品资源的合理匹配。

项目分组

请将分组情况填入表2-2。

表2-2 学生分组表

组别	工作任务——产品资源匹配
1	
2	
3	
4	

工作准备

本任务涉及两份企业资料,即客户需求单(见表2-3)和客户首呼录音(扫码播放),请仔细阅读这些资料,完成实训任务。

表2-3 郭先生需求单

客户信息	郭先生
出游人数	8名成人6名小孩
出发地	广州
目的地	新疆
往返日期	10月2日至10月6日
预算	8000元/人

音频资料

郭先生的首呼录音

工作实施

引导问题:学生以小组为单位,基于实训项目,对下列首呼需求单进行分析,寻找客户表现特征,确定客户所属类型,判断客户的核心需求,完成资源匹配,填写成果表格。

步骤一:核心需求判断。依据客户的基本信息,对客户的行为偏好进行分析,判断客户所属的类型,能够根据客户类型确定客户的核心需求,填写核心需求判断表(见表2-4)。

表 2-4 核心需求判断

客户基本信息		客户偏好分析	客户类型判断	核心需求确定
客户信息	郭先生			
出游人数	8名成人6名小孩			
出发地	广州			
目的地	新疆			
往返日期	10月2日至10月6日			
预算	8000元/人			

步骤二：客户需求调整。对客户的核心需求进行合理性判断，依据所掌握的产品资源来调整客户的期望值，填写客户需求调整表（见表2-5）。

表 2-5 客户需求调整

核心需求	需求合理性判断	已有产品资源匹配					需求调整
		交通	住宿	景区	活动	其他	
核心需求1							
核心需求2							
核心需求3							
核心需求4							

步骤三：产品资源匹配。依据客户的合理需求，推荐合理的产品资源和有针对性的行程推荐，提高订单成交率，填写产品资源匹配表（见表2-6）。

表 2-6 产品资源匹配

核心需求（调整后）	产品资源匹配					行程推荐	
	交通	住宿	景区	活动	其他	行程1	行程2
核心需求1							
核心需求2							
核心需求3							
核心需求4							

评价反馈

任务完成后，将学生自评、组内互评、组间互评、教师综合评价结果分别填入表2-7至表2-10。

表 2-7　学生自评表

班级		姓名		日期	年 月 日
评价指标	评价内容			分数	分数评定
信息检索	能有效利用网络资源等查找有用的相关资料；能将查到的资料有效地整合并应用到学习中			10分	
感知课堂生活	熟悉定制师岗位，认同岗位工作价值；在学习中能获得满足感，认同课堂文化			10分	
参与态度和沟通能力	秉持相互尊重、理解、平等的原则，积极主动地与教师、同学交流；与教师、同学之间能够保持多向、丰富、适宜的沟通			10分	
	能处理好共同学习和独立思考的关系，做到有效学习；能提出有意义的问题或能发表个人见解			10分	
知识、能力获得	能够熟悉客户的类型和特征；掌握需求分析的理论基础，需求合理性判断方法和资源筛选的方法			10分	
	能根据客户的需求单及前期的沟通快速、准确地判断客户所属的市场，找出客户需求的核心诉求点			10分	
	能将可掌控的产品资源与顾客的需求相匹配，判断客户行程需求的合理性；能根据所掌控的产品资源来调整客户的期望值			10分	
	能根据客户需求进行有针对性的行程推荐和有价格优势的产品资源推荐，提高订单成交率			10分	
思维态度	能发现问题、提出问题、分析问题、解决问题，具有正确的世界观、人生观、价值观和基本的策划素养			10分	
自评反馈	按时按质完成任务，较好地掌握了知识点，具有较强的信息分析能力和理解能力，思维严谨，表达时条理清晰			10分	
自评分数					
有益的经验和做法					
总结反馈建议					

表 2-8　组内互评表

验收组长		组名		日期	年　月　日
组内验收成员					
任务要求	（1）能够熟悉客户的类型和特征；掌握需求分析的理论基础，需求合理性判断方法和资源筛选的方法。 （2）能根据客户的需求单及前期的沟通快速、准确地判断客户所属的市场，找出客户需求的核心诉求点。 （3）能将可掌控的产品资源与顾客的需求相匹配，判断客户行程需求的合理性；能根据所掌控的产品资源来调整客户的期望值。 （4）能根据客户需求进行有针对性的行程推荐和有价格优势的产品资源推荐，提高订单成交率。 （5）能够自主检索文献并提供文献检索清单				
验收文档清单	核心需求判断表、客户需求调整表、产品资源匹配表				
	文献检索清单				
验收评分	评分标准			分数	得分
	能够熟悉客户的类型和特征；掌握需求分析的理论基础，需求合理性判断方法和资源筛选的方法，不合理处扣5分			20分	
	能根据客户的需求单及前期沟通快速、准确地判断客户所属的市场，找出客户需求的核心诉求点，不合理处扣5分			20分	
	能将可掌控的产品资源与顾客的需求相匹配，判断客户行程需求的合理性；能根据所掌控的产品资源来调整客户的期望值，不合理处扣5分			20分	
	能根据客户需求进行有针对性的行程推荐和有价格优势的产品资源推荐，提高订单成交率，不合理处扣5分			20分	
	提供文献检索清单，少于5项，缺一项扣4分			20分	
	评价分数				
不足之处					

表 2-9　组间互评表

班级		被评价小组		日期	年　月　日
评价指标		评价内容		分数	分数评定
汇报表述		表述准确		15分	
		语言流畅		10分	
		展现形式富有创意		15分	
内容正确度		内容正确		30分	
		阐述到位		30分	
		互评分数			
简要评述					

表 2-10　教师综合评价表

项目名称	定制需求分析			总得分	
评价依据	学生完成的所有任务单及理论测试成绩				
序号	任务内容及要求		配分	评分标准	教师评价
					结论 / 得分
1	能够熟悉客户的类型和特征；掌握需求分析的理论基础、需求合理性判断方法和资源筛选的方法	答题正确	10分	不合理处扣2分	
		态度积极认真	10分	酌情赋分	
2	能根据客户的需求单及前期沟通快速、准确地判断客户所属的客源市场，找出客户需求的核心诉求点	描述正确	10分	不合理处扣2分	
		语言流畅	10分	酌情赋分	
3	能将所掌控的产品资源与顾客的需求相匹配，判断客户行程需求的合理性；能根据所掌控的产品资源来调整客户的期望值	描述正确	10分	不合理处扣2分	
		语言流畅	10分	酌情赋分	
4	能根据客户需求进行有针对性的行程推荐和有价格优势的产品资源推荐，提高订单成交率	描述正确	10分	不合理处扣2分	
		语言流畅	10分	酌情赋分	
5	文献检索清单至少包含5项	数量正确	5分	每少1项扣1分	
		参考的主要内容要	5分	酌情赋分	
6	素质素养评价	沟通交流	10分	酌情赋分，但违反课堂纪律，不听从组长、教师安排的不得分	
		团队合作			
		课堂纪律			
		创新创意			
		自主探究			
		服务意识			
		具有逻辑思维能力，能够通过科学的分析方法解决问题			
		具有服务意识、沟通意识及职业自信			

续表

项目名称	定制需求分析			总得分
6	素质素养评价	具有洞察力、判断力及专业素养	10分	酌情赋分,但违反课堂纪律,不听从组长、教师安排的不得分
		具备探索、求真务实、精益求精的精神,以及分析能力		

巩固提升

张先生泰国曼谷、清迈住宿预订

案例1

张先生泰国曼谷、清迈住宿预订

张先生需求单如表2-11所示。

表2-11 张先生需求单

客户信息	张先生
出游人数	4名成人(一对年轻夫妻与女方父母)
出游时间	6月
餐饮与住宿要求	住宿以民宿为主,当地"网红"餐厅打卡
大交通	大型航空公司、直飞
证件信息	护照齐全
景点要求	行程轻松,休闲为主,景点离住宿地点不能太远

李女士桂林暑期亲子游核心产品资源搜寻

案例2

李女士桂林暑期亲子游核心产品资源搜寻

李女士需求单如表2-12所示。

表2-12 李女士需求单

客户信息	李女士
出游人数	4名成人2名儿童(两户三口之家)
出游时间	7月
餐饮与住宿要求	私密性较好的民宿或度假酒店,当地特色美食
大交通	大型航空公司、直飞
证件信息	身份证
景点要求	第二次选择桂林出游,希望孩子能增长见识、学到知识,同时又能拥有轻松、有趣的亲子时光

项目三　旅行产品定制

项目情景

　　定制旅行产品设计是定制师岗位的核心工作，好的定制旅行产品设计既能体现出定制师的专业水平，又能为客户提供高匹配度的行程方案，还能为旅行社创造利润和品牌价值。学习完本项目，学生要能够基于客户核心需求，从时间性、空间性、体验性、费用性四个方面高效匹配并合理组合交通、住宿、餐饮、游览、体验活动等核心产品资源，提供超出客户期望值的产品，设计涵盖多旅游目的地的有替代、有选择的定制旅行方案。

　　本项目包含七个工作任务：一是定制产品命名；二是产品特色描述；三是旅游交通安排；四是旅游住宿安排；五是旅游餐饮安排；六是旅游景区（点）安排；七是体验活动设计。通过学习，学生能够在满足客户核心诉求点的基础上，从专业角度帮助客户挖掘超出客户期望值的内容，快速地匹配核心产品资源，合理组合相关产品资源，并根据行程设计中时间和空间组合的要求，结合客户需求设计合理的行程方案，提升客户旅行体验的满意度。

学习目标

● 知识目标

（1）掌握定制旅行产品标题命名的依据、格式及技巧；

（2）掌握定制旅行产品方案导言的内容构成及撰写要求；

（3）掌握定制旅行产品方案特色描述的方法与技巧；

（4）掌握旅游交通、住宿、餐食、旅游景区（点）安排的原则与技巧；

(5)掌握旅游体验活动设计的步骤与技巧。

● 能力目标

(1)能根据定制旅行产品方案标题命名的依据、格式及技巧,创作方案标题;

(2)能根据定制旅行产品方案导言的内容构成及撰写要求,撰写方案导言;

(3)能根据定制旅行产品方案特色描述的方法与技巧,描述方案特色;

(4)能在首次与客户的需求沟通中判断需求的核心诉求点,快速地匹配核心产品资源并合理组合相关产品资源,满足或超出顾客的期望值;

(5)能结合客户需求进行大交通(飞机、邮轮、火车、汽车)安排的最佳组合;

(6)能挖掘客户对于酒店的需求,为客户提供最佳住宿体验及酒店增值服务;

(7)能运用行程设计中时间和空间组合的要求,结合客户需求设计合理的行程,提升客户旅行体验的满意度。

● 素养目标

(1)提升学生挖掘客户深层需求的能力,提高服务意识和专业素养;

(2)提升学生逻辑思维能力,提高自身的专业素养;

(3)提升学生动手操作能力,培养学生实践创新素养;

(4)提升学生文旅艺术表达、文旅艺术创意的能力,提高学生的人文素养;

(5)培养学生探索、求真务实、精益求精的精神,提升分析能力与判断力;

(6)增强学生文化自信心和民族自豪感,厚植家国情怀。

知识框架

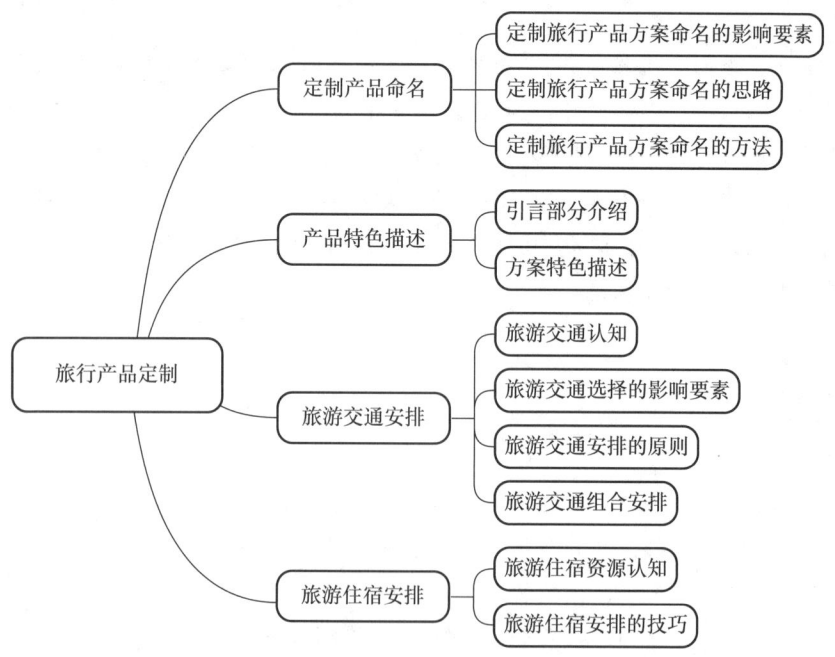

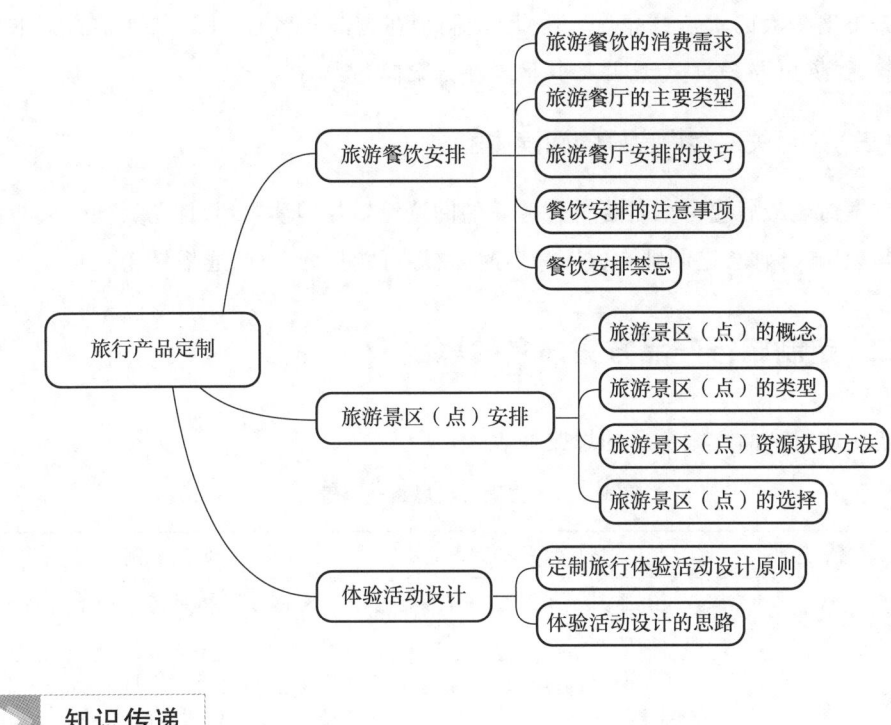

> 知识传递

任务一　定制产品命名

定制旅行产品方案命名,是定制旅行产品设计至关重要的一个环节。标题是方案的"眼睛"与"窗口",是方案核心亮点的高度概括。因此,方案标题命名应尽可能做到以下四点:一是主题鲜明;二是逻辑合理;三是呈现新颖;四是表达简练。只有这样才能引发客户的阅读兴趣和思考,才有可能引发情感共鸣,激发客户的购买欲。因此定制师在对定制方案进行命名时,要综合考虑方案命名的影响要素,理清方案命名的思路,恰当运用方案命名的方法。

一、定制旅行产品方案命名的影响要素

(一)是否满足客户真实的出游需求

方案命名首先应考虑是否满足客户真实的出游需求。因此,定制师一定要明确客户的出游动机与需求,包含客户的核心需求点及其他需求。

(二)是否传达产品方案的设计理念

方案命名其次应考虑是否传达了产品方案的设计理念,即方案的命名能否让客

视频微课

旅游线路标题提炼的技巧与方法

户感知方案最大的卖点或亮点。因此,定制师在方案命名时,一定要厘清方案的设计理念,提炼出方案的卖点,并将其呈现在方案标题中。

(三)是否关注客户良好的阅读体验

方案命名最后应考虑是否符合客户的阅读逻辑与阅读习惯,即是否便于客户的理解与识别。因此,定制师在方案命名时,要尽可能精练直观、通俗易懂。

二、定制旅行产品方案命名的思路

定制旅行产品方案命名的思路如表3-1所示。

表3-1 方案命名思路一览表

方案命名思路	适应产品类型	典型案例
旅游资源类型	婚礼蜜月、摄影、户外等定制旅行产品	★追寻梁林足迹——走进晋南壁画世界
季节+旅游地	摄影、奖励、会议、疗休养等定制旅行产品	★金秋童话·绚烂北疆——北疆环游九日定制之旅
客户类型	婚礼蜜月、摄影、美食、研(游)学、购物、户外、企业定制等旅行产品	★宝藏之旅·城南旧事——北京五天四晚亲子定制游
户外活动主题	登山、越野、潜水、海钓、游艇、帆船、房车露营等定制旅行产品	★千山之巅·万水之源——阿里转山十二日巅峰之旅
旅游动机与主题	摄影、美食、购物、户外、企业定制等旅行产品	★"一杭行,杭行行"——游杭州,凝"团队精神"三天两晚定制游
旅游目的地形象与独特文脉	研(游)学、婚礼蜜月等定制旅行产品	★风雅皖南·诗意徽州——高一年级徽州研学

三、定制旅行产品方案命名的方法

定制旅行产品方案命名的方法如表3-2所示。

表3-2 方案命名方法一览表

提炼方式	具体要求	提炼格式	典型案例
直白式	简洁明了方便阅读	To:客户名称+目的地景点名称+时长+修饰语	To:贵宾吴女士上海至北京六百年皇城古都五天四晚全家游 敬呈:赵女士梦回敦煌六天五晚亲子文化研学之旅

续表

提炼方式	具体要求	提炼格式	典型案例
情怀式	以情动人 引发共鸣	主标题+副标题+文采修饰	主标题：西安·食遍三秦 副标题：跟着"吃货"畅游长安，尽享舌尖上的陕味
广告式	主题鲜明 诱发兴趣	目的地+主题+内容+形象表达	呼伦贝尔团建旅游——封神秋景，此生无憾
功能式	挖掘亮点 凸显优势	独特旅游资源点（竞争优势）+情境	藏文化初体验——体验藏传手工文化，深度领略天湖原始风光

任务二　产品特色描述

一、引言部分介绍

定制旅行方案的引言往往是定制方案内容的精髓、灵魂的"窗口"，优秀的定制师可以仅凭方案引言就实现"对话—共情—共鸣—共行"，定制旅行方案引言的重要性可见一斑，那定制师在撰写定制旅行方案的引言时应该写哪些内容呢？

定制旅行方案引言部分，一般包含了定制师对该定制旅行产品的设计初衷和设计理念，定制师为客户匹配的旅游目的地有什么特别的？定制师为什么要为客户设计这样的行程？这样的行程能为客户带来什么与众不同的体验？

（一）方案引言的内容构成

1. 旅游目的地解读

方案旅游目的地创意解读，这部分的撰写包含三个层次：①简单介绍旅游目的地，就是言简意赅地指出旅游目的地在受众心中的形象定位。②多角度、多维度解读旅游目的地，就是通过客户需求确定产品主题，基于产品主题介绍线路行程，基于线路行程解读游览城市，基于城市描述体验场景，深入挖掘和展现旅游目的地的文化内涵和体验活动。③旅游目的地深度思考与创意解读，可以采用疑问法进行思考与解读，如"为什么去这个地方""去这个地方能收获哪些体验、思考与启发"，也可以从自然与人文价值观念、时代观念更新等方面去解读旅游目的地。

2. 方案的设计初衷

定制旅行方案的设计初衷是指方案的设计目标，即希望通过定制旅行让客人获得哪些体验价值。

定制旅行方案引言的内容构成

3. 方案的设计理念

定制旅行方案的设计理念是方案创意的表达与呈现，即基于定制旅行的核心需求所形成的创意灵感。

（二）方案引言的撰写要求

1. 按需撰写

按需撰写就是文字风格符合客户身份与需求。如果是结婚、蜜月、纪念日客户，引言应呈现甜蜜、浪漫、温馨的特点；如果是亲子客户、学生团体，引言则应呈现通俗易懂、生动有趣、深入浅出的特点；如果是文化主题类型的客户，引言则最好能深刻独到、旁征博引、引经据典，使客户在语言文字间感受地域文化魅力。

2. 行文出彩

行文出彩就是表达言简意赅又兼具文采深意。引言部分要兼顾方案的功能与审美，既要包含旅游目的地创意解读、方案的设计初衷和设计理念三部分内容，又要避免长篇累牍、面面俱到，这样易让客户感觉头重脚轻、抓不住重点。同时，引言还应言之有物、见解独到、文贵情真。定制师只有写出充满吸引力的引言，才能通过文字与客人产生情感共鸣。

3. 新奇呈现

新奇呈现就是撰写形式应勇于创新，富有新意。定制师要不断创新文案的类型，可以采用书信式、日记式、诗词串联式等。书信式显得自由灵活、亲切真实，便于定制师传达设计初衷与设计理念；日记式表达比较自由，叙述、描写、议论可以随意穿插，便于定制师表情达意或者阐述自己的观点；诗词串联式通过选用的典型的、能显示作者独特视角及立意的诗词，能更具文化意境地传递定制师的设计构思。

二、方案特色描述

定制旅行方案特色是旅游行程编排的创意浓缩，也是方案优势与亮点的集中体现。好的方案特色描述可以激发客户继续阅读方案的兴趣，甚至可以精准地击中客户内心，掌控客户的情绪，提升客户的购买欲望。那么，定制旅行产品方案特色包括几种类型？应具备哪些特征？方案特色描述有哪些方法？这些问题对定制师而言至关重要。

（一）方案行程特色描述的类型

定制方案特色描述内容构成的丰度与深度不尽相同，但至少应包含行程方案主题、游玩目的地城市、游览旅游景区（点）和玩乐体验项目等。根据特色描述的内容

的构成不同,定制方案特色描述的类型可分为三种,分别是景点特色介绍型、旅游六要素概括型及旅游综合要素呈现型(见表3-3)。

表3-3 方案特色描述的类型

类型	特色描述的内容				
景点特色介绍型	特色景点	特色活动	特色/稀缺资源	特色服务	—
旅游六要素概括型	主题印象	交通安排	景点安排	住宿美食	服务体验
旅游综合要素呈现型	六要素概括	热门专线	品牌承诺	安全保障	特色服务

(二)定制旅行方案特色描述的方法

方案特色描述的方法如表3-4所示。

表3-4 方案特色描述的方法

方式	特征	典型案例
一般条列式	罗列资源特色	呼伦贝尔草原研学 特色1:"网红"玩法一网打尽——油桶小火车、七彩滑草、骆驼勒勒车、大秋千。 特色2:撒欢松露营地——猎人小屋、回音谷、零距离接触驯鹿王,还原草原人住宿。 特色3:全程SUV越野车穿越草原
分类条列式 要素描述法	旅游要素,分类描述	"秦岭北望·千古长安"西安五天四晚亲子家庭定制游方案 特色1:研学体验活动融入,孩子"玩中学·游中悟"。 特色2:多种住宿场景,"宿在历史里·睡在风景中"。 特色3:邂逅独特味蕾盛宴,"在陕菜陕味中食领三秦"。 特色4:文旅沉浸体验,走进历史,来场跨时空的对话。 特色5:定制旅行管家全程陪同,交通讲解一站式服务
分类条列式 个性描述法	高度凝练,排比描述	"潮玩重庆"五天四晚大学生毕业定制旅行方案 特色1:潮玩山城,小团自由化、个性化需求量身定制。 特色2:多彩山城,影视打卡、明星同款毕业旅拍体验。 特色3:记忆山城,别出心裁的活动设计定格毕业美好时光。 特色4:火辣山城,融入当地生活,走街串巷品尝巴渝美食。 特色5:魔幻山城,城市漫步,体验独属重庆的立体交通。 特色6:巴适山城,下榻高品质、高颜值、独具一格的民宿。 特色7:自由出城,专业司机和舒适车型保驾护航

(三)定制旅行方案特色描述的技巧

方案特色描述的技巧如表3-5所示。

表 3-5　方案特色描述的技巧

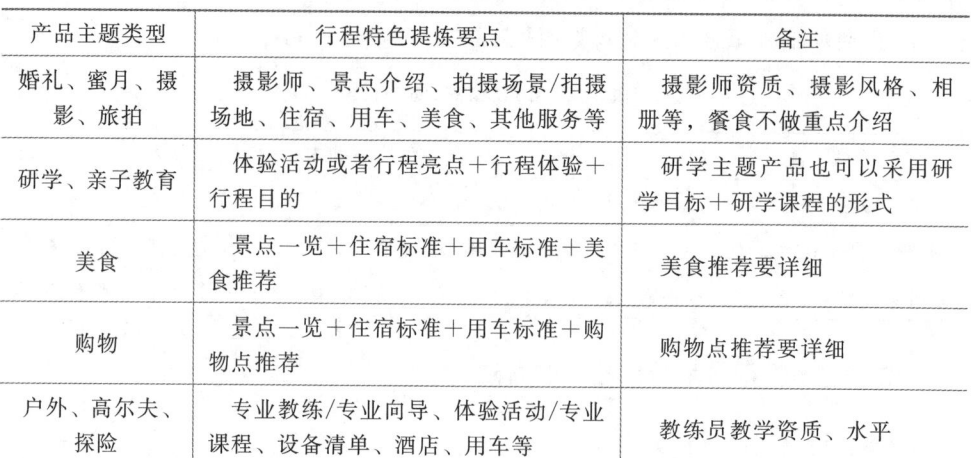

产品主题类型	行程特色提炼要点	备注
婚礼、蜜月、摄影、旅拍	摄影师、景点介绍、拍摄场景/拍摄场地、住宿、用车、美食、其他服务等	摄影师资质、摄影风格、相册等，餐食不做重点介绍
研学、亲子教育	体验活动或者行程亮点＋行程体验＋行程目的	研学主题产品也可以采用研学目标＋研学课程的形式
美食	景点一览＋住宿标准＋用车标准＋美食推荐	美食推荐要详细
购物	景点一览＋住宿标准＋用车标准＋购物点推荐	购物点推荐要详细
户外、高尔夫、探险	专业教练/专业向导、体验活动/专业课程、设备清单、酒店、用车等	教练员教学资质、水平

（资料来源：龙睿、董丽萍、徐璐《定制旅行产品设计》，旅游教育出版社，2022年版）

任务三　旅游交通安排

定制旅行方案中的旅游交通是联系旅游者与其他产品资源之间的纽带。旅游交通安排恰当与否直接决定旅游行程安排是否顺畅、旅游者体验是否良好。因此，定制师在安排旅游交通时，应重点关注旅游交通安排的原则与影响要素；在进行旅游交通组合时，应充分运用旅游交通组合的技巧。

一、旅游交通认知

众所周知，旅游交通既包含旅游出发地与旅游目的地之间往返的大交通，也包括旅游目的地内的小交通（见图 3-1）。定制师需要能结合客户需求，把握大交通安排的最佳组合，因此，本任务所指旅游交通特指旅游大交通。

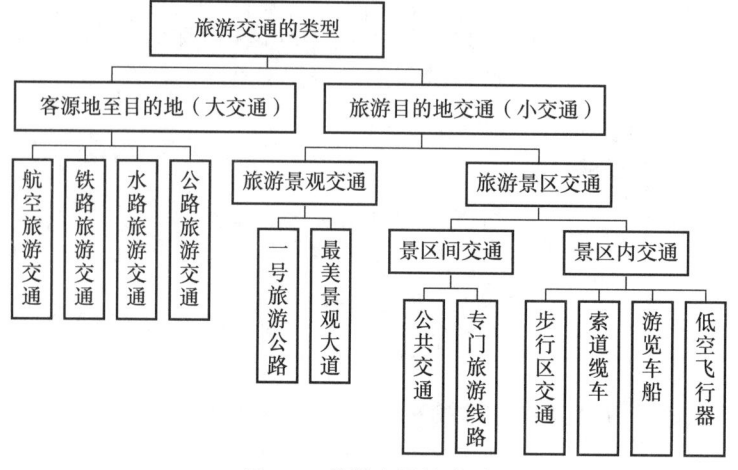

图 3-1　旅游交通的类型

二、旅游交通选择的影响要素

旅游者在选择旅游交通方式时,往往更关注旅游交通方式是否安全、舒适、快捷、经济及准时,具体影响要素包含以下几种。

(一)旅行天气

众所周知,灾害性天气对旅游交通安全有相当大的影响。品质旅游时代,游客日益关注天气对旅游交通安全性、准时性的影响。

(二)旅行距离

旅行距离主要指空间距离和时间距离。空间距离越大,时间距离越远。一般而言,游客可支配的旅行时长是有限的,为了更高效地利用旅行时间,人们更倾向于尽量缩短旅游交通出行时间,提高旅游行程的游旅比。

(三)旅行偏好

旅游者的旅行偏好或旅行经验对其旅行交通选择的影响较大。如有恐高症的游客选择飞机出行的可能性较小。

(四)旅行成本

旅行度假活动都有一定的预算,旅游者考虑的往往是在预算之内,如何使旅游活动更丰富。因此,当旅游交通的价格和费用出现波动时,往往会影响旅游者对交通方式的选择。

三、旅游交通安排的原则

(一)需求导向原则

需求导向原则要求定制师对大交通班次和等级的选择与安排符合客户的需求,能为客户带来最佳体验。定制师可以从出游的年龄层、预算水平、路程的远近、舱(铺)位体验、出发地和目的地接驳等因素为客户着想,使每一位客户都有独一无二的且适合其出游的大交通的最佳安排。

(二)安全舒适原则

关于游客交通选择的报告显示,游客在旅途中多考虑的是安全与舒适。因此,

定制旅行交通规划

定制师可以结合不同交通方式本身的性能、优势和劣势等,为客户安排最安全与舒适的交通方式。

(三)经济高效原则

对定制旅行而言,定制师必须了解各类交通工具信息,须时刻关注前往各旅游目的地的机票票价动态、铁路时刻表等信息,以确保能更好地为客户定制最具性价比的产品方案。

四、旅游交通组合安排

旅游大交通一般指旅游出发地与旅游目的地之间往返所选择的交通工具,由于长途旅游一般较少采用汽车出行,下面主要介绍飞机、邮轮和火车等交通工具。

(一)航空旅游交通安排

1.航空旅游交通基础知识

飞机舱位、航空公司、飞机机型、航班时刻、航班类型、机票价格等方面是飞机产品资源的相关因素。定制师在安排行程航班时要综合考虑相关因素。

(1)飞机舱位。

飞机舱位等级如表3-6所示。

表3-6 飞机舱位等级

舱位等级	舱位代码	价格等级	位置	服务	免费行李额
头等舱	国内:F 国际:F、A	约1.5倍经济舱价格	飞机前部,空间大	★独立候机室、优先登机 ★更丰富的机上餐饮 ★优先提取行李	40千克
商务舱	国内:C 国际:C、D、J	约1.3倍经济舱价格	飞机中部,空间大	★独立候机室、优先登机 ★较丰富的机上餐饮 ★优先提取行李	30千克
经济舱	国内:Y 国际:Y	经济舱价格	飞机中间至机尾,空间小	★排队登机 ★机上餐饮类型较少 ★排队提取行李	20千克

(2)航空公司。

航空公司类型如表3-7所示。

表 3-7 航空公司类型

公司类型	硬件	餐饮	服务	行李额度	备注
普通航空	大型客机，舱位等级多	免费餐饮	标准化服务	免费行李额度及随身携带行李额度相对较高	定制通常选择普通航空
廉价航空	单通道小型客机，只有经济舱，机舱噪声大	无免费餐饮	无机上服务，退票改签服务较困难且费用较高	无免费行李额度及随身携带行李额度，或者免费行李额度及随身携带行李额度较低	定制通常不安排廉价航空，不得不选时需向游客说明
五星航空（Skytrax评定）	大型客机，舱位等级多，设施更先进	餐饮更多样且富有特色	安全性更高，创意化服务	免费行李额度及随身携带行李额度通常比普通航空公司高	五星航空可成为产品亮点

（3）飞机机型。

主要飞机机型如表 3-8 所示。

表 3-8 主要飞机机型

公司名称	机型	机型特点
空中客车（简称空客）	A300系列	第一架只需两位飞行员驾驶的宽体客机
	A320系列	拥有最宽敞机身的单通道飞机
	A330系列	现役空客飞机中航程最远的双发飞机
	A340系列	空客研制的先进大型四发远程宽体客机
	A350系列	拥有无与伦比的低油耗和经济性
	A380系列	全球唯一全机身长度双层客舱、四通道的客机
波音	707系列	波音在KC-135基础上研制成功的民用客机
	717系列	由MD95发展而来的短程高频率的支线客机
	727系列	世界上首款投入商业运营的三发喷气客机
	737系列	世界航空史上最成功的民航客机
	747系列	波音公司生产的四发远程宽机身运输机
	757系列	能够在全世界几乎所有机场运营
	767系列	第一种采用双人制驾驶的宽体飞机
	777系列	世界上最大的双发喷气飞机
	787系列	低油耗、高巡航速度、舒适的客舱环境

2023年全球航空公司新排名

续表

公司名称	机型	机型特点
庞巴迪	Dash8-Q200	噪声低,机舱环境安静;起降能力强,对跑道要求比较低;适宜在炎热、高海拔地区飞行
	Dash8-Q300	更大承载能力支线客机
	Dash8-Q400	加长机身,改进机翼,加强了起落架,加装庞巴迪独有的噪声和振动抑制系统

(4)航班时刻。

航班时刻如表3-9所示。

表3-9 航班时刻

航班类型	航班时刻	建议提前到达时间	值机柜台关闭时间
国际航班	航班起飞和到达的时刻	提前2小时	航班起飞前40—60分钟
国内航班		提前1.5小时	航班起飞前45分钟

(5)航班类型。

航班类型对比如表3-10所示。

表3-10 航班类型对比

航班类型	图示	适合人群	经停/中转时间	优点	缺点
直飞航班	A ● ● B	适合赶时间或追求快捷、舒适、省心的人群	—	★省心、快捷	★机票价格相对较高
经停航班	A ● ● C ● B	适合不赶时间的人群 ★技术经停:加油、技术检查等 ★航班经停:航程远、客源不足,停第三地,增加上客率	经停时间≤0.5小时	★机票价格比直飞航班便宜 ★没有中转航班麻烦	★航班延误率较高
中转航班	A ● ● C ● B	适合价格敏感型、时间充裕型人群	国内航班衔接时间≥2小时 国际航班衔接时间≥3小时	★价格便宜	★非常麻烦 ★浪费时间

(6)机票价格。

不同类型的机票价格如表3-11所示。

表 3-11 不同类型的机票价格

机票类型		机票价格		
		票面价格	民航发展基金（旧称机场建设费）	燃油附加费
国内机票	婴儿票（年龄＜2周岁）	10%成人票价	0元	0元
	儿童票（2周岁≤年龄＜12周岁）	50%成人票价	0元	距离≤800千米 10元
				距离＞800千米 20元
	成人票（12周岁≤年龄）	成人票价	50元	距离≤800千米 30元
				距离＞800千米 50元
国际机票	婴儿票（年龄＜2周岁）	10%成人票价	0元	0元
	儿童票（2周岁≤年龄＜12周岁）	75%成人票价	0元	0元
	成人票（12周岁≤年龄）	成人票价	90元	国际机票燃油附加费较贵
				燃油附加费=公布价×燃油附加费率
	国际机票的税费经常比票面价格还高			

注：价格标准截至2024年6月。

（7）机票预订。

不同类型的机票预订如表3-12所示。

表 3-12 不同类型的机票预订

机票类型	机票概念	预订平台	操作流程	区别
散客机票	一次性预订少于10张相同航线与日期的机票	eTerm系统（黑屏系统）	预订 ↓ 出票 ↓ 选座	（1）单价略贵； （2）预订阶段需提供乘客名单； （3）出票后姓名不可更改，但证件号、生日可修改
团队机票	一次性预订超过10张（含）相同航线与日期的机票	B2B系统（白屏系统）	白屏系统团队申请 ↓ 航空公司通过申请 ↓ 支付预付款 ↓ 出票 ↓ 选座	（1）平均单价略便宜； （2）预订阶段无须提供乘客名单，出票前输入名单即可； （3）出票前可无损取消部分机票，但出票后全损； （4）旺季时航空公司会拒绝团队申请

2. 航空旅游交通安排技巧

航空旅游交通安排技巧如表3-13所示。

表3-13 航空旅游交通安排技巧

客户人群	需求品级	航空公司	飞机舱位	机型		航班时刻	航班类型
老年、亲子、家庭客户	轻奢	五星航空	头等舱 商务舱	短途	波音737系列 空客A320系列	忌早晚航班	直飞航班
	豪华	一般航空	头等舱 商务舱	长途	波音747系列 波音787系列 空客A330系列 空客A380系列	忌早晚航班	直飞航班
	舒适	一般航空	经济舱				
闺蜜客群	轻奢	五星航空	头等舱 商务舱	短途	波音737系列 空客A320系列	忌早晚航班	直飞航班
	豪华	一般航空	头等舱 商务舱	长途	波音747系列 波音787系列 空客A330系列 空客A380系列	忌早晚航班	直飞航班
	舒适	忌廉价航空	经济舱			忌红眼航班	直飞航班 经停航班
蜜月、结婚、纪念日客户	轻奢	五星航空	头等舱 商务舱	短途	波音737系列 空客A320系列	忌早晚航班	直飞航班
	豪华	一般航空	头等舱 商务舱	长途	波音747系列 波音787系列 空客A330系列 空客A380系列	忌早晚航班	直飞航班
	舒适	一般航空	经济舱			忌红眼航班	直飞航班 经停航班 中转航班
团队客群	轻奢	五星航空	头等舱 商务舱	短途	波音737系列 空客A320系列	无	直飞航班
	豪华	一般航空	头等舱 商务舱	长途	波音747系列 波音787系列 空客A330系列 空客A380系列		直飞航班
	舒适	一般航空	经济舱				直飞航班 经停航班 中转航班

（二）邮轮旅游交通安排

1. 邮轮旅游交通知识

定制师在安排邮轮旅游交通时要综合考虑相关因素，具体如下。

(1)邮轮航线。

主要邮轮航线如表3-14所示。

表 3-14 主要邮轮航线一览表

航线名称	细分航线	重要停靠点	最佳航季	常见邮轮
地中海航线	地东线	比雷埃夫斯（希腊）、亚历山大（埃及）、达米埃塔（埃及）、塞得港（埃及）、伊斯坦布尔（土耳其）、海达尔帕夏（土耳其）、伊兹密尔（土耳其）、梅尔辛（土耳其）、盖姆利克（土耳其）、塞萨洛尼基（希腊）、利马索尔（塞浦路斯）、贝鲁特（黎巴嫩）、拉塔基亚（叙利亚）、阿什杜德（以色列）、海法（以色列）	4—12月	MSC地中海邮轮、歌诗达邮轮、皇家加勒比国际游轮、诺唯真邮轮、星瀚邮轮、冠达邮轮、公主邮轮、荷美邮轮、丽思卡尔顿邮轮
	地西线	瓦伦西亚（西班牙）、热那亚（意大利）、巴塞罗那（西班牙）、福斯港（法国）、马赛（法国）、那不勒斯（意大利）、利沃诺（意大利）		
阿拉斯加航线	北上/南下航线	西雅图、安克雷奇、温哥华、凯奇坎、史凯威、冰峡点、冰河湾、哈伯德冰川、学院峡湾	5—9月（5—6月冰川壮观，7—8月野生动物，9月极光）	公主邮轮（海路组合产品）、荷美邮轮（更长航程产品）、诺唯真邮轮、皇家加勒比国际游轮、嘉年华邮轮（庞大的豪华邮轮船队）、世邦邮轮、维京游轮、迪士尼邮轮（亲子产品）、丽晶七海邮轮（奢华）、冠达邮轮（复古英伦风情）、银海邮轮（奢华）、海达路德游轮（探险产品）
	内湾航线	西雅图、温哥华、凯奇坎、朱诺、史凯威、冰河湾、锡特卡		
东南亚航线	—	香港（中国）、勿拉湾（印度尼西亚）、泗水（印度尼西亚）、槟城（马来西亚）、巴生港（马来西亚）、宿务（菲律宾）、新加坡市（新加坡）、海防（越南）、胡志明市（越南）、马尼拉（菲律宾）、雅加达（印度尼西亚）	11月至次年3月	蓝梦邮轮、皇家加勒比国际游轮、名胜世界邮轮、荷美邮轮、维京游轮、歌诗达邮轮

续表

航线名称	细分航线	重要停靠点	最佳航季	常见邮轮
南极航线	—	贝尔格拉诺港、Novolaza-revskaya Station港、Arturo Prat港、凯西站、康科迪亚站、戴维斯站、Escudero Station港、埃斯佩兰萨港、伯纳多总统霍金辛站港、长城站、哈雷研究站、迈特里站、莫森站、麦克默多站、米里港、诺伊迈尔三号站、奥尔卡达斯站、帕尔默站、罗瑟拉站、圣·马丁港、斯科特基地、西格尼岛、朱巴尼中尉车站港、中尉罗多尔福·马什站港、泰拉新星湾港、马兰比奥海军准将站、瓦萨港、中山站等	11月至次年3月	Antarctica21、Aurora Expeditions、Quark Expeditions、Oceanwide Expeditions、Poseidon Expeditions、Polar Latitudes、海达路德游轮、Chimu Adventures、Lindblad Expeditions、庞洛邮轮、银海邮轮、G Adventure、Antarpply Expeditions
日韩航线	韩国线	上海、天津、深圳、香港、大连港、青岛、烟台、釜山、仁川、首尔	3—10月	爱达邮轮、维京游轮、名胜世界邮轮、MSC地中海邮轮、蓝梦邮轮、皇家加勒比国际游轮
日韩航线	日本关西线	神户、门司港、大阪	3—10月	爱达邮轮、维京游轮、名胜世界邮轮、MSC地中海邮轮、蓝梦邮轮、皇家加勒比国际游轮
日韩航线	日本关东线	名古屋、东京、横滨	3—10月	爱达邮轮、维京游轮、名胜世界邮轮、MSC地中海邮轮、蓝梦邮轮、皇家加勒比国际游轮
北欧航线	波罗的海航线	瑞典斯德哥尔摩、挪威奥斯陆、芬兰赫尔辛基、丹麦哥本哈根、俄罗斯圣彼得堡、德国柏林、爱沙尼亚塔林	6—9月	海达路德游轮、嘉年华邮轮、公主邮轮、皇家加勒比国际邮轮、诺唯真邮轮、精致邮轮
北欧航线	挪威海岸航线	卑尔根、奥勒松、博德、特罗姆瑟、霍宁斯沃格、北角、希尔克内斯	5—9月	海达路德游轮、嘉年华邮轮、公主邮轮、皇家加勒比国际邮轮、诺唯真邮轮、精致邮轮
北欧航线	冰岛、格陵兰岛航线	雷克雅未克、西部峡湾、弗拉泰岛、赫瓦勒塞、卡科尔托克、伊加利科、努克、费尔韦尔角、格伦达菲厄泽	9—10月	海达路德游轮、嘉年华邮轮、公主邮轮、皇家加勒比国际邮轮、诺唯真邮轮、精致邮轮
英国列岛航线	爱尔兰、苏格兰高地和威尔士航线	伦敦、圣彼得堡、科克、都柏林、利物浦、贝尔法斯特、格里诺克、因弗戈登、爱丁堡、勒阿弗尔	5—9月	冠达邮轮、MSC地中海邮轮、荷美邮轮、诺唯真邮轮、公主邮轮、皇家加勒比国际游轮

续表

航线名称	细分航线	重要停靠点	最佳航季	常见邮轮
中南美洲航线	南美东海岸航线	布宜诺斯艾利斯（阿根廷）、圣地亚哥（智利）、瓜亚基尔（厄瓜多尔）、瓜伊拉（巴拉圭）	11月至次年3月底	诺唯真邮轮、名人游轮、迪士尼邮轮、荷美邮轮、皇家加勒比国际游轮
	南美西海岸航线	卡亚俄（秘鲁）、圣安东尼奥（智利）、瓦尔帕莱索（智利）		
	南美北部航线	科隆（巴拿马）		
太平洋岛屿航线	夏威夷航线	檀香山港、纳维利维利港、拉海纳海港、希洛港	12月至次年4月	公主邮轮、精致邮轮、精钻邮轮、荷美邮轮、诺唯真邮轮、皇家加勒比国际游轮、庞洛邮轮、保罗高更邮轮
	大溪地/南太平洋航线	范宁岛（基里巴斯）、帕果帕果（萨摩亚）、阿皮亚（萨摩亚）、苏瓦（斐济）、杜拉凡尼岛（斐济）、劳托卡（斐济）、努库阿洛法（汤加）、阿洛菲（纽埃）、拉罗汤加岛（库克群岛）、波拉波拉岛（法属波利尼西亚）、莫雷阿岛（法属波利尼西亚）、塔西提岛（法属波利尼西亚）、法卡希纳环礁（法属波利尼西亚）	5—10月	
澳新航线	澳大利亚航线	悉尼、墨尔本、布里斯班、阿德莱德、弗里曼特尔	11月至次年3月	皇家加勒比国际游轮、丽星邮轮、公主邮轮、诺唯真邮轮、冠达邮轮、荷美邮轮、庞洛邮轮
	新西兰航线	奥克兰、陶朗加、利特尔顿、惠灵顿		
美国加拿大赏枫航线	—	波士顿、巴港、哈利法克斯、夏洛特敦、魁北克、蒙特利尔	9—10月	MSC地中海邮轮、公主邮轮、荷美邮轮、诺唯真邮轮
中东非洲航线	—	迪拜（阿联酋）、马斯喀特（阿曼）、维多利亚（塞舌尔）、拉迪格岛（塞舌尔）、蒙巴萨（肯尼亚）、桑给巴尔（坦桑尼亚）、诺西贝岛（马达加斯加）、路易港（毛里求斯）	11月至次年5月	MSC地中海邮轮、诺唯真邮轮

续表

航线名称	细分航线	重要停靠点	最佳航季	常见邮轮
环球航线	—	迈阿密出发，大体经加勒比海，过巴拿马运河到达南美进入太平洋，经日本、中国、越南、泰国、新加坡、澳大利亚，再经过印度洋、中东和地中海到达意大利或是英国的伦敦	1—4月	公主邮轮、冠达邮轮、MSC地中海邮轮、皇家加勒比国际游轮、荷美邮轮

（2）邮轮公司。

截至2024年6月，主要邮轮公司如表3-15所示。

表3-15 主要邮轮公司一览表

邮轮公司	成立时间	总部	邮轮品牌	主要航线	邮轮数量
嘉年华邮轮	1972年	美国迈阿密	歌诗达、P&O、冠达、公主、荷美等	全年航线：欧洲、加勒比海、墨西哥、巴哈马等 季节性航线：阿拉斯加、夏威夷、巴拿马运河等	27艘大型豪华邮轮
皇家加勒比国际游轮	1969年	美国迈阿密	皇家加勒比国际、精致、精钻、名人等	航线覆盖全球：阿拉斯加、加勒比海、太平洋海岸、欧洲、澳大利亚及新西兰、亚洲等	61艘豪华邮轮
MSC地中海邮轮	1970年	瑞士日内瓦	MSC地中海	全年航线：地中海、加勒比海 季节性航线：北欧、大西洋、南美、非洲南部、亚洲、中东	22艘
维京游轮	1997年	瑞士巴塞尔	维京	内河游轮： 欧洲：莱茵河、多瑙河、塞纳河、索恩河、罗讷河、易北河和杜罗河 俄罗斯：伏尔加河、斯维里河 乌克兰：第聂伯河 中国：长江 埃及：尼罗河 柬埔寨、越南：湄公河 缅甸：伊洛瓦底江 远洋邮轮： 斯堪的纳维亚半岛、波罗的海、地中海	80余艘河轮、9艘海轮、2艘探险游轮
诺唯真邮轮	1966年	美国迈阿密	诺唯真丽晶七海大洋	航线遍布北美、欧洲、南美、亚洲 全年航线：夏威夷	19艘

续表

邮轮公司	成立时间	总部	邮轮品牌	主要航线	邮轮数量
迪士尼邮轮	1998年	美国佛罗里达	迪士尼	美国东海岸：佛罗里达 美国西海岸：墨西哥蔚蓝海岸、巴哈马海域、加勒比海、地中海	7艘
名胜世界邮轮	2022年	新加坡	名胜世界云顶	粤港澳大湾区航线、三亚冬季航线、日本冲绳航线等	2艘

(3)邮轮舱房。

邮轮舱房类型如表3-16所示。

表3-16 邮轮舱房类型一览

舱房类型	舱房命名	舱房设施设备
内舱房	单人内舱房	无窗，基本设施完备，有的邮轮配备有LED屏幕，可实时直播海景，是经济适用型房型，适合游玩时间较长的游客
	标准内舱房	
	高级内舱房	
海景房	单人海景房	海景房比内舱房多一扇窗户，但楼层低，窗户无法打开
	标准海景房	
	高级海景房	
阳台房	单人阳台房	阳台房比海景房多一个5—11平方米的阳台，空间也更大，可走出舱房观赏海景，呼吸到海上的新鲜空气，楼层位置好，但价格较贵
	双人阳台房	
	家人阳台房	
套房	家庭套房	家庭套房有最大的空间和最佳的位置，有独立的起居区和睡眠区，阳台上有私人按摩浴池，邮轮为其提供免费的专属餐厅、酒廊及酒水，奢华享受，VIP待遇，但价格昂贵
	家庭连通房	部分邮轮有此房型，由1间标准套房、1间阳台房及1间单人内舱房组合而成，3间房共用一个独立入口和门廊

(4)港口。

我国主要港口如表3-17所示。

表3-17 我国主要港口一览

地区	港口名称	港口特点
黑吉辽	大连港国际邮轮中心	2个15万吨级邮轮泊位
京津冀	天津国际邮轮母港	6个泊位，其中2个大型国际邮轮泊位，可停靠世界上较大的邮轮，年旅客通过能力50万人次
山东	青岛邮轮母港	3个泊位，可停靠世界上较大的22.5万吨级邮轮
	烟台国际邮轮母港	大型邮轮泊位3个，年综合通过能力60万人次

续表

地区	港口名称	港口特点
江苏	连云港国际邮轮母港	1个大型邮轮码头泊位,可停靠世界上各类大型邮轮,设计年发客量48万人次
上海	上海吴淞口国际邮轮港	世界上较大的邮轮母港之一,有4个大型邮轮泊位,可靠泊2艘15万吨级邮轮和2艘22.5万吨级邮轮
浙江	舟山国际邮轮港	可停靠10万吨级(兼靠15万吨级)邮轮
浙江	温州国际邮轮港	靠泊等级为5万吨级兼靠10万吨级
福建	厦门国际邮轮母港	中国较早接待国际邮轮的港口之一,是中国第一个有定期国际邮轮航班的港口,可实现1艘15万吨级邮轮和2艘8万吨级邮轮"三轮同靠",也可满足世界较大的22万吨邮轮靠泊要求
广东	广州南沙国际邮轮母港	1个22.5万吨级和1个10万吨级泊位万吨级邮轮,可停靠世界上较大的邮轮,年通过能力75万人次
广东	太子湾邮轮母港	1个12万吨级和1个22万吨级泊位
广东	湛江国际邮轮港	2个邮轮泊位,1个8万吨级泊位,1个3万吨级泊位
广东	黄埔国际邮轮港	1个8万吨级泊位
海南	三亚凤凰岛国际邮轮港	中国第一个国际邮轮专用港,可同时停靠5艘万吨级的国际豪华邮轮,年接待游客能力达200万人次以上,是亚洲较大的邮轮母港之一
海南	海口秀英港	2个万吨级泊位
海南	南海明珠国际邮轮港	1个25万吨级邮轮泊位,1个15万吨级邮轮泊位
广西	北部湾国际邮轮母港	1个2万吨级邮轮泊位,1个5万吨级(水工预留10万吨级)邮轮泊位
香港	启德邮轮码头	2个22万吨级邮轮泊位
台湾	高雄港	2个25万吨级邮轮泊位
台湾	基隆港	可同时靠泊国际豪华邮轮2艘
台湾	台中港	可供万吨级邮轮进出
台湾	花莲港	可通行万吨级的邮轮

2. 邮轮旅游交通安排技巧

邮轮旅游交通安排技巧流程如图3-2所示。

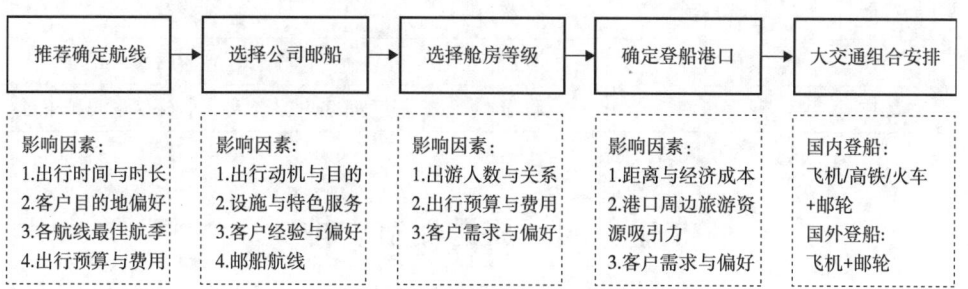

图3-2 邮轮旅游交通安排技巧流程

(三)火车旅游交通安排

1. 火车旅游交通知识

定制师在安排火车旅游交通时要综合考虑相关因素。

（1）火车类型。

我国的火车类型主要有高速列车（"G"字头）、动车（"D"字头）、城际列车（"C"字头）、直达特快列车（"Z"字头）、特快列车（"T"字头）、快速列车（"K"字头）、临时列车（"L"字头）、旅游列车（"Y"字头）等。

（2）席别。

席别主要有商务座、特等座、一等座、二等座、高级软卧、软卧、硬卧、软座、硬座、无座（站票）。

（3）票价标准。

火车票为常年定价销售，不像飞机票有价格浮动。儿童火车票以身高为判定标准，具体如表3-18所示。

表3-18 儿童火车票价格

人群	票价	说明
儿童身高不足1.2米	免票（无座）	
儿童身高1.2—1.5米	成人票价50%	卧铺无儿童票
儿童身高超过1.5米	成人票价	

2. 火车旅游交通安排技巧

火车旅游交通安排技巧如表3-19所示。

表 3-19　火车旅游交通安排技巧

高铁/动车/城际列车		特快列车/快速列车/普通列车/旅游专列	
商务座	轻奢型客户	高级软卧	轻奢型客户
一等座	豪华型客户	软卧	豪华型客户
二等座	舒适型客户	硬卧	舒适型客户,老人、小孩尽量安排下铺

任务四　旅游住宿安排

住宿是旅游六要素之一,是定制旅行产品策划非常重要的组成部分,为客户选择酒店要体现出合适性与合理性,酒店住宿的体验对于客户整个出行的体验度有着非常重要的影响。定制师应在出行之前和客户进行完全且充分的沟通,结合客户的预算、需求、偏好、出行目的及行程本身的特点来推荐合适的住宿酒店。因此,定制师掌握住宿安排的相关知识点是很有必要的。为了在实际工作过程中能够从容应对,定制师需要熟悉酒店的分类及其特点、掌握选择酒店以及安排酒店的技巧。

一、旅游住宿资源认知

(一) 旅游住宿资源的类型

1. 依接待对象划分

(1) 商业酒店。

商业酒店在地理位置上通常位于繁华商业区或附近,以商务型客人为主,这种类型酒店的档次较高,服务设施较为齐全。商业酒店周末及节假日客房入住率及价格通常会低于平日,这与度假型酒店相反。

(2) 旅游观光型酒店。

旅游观光型酒店通常位于景区附近或旅游城市市内,以接待观光旅游者为主,客房以标间为主,酒店档次差距较大,旅游淡旺季的价格差距比较大。

(3) 公寓型酒店。

公寓型酒店即通常所说的酒店式公寓,一般位于城市,客房面积较大,以家居式套房为主,自助服务,配有洗衣机及电磁炉等设备,适合居住时间较长的旅行者或商务型客人。

(4) 汽车旅馆。

汽车旅馆建在高速公路旁或城市近郊区,档次一般,主要为开车的旅行者提供服务,在国外较为流行。

(5)度假型酒店。

度假型酒店位于风景和环境较好的地区,规格较高,以接待度假旅游者为主,通常占地面积比较大,配套设施齐全。

(6)国宾型酒店。

国宾型酒店通常位于城市风景优美的地段,多为花园式风格,以政府接待为目的而建,无接待任务时也接受普通宾客预订入住,硬件规格较高,服务也较好。

2. 依评价等级划分

当今世界各地对于酒店、宾馆、饭店等涌现出许多独立评级制度,世界上比较有影响力的评级标准有以下几种。

(1)国家评级制度。

部分国家采用自己的官方评级制度,其中包括中国、澳大利亚、奥地利、比利时、英国、法国、希腊、印度尼西亚、意大利、墨西哥、荷兰、新西兰、西班牙及瑞士等。评级可确保一定水平的设施和服务,但难以比较国与国之间的评级标准。

国家评级制度通常只强调可见数据(如房间大小、餐厅数量等),而忽略了难以测量的因素(如服务水平等)。即便如此,国家评级通常可以有效反映该国的酒店水准。

(2)旅游饭店星级的划分与评定。

《旅游饭店星级的划分与评定》规定,我国旅游饭店星级分为五个级别,由低到高分别为一星级、二星级、三星级、四星级和五星级。星级评定机构从必备项目、设施设备及其他项目、饭店运营质量等来评定饭店星级,并且饭店取得星级标志每满5年后还需进行评定性复核,以保证运营质量。

(3)AAA钻石评级。

AAA钻石评级是美国及加拿大针对酒店的全面且可靠的分类系统之一。

一颗钻的酒店符合所有条文的要求,产品或服务洁净、安全及维修良好。

两颗钻的酒店在拥有达一颗钻的酒店的服务水平的同时,在房间陈设及家具方面有明显改善。

三颗钻的酒店在实质性、服务及舒适度方面显示明显升级,足以提供额外的款待、服务及设备。

四颗钻的酒店具有优秀、细致的亲善服务,同时提供高档的设备和一系列的额外款待。

五颗钻的酒店设备及运作具有无懈可击的标准及卓越水平,同时其亲善态度和服务超越顾客的期望。

3. 依豪华程度划分

奢华型酒店:设施奢华,服务趋于完美,注重细节体验,消费水平高,服务于中产基层及以上群体,多为各大酒店集团的顶级品牌。

豪华型酒店：设施豪华，服务齐全，价格高，服务于高端消费者，通常五星级及以上酒店属于此类。

舒适型酒店：设施优良，服务较好，但总体标准略低于豪华型酒店，价格适中，服务于中端消费者，通常四星级酒店属于此类。

经济型酒店：提供基本的食宿服务，设施简洁卫生，价格较为低廉，服务于大众消费者，通常三星级酒店属于此类。

4. 依规模大小划分

大型酒店：客房数在600间以上。

中型酒店：客房数在300—600间。

小型酒店：客房数在300间以下。

5. 依文化特色划分

(1) 主题精品酒店。

主题精品酒店是指以某一特定的主题来体现其建筑风格和装饰艺术，以及特定的文化氛围，让顾客获得富有个性的文化感受；同时将服务项目融入主题，以个性化的服务取代一般的服务，让顾客收获欢乐、知识和刺激的住宿设施。主题精品酒店的文化特征鲜明，设施设备考究，注重宾客体验，规模较小，通常由一些旧建筑改造而成。

(2) 乡村民宿客栈。

乡村民宿客栈是指利用自用住宅的空闲房间，结合当地人文、自然景观和生态环境资源，以及农林渔牧生产活动，以家庭副业方式经营，向游客提供乡野住所的地方。民宿不同于传统的酒店、旅馆，它能让人体验当地风情、感受民宿主人的热情与服务、并体验有别于以往的生活。

(3) 青年旅社。

青年旅社也常称为青年旅馆，主要为背包客（Backpacker）提供短期住宿，尤其鼓励年轻人从事户外活动及文化交流。青年旅舍通常不像酒店那么正式，价格也比较低廉，是预算有限的自助旅游者常考虑的住宿地点之一。若要说它与酒店、旅馆最大的不同，可能在于多有活动厅和厨房等公共区域，以及有通铺或上下铺的团体房间类型可供选择。

(二) 旅游住宿资源品牌

大型的酒店集团都拥有多个酒店品牌，这些品牌按照酒店的豪华度进行区分，同时也反映着酒店集团的特色。一名有经验的定制师需要学会通过酒店品牌、设施照片及售价，快速地筛选出高性价比且适合客人的酒店。

知名酒店集团旗下部分品牌的分类如图3-3所示。其中，奢华酒店对应我国白金五星级及以上酒店，超高端酒店对应五星级酒店，高端酒店对应四至五星级酒店，中档酒店对应三至四星级酒店，经济型酒店则是二至三星级酒店。

	万豪	凯悦	洲际	雅高	希尔顿	温德姆	万达	锦江	首旅	华住	开元
奢华	丽思卡尔顿 瑞吉 豪华精选 JW万豪 W酒店 艾迪逊	柏悦 君悦	洲际	莱佛士 索菲特传奇 索菲特	华尔道夫 康莱德	温德姆至尊	瑞华				
超高端	艾美 万豪 威斯汀 喜来登 万丽	凯悦	华邑 皇冠假日	铂尔曼	希尔顿	温德姆	嘉华			施柏阁	开元名都
高端	雅乐轩 福朋 万怡	凯悦嘉轩	假日	美憬阁 美爵 诺富特	希尔顿逸林 希尔顿花园	华美达 豪生	锦华 颐华 美华	丽亭	京伦	禧玥 漫心	开元名庭
中档	万枫 Moxy		智选假日	美居	希尔顿欢朋	戴斯	悦华	锦江都城	和颐至尚	全季	曼居
经济型				宜必思尚品 宜必思		速8		锦江之星	如家 莫泰	汉庭	

注：图中品牌分类为编者自行整理，统计时间截至2024年6月。

图3-3　部分酒店品牌分类

视频微课

酒店房型知多少

（三）旅游住宿资源房型

1. 单人间（Single Room）

单人间又称单人房，是指放一张单人床的客房，一般数量较少、面积较小、位置相对较偏，适合出差或旅游的单身宾客。根据卫生间设备条件，单人间又可分为无浴室单人间（Single Room Without Bath）、带浴室单人间（Single Room With Bath）、带淋浴单人间（Single Room With Shower）。

这种房间的私密性强，近年来颇受单独出游者的青睐。不少酒店不仅增加了单人间的数量，在面积上有所增加，在装饰布置的档次上也有所提高，摆脱了传统的单人间仅仅是经济房间的概念。

2. 大床间（Double Room）

大床间是指在房内配备一张双人床的房间，适合夫妻旅游居住，也适合单身宾客居住，新婚夫妇入住时称之为"蜜月客房"。

另外，大床间同样适用于那些偏好宽敞舒适的居住环境的商务宾客。在以接待商务宾客为主的高星级酒店里，大床间的数量越来越多，并且大多配有先进的办公用品及通信设备等。

3. 双人间（Twin Room）

双人间又称标准间（Standard Room），在房内放两张单人床，可住两位宾客，也可供一人居住。一般用来安排旅游团队或会议宾客。这类客房在酒店占绝大多数。

为了出租和方便宾客,有的酒店配备了单双两便床。在大床间供不应求时,可将两张单人床合为一张大床,作为大床间出租。国外某些酒店为了显示其规格,会在双人间中放置两张双人床。这种有两张双人床的客房称为Double-double Room,其房间面积一般比标准间大。

此外,根据宾客要求,客房内可以加床,通常加床用的是可折叠的活动单人床。

4. 三人间（Triple Room）

三人间指房内放三张单人床,属经济型房间。此类客房在酒店特别是高档酒店中很少见,当宾客需要三人同住一个房间时,往往采用在双人间加一张床的方式来解决此问题。

此外,还有同时供三人以上居住的房间,房内放置多张单人床。此类房间多见于一般旅馆或招待所,我国的高档酒店一般不设置这类客房。

5. 套房（Suite）

套房一般分为标准套间（Standard Suite）、豪华套间（Deluxe Suite）、总统套间（Presidential Suite）。

（1）标准套间又称普通套间,一般为连通的两个房间。一间为起居室,即会客室,起居室可设盥洗室,可不设浴缸,一般供拜访的宾客使用;另一间为卧室,卧室中放一张大床或两张单人床,配有卫生间。

（2）豪华套间可以是双套间,也可以是三至五个房间组成的多套间,一般分为卧室、起居室、餐厅、书房、厨房等。卧室配备大号双人床或特大号双人床,室内注重装饰布置和设备用品的豪华程度。

（3）总统套间一般由五间以上的房间组成,多者可达20间。房内设有主卧、会议室、卫生间、起居室、书房、厨房、餐厅、警卫室、随从室、娱乐室等,有的还有室内花园。整个房间装饰布置极为讲究,设施设备豪华,常将名贵的字画、古董、珍玩等装点其间。总统套间房价昂贵,出租率较低,一般是政界要人、商界大亨、演艺界名人等入住。一般五星级及以上的酒店才有总统套间,它能提升酒店的档次和知名度。

6. 特殊客房（Special Room）

特殊客房又称主题客房,是为某一类人特别设计和布置,以满足其个性化需求的客房。近几年根据不同宾客需要,酒店开始设计各种不同主题的客房,它们具有浓郁的文化气息,体现了酒店对宾客的关爱之情。各种客房有其不同的特点,但同时又有很强的兼容性。

（1）以某种时尚、兴趣爱好为主题的客房:汽车客房、足球客房、邮票客房、电影客房等。

（2）以某种特定环境为主题的客房:梦幻客房、海底世界客房、太空客房等。

(3) 以健康环保为主题的客房:绿色客房、低碳客房、无烟客房等。

(4) 以针对特殊群体需求为主题的客房:老年人专用客房、无障碍客房、高科技客房、钟点客房等。

① 老年人专用客房:其卫生间的门是用防滑玻璃纤维制造的,并设有防滑把手,可以安全洗浴;门把和开关位置适宜;设置多个召唤铃,老年人可随时随地呼叫自己需要的服务。

② 无障碍客房:这是一种专供残疾宾客使用的客房,一般具备残疾人专用进出口、残疾人专用厕位等。

③ 高科技客房:这是为商务型等宾客设计的客房。房内提供网络浏览、E-mail收发、FTP文件下载、Telnet远程登录等多项服务,有可旋转的液晶电视屏幕、遥控香氛系统、环绕音响系统等。

④ 钟点客房:这是一种按小时收费的经营模式,以其灵活性和便利性受到宾客的欢迎。

二、旅游住宿安排的技巧

(一) 满足需求

酒店的选择满足客户的需求是根本要求。一般情况,定制师会根据客户的需求来进行判断,如酒店的类型、酒店的位置、酒店的星级、酒店的服务等。例如:高尔夫客户一般安排球场内的酒店或离球场近的度假区酒店;购物型客户要注重交通的便利性;度蜜月的客户会倾向度假型酒店、主题酒店;有丰富的儿童娱乐设施的酒店会更受家庭游客户青睐;讲究饮食的客户尤为需要注意酒店的餐饮服务。

(二) 选新不选旧

从酒店硬件体验感来说,要尽可能挑选开业半年至五年的新酒店。通常开业时间较短的酒店的硬件设施要远远好过开业时间很长的酒店,宾客住宿体验感自然会更好;而开业半年内的酒店,可能存在客房内有异味、运营管理尚处于磨合阶段、软件服务存在不足之处等问题,而半年后情况则会逐步好转。

(三) 优先选连锁

在其他条件类似的情况下,优先选择品牌连锁的酒店。即使酒店的硬件设施看起来差不多,但因为管理的标准化程度更高,连锁酒店通常在软件服务和细节表现上会更突出,宾客在入住期间获得的服务体验也相对更稳定。

旅游住宿资源选择的依据

任务五 旅游餐饮安排

古语云:民以食为天。由此可见饮食在人们生活中的重要地位,而在食、住、行、游、购、娱六大旅游要素中,"食"依然排在首位,由此可见,"食"也就是餐饮,是旅游活动的"重中之重"。美食作为一种文化,承载了一个地区的历史、风土人情和文化。一道道美食背后蕴含着一个地区的历史背景和人文风情等。这些元素汇聚在一起,形成了一种独特的美食文化。对游客来说,品尝当地美食不仅是一种味觉上的享受,更是了解当地文化的一种途径。特别是在旅游活动中,由于长时间的长途跋涉,游客会消耗大量的体力,此时则需要美食来补充能量、愉悦心情、舒缓疲劳。所以说,餐饮产品在旅游产品的结构链中,发挥着基础性的作用。

目前,多家线上旅游平台的统计数据显示,有接近四成的游客会因为美食而开启一段旅程。这一现象的背后,有美食独特的文化价值,也有旅游业的市场化需求。因此,定制师掌握餐饮安排的相关知识点很有必要。

一、旅游餐饮的消费需求

(一)顾客的功能需求

顾客的功能需求是最起码的要求,需要充分利用餐厅的空间以满足顾客的要求。目前餐厅有多少间环境幽雅的包间、分别以何种主题布置、房内设施依据什么设计、能否做到美观与舒适、能否让顾客享受在其中,这些都是设计过程需要重点考虑的问题。高级宴请、婚宴和会餐也要考虑满足不同顾客的各种需求。

(二)顾客的价格需求

每一个顾客都在努力寻求物有所值,我们要让顾客感觉到"物超所值"。餐厅需要研究顾客愿意付出的成本,并以此为依据,推出符合消费需求的产品,利用顾客愿意付出的最高成本来尽量地增加餐厅的收入。另外,发展一个新顾客比留住一个老顾客难度更大。从顾客的角度来讲,他们更愿意选择自己熟悉的、认为各地方都比较满意的餐厅去消费,因为这样能够避免他们重新选择时所面临的风险及精神压力,使其付出的精神成本相对比较低。因此,餐厅要特别留意培养更多的忠诚顾客,这也是降低成本的一个重要方面。

(三)顾客的方式需求

餐厅管理以质量需求为核心。服务也是产品,全体员工应树立全面质量管理的思想。要想了解顾客的需求,餐厅可以站在"家人"的角度,提供有针对性的服务,以便赢得顾客的心,使之成为餐厅的忠实顾客。例如,点菜的时候服务人员可以主动提醒顾客不要点不利于自身健康的菜肴,并积极地向他们推荐对身体有益的菜肴。这样,这些顾客就会体会到餐厅服务的周到和用心,从而成为餐厅的常客。

(四)顾客的外延需求

顾客外延需求的核心是心理需求、附加利益和服务,如心理上的满足、文化上的满足、售后服务的满足等。随着感性消费时代的到来,顾客的心理需求越来越强烈,在享受服务的进程中,顾客更希望获得心理上的尊重。这就需要餐厅推出个性化服务、针对性服务、感性化服务、超前服务等。餐厅应围绕满足顾客心理需求,发掘顾客不自知的需求,吸引顾客,让顾客认定这是理想的消费之所。

二、旅游餐厅的主要类型

口味、本土化、服务、主题、位置、"网红"打卡地是餐饮产品资源的相关因素。定制师在安排行程时要综合考虑相关因素。定制师在与客户沟通中应详细询问每位出行人员的口味情况及禁忌,设计餐饮产品资源时既要符合客户的情况又要有地方特色。

餐厅类型知多少

(一)中餐厅

中餐厅是指提供中式菜点、饮料和服务的餐厅,主要经营粤、川、鲁、浙、湘、徽、闽、京、沪等菜系,除了满足顾客食用中餐的需求,中餐厅还为顾客提供交际应酬、喜庆宴会、家庭聚餐等服务。中餐适用性广,为各种人群所接受,定制旅行的餐饮安排中除有特殊要求外,一般以中餐为主。

(二)西餐厅

一般,人们把欧美各国料理统称为西式餐饮。欧美各国菜式、服务均有差异,比较知名的有法国菜、意大利菜等。西餐厅是指以西式正餐为主要经营内容的餐厅,体现档次的如扒房、意大利餐厅等。扒房通常以西方文化、艺术为主题,环境高雅、富丽,形成独特风格,讲究酒水、菜品与餐具的搭配,提供一流的专业化服务。人们对于西餐的接受度各异,通常年轻群体较为偏爱西餐。

(三)日式料理店

日本料理,其特色是精致、清爽、可口。无论是简单的寿司店,还是高级的日本餐厅,均为日式装潢,有浓厚的日本文化风格。日本料理中除刺身等生食外,大部分菜品的口味为大众所接受。若客户选择前往日本旅行,可建议其体验一次正宗的日本"怀石料理"。

（四）咖啡厅

咖啡厅又称简便西餐厅，主要经营西式简餐、咖啡、酒类饮料、甜品点心、小吃、时尚美食等，一家有特色的咖啡厅必然有其独特的风格特征，或体现在其周边风景上，或体现在其装修摆设上，特色咖啡厅可以作为旅行途中的下午茶打卡地安排在行程中。

（五）自助餐厅

自助餐厅比较注重气氛的渲染，讲究餐厅的布置和食品摆放的位置及次序，要尽可能地方便客人。从菜品方面看，自助餐厅比较重视食品的丰富性，能充分让顾客享受参与和得到自我选择的满足感。境外定制团中安排自助餐较为常见，一方面菜品相对丰富，老少皆宜，可以照顾到不同顾客的口味与食量；另一方面费用适中，颇具性价比。

（六）快餐厅

快餐厅是以提供速食为主的餐厅。这种餐厅的规模不大，菜品一般限制在几种范围之内，大多是中、低档的大众化菜品。快餐厅经营的特点是只提供有限的服务，服务效率高；价格低廉，适合经常性消费；质量稳定，能够取得顾客的信任；环境干净卫生。肯德基、麦当劳是典型的快餐厅。快餐厅一般被安排在时间紧、赶行程的情境下。

三、旅游餐厅安排的技巧

在安排餐厅方面，如果客户没有指定的餐厅，可以从客户需求入手，为客户安排合适的餐厅。比如散客客户要去巴黎度蜜月，那么至少有一顿正餐需与客户的蜜月游有关联。定制师要首先满足客户需求，再按照以下原则来选择合适的餐厅。

（1）顺路原则：应根据行程路线来选择餐厅位置，尽可能避免为了用餐而走回头路、绕远路等，必要时可以根据选定的餐厅位置适当调整行程路线。

（2）按预算订餐原则：应根据用餐预算合理选择与人均消费相匹配的餐厅，避免"预算高但餐厅消费水平低"或"预算较低但餐厅消费水平高"的情况发生。

四、餐饮安排的注意事项

（一）选择参观注意事项

（1）餐厅位置与交通：选择位置靠近景区、市中心，交通便利的餐厅，这样可以避免游客在就餐前要花费过多时间和精力来找餐厅。

（2）餐厅环境与装修：尽量为游客提供温馨舒适的就餐环境，并应优先选择干净卫生、装修美观的餐厅。

（3）餐厅档次：根据旅游团的需求来选择餐厅的档次，如经济实惠的团队餐厅或中高档餐厅等。

（4）餐厅菜品：根据游客的喜好、种类等选择菜品。如果旅游团游客众多，菜品要尽量多样化，以满足游客们的口味。

（5）餐厅服务：选择服务热情周到的餐厅，为游客提供良好的服务体验。

（二）菜品的安排

（1）菜品搭配：菜品搭配应视需求和实际情况而定。一般来讲，应选择口味偏淡、健康可口的饮食，菜品要能尽量满足各类游客的口感需求。

（2）菜品数量：根据游客人数确定合理的菜品数量，并在此基础上适当增减。

（3）特殊饮食需求：了解游客的特殊饮食习惯和需求（如素食、清真食品、婴儿食品等），确保游客在就餐期间能够吃到适宜的食物。

（三）就餐用具及餐饮卫生

（1）就餐用具准备：准备好清洁的餐具（碗、碟、杯子、筷子、勺子等）和餐巾纸等配套用品。

（2）餐饮卫生：选择卫生良好的厨房、餐厅，确保食品卫生，保证游客的身体健康，避免卫生问题带来的不良影响，同时学会正确的食品搭配，尽量减少食品交叉污染的风险。

五、餐饮安排禁忌

（一）中国餐桌礼仪点餐禁忌

定制师在安排菜单时，还必须考虑来宾的饮食禁忌，特别是要对主宾的饮食禁忌高度重视。饮食方面的禁忌主要如下。

宗教的饮食禁忌，一点也不能疏忽大意。例如，伊斯兰教信仰者不吃猪肉；国内的佛教徒通常不吃荤腥食物，它不仅指肉食，还包括葱、蒜、韭菜、芥末等气味刺鼻的食物。

出于健康的原因，人们对于某些食物也有所禁忌。比如，患有心脏病、脑血管疾病、动脉硬化、高血压和中风的人，不适合吃狗肉；肝炎病人忌吃羊肉和甲鱼；胃肠炎、胃溃疡等消化系统疾病的人也不合适吃甲鱼；高血压、高胆固醇患者，要少喝鸡汤等。

不同地区，人们的饮食偏好往往不同。对于这一点，定制师在安排菜单时要兼顾。比如湖南人普遍喜欢吃辛辣食物,欧美人通常不吃动物的头部和脚爪。另外,宴请外宾时,尽量少点需啃食的菜肴,外宾在用餐中不太会将咬到口中的食物再吐出来,因此,定制师需要顾及这点。

有些职业,出于某种原因,在餐饮方面往往也有各自不同的特殊禁忌。例如,国家公务员在执行公务时不准吃请,在公务宴请时不准大吃大喝,不准超过国家规定的标准用餐,不准喝烈性酒。再如,驾驶员工作期间不得喝酒。若忽略了这一点,则有可能使对方犯错误。

(二)国外客户餐饮安排禁忌

1. 俄罗斯

俄罗斯人用餐时多用刀叉。他们忌讳用餐发出声响,并且不能用匙直接饮茶,或让其直立于杯中。通常,他们吃饭时用盘子,而不用碗。参加俄罗斯人的宴请时,宜对其菜肴加以称赞,并且尽量多吃些,俄罗斯人将手放在喉部,一般表示已经吃饱。俄罗斯人热情好客,当主人递给你一杯伏特加酒时,出于礼貌一般不应拒绝,并且在敬酒时眼睛应该直视对方。饭菜中的酱汁或肉汁通常用面包蘸着吃。

2. 美国

美国人在饮食上通常忌食各种动物的五趾,不爱吃肥肉,不喜欢清蒸菜肴。美国人在用餐时通常忌讳以下几点:进餐时发出声响、吸烟、劝酒、当众脱衣、议论令人作呕之事,等等。

3. 日本

日本人一般不吃肥肉;招待客人忌讳将饭盛得过满过多;忌讳用餐过程中整理自己的衣服或用手抚摸、整理头发,因为这是不卫生和不礼貌的举止。日本的餐桌礼仪是十分讲究的,但吃面的时候似乎是个例外。日本人吃面时一般会发出响亮的吸溜声,游客最好也入乡随俗,以感谢主人的盛情款待。

4. 法国

法国人大都爱吃面包、奶酪,以及牛肉、鸡肉、鱼子酱、鹅肝;讲究在餐桌上以不同品种的酒水搭配不同的菜肴。通常法国人用餐时,两手可以放在餐桌上,但却不许将两肘支在桌子上,在放下刀叉时,他们习惯于将其一半放在碟子上,一半放在餐桌上。吃法国菜时通常需要注意一些礼节:忌讳用餐巾大力擦手抹嘴,需注意仪态,用餐巾的一角轻轻拭去嘴上或手上的油渍便可;若吃多道主菜,吃完第一道菜(通常是海鲜)之后,侍应会送上一杯雪葩,雪葩除了可以让口腔清爽,更有助于提升对下一道菜的食欲。

5. 英国

英国人在吃饭时忌讳碰响水杯,有些人认为,如果刀叉碰响了水杯,而任它发出声响却不去制止可能会带来不幸。英国人吃饭时会避免刀叉与器皿碰撞出声,万一发出声响,要迅速地用手捏一下,使它停止作响。

任务六　旅游景区(点)安排

一、旅游景区(点)的概念

旅游景点一般是单一的特定景观或活动,旅游景区是一种组合性旅游景点,但在实践中,旅游景点和旅游景区基本上是等同的。在2019年中国旅游景区协会发布的《旅游景区分类》团体标准中,旅游景区的定义为,"具有明确的旅游吸引物,以旅游及其相关活动为主要功能,具备相应服务设施并提供相应旅游服务的独立管理区。该管理区一般有统一的管理经营机构和明确的地域范围"。旅游景区(点)是定制旅行产品的主体部分,是旅游消费的吸引中心。定制师需要根据顾客的时间、预算、要求合理地安排旅游景区(点)。好的定制旅行可以让客户欣赏到那些绝美的自然风光,感受宝贵的历史文化遗产带给我们的时空穿越之感,进而产生精神上的共鸣。

二、旅游景区(点)的类型

中国旅游景区协会发布的《旅游景区分类》团体标准以简明清晰、系统完整、客观科学、实用可行为原则,将旅游景区按照景区规模、核心旅游吸引物、景区功能与产品等不同维度划分为不同的类型。从定制师完成定制旅行产品设计的角度考虑,本书将重点阐述以旅游核心吸引物为依据的景区类型划分。旅游景区依据核心旅游吸引物共分为六大类:自然景观类、人文景观类、乡村田园类、现代娱乐类、综合吸引类、其他吸引类,具体如表3-20所示。

表3-20　景区分类表

分类依据	类别	
根据景区规模分类	特大型旅游景区	100平方千米≤景区面积<1000平方千米或20平方千米≤景区游览面积<100平方千米
	大型旅游景区	50平方千米≤景区面积<100平方千米或10平方千米≤景区游览面积<20平方千米
	中型旅游景区	10平方千米≤景区面积<50平方千米或3平方千米≤景区游览面积<10平方千米
	小型旅游景区	景区面积<10平方千米或景区游览面积<3平方千米

续表

分类依据	类别	
依据核心旅游吸引物分类	自然景观类景区	山岳型景区
		森林型景区
		湖泊型景区
		河川型景区
		海洋型景区
		沙漠型景区
		草原型景区
		温泉型景区
	人文景观类景区	古迹遗址型景区
		宗教型景区
		非物质文化遗存型景区
		工业型景区
		科普型景区
		纪念地型景区
		文化园型景区
		度假(村)型景区
		小镇型景区
	乡村田园类景区	村落型景区
		农业景观型景区
		生产地型景区
		民宿型景区
	现代娱乐类景区	主题公园型景区
		文化演艺型景区
		购物娱乐型景区
		文化场馆型景区
		特色街区型景区
	综合吸引类景区	核心吸引物包括多种类型，且重要程度难以区分的景区
	其他吸引类景区	未包含在上述类型中的旅游景区
依据景区功能与产品分类	观光体验型旅游景区	为游客提供观光、体验等主导产品的旅游景区
	休闲娱乐型旅游景区	为游客提供休闲、游憩、娱乐、体育、探险、主题游乐及美食等主导产品的旅游景区

续表

分类依据	类别	
依据景区功能与产品分类	度假旅居型旅游景区	为游客提供度假、野营、旅居等主导产品的旅游景区
	康复疗养型旅游景区	主要为游客提供医疗、保健、康复及疗养等主导产品的旅游景区
	会奖节事型旅游景区	为游客提供会议旅游、团建活动、展览展会、奖励旅游、大型活动与节事旅游等主导产品的旅游景区
	研学教育型旅游景区	为游客提供研学、红色、科考等主导产品的旅游景区
	运动体育型旅游景区	为游客提供各种户外运动或体育赛事等主导产品的旅游景区
	综合服务型旅游景区	为游客提供综合性服务为主导的旅游景区
	其他型旅游景区	未包含在上述类型中的旅游景区
依据景区运营主体及其目标分类	公益性旅游景区	由政府部门或社会团体代表国家行使管理权的旅游景区
	准公益性旅游景区	以社会福利为主，兼顾经济利益的景区
	商业性旅游景区	由各类不同的投资主体完全出于营利的目的而建造的旅游景区

注：表格为编者参考中国旅游景区协会发布的《旅游景区分类》团体标准整理制作。

（一）自然景观类景区（点）概念与分类

自然景观类景区（点）指的是核心旅游吸引物以自然景观为主的旅游目的地。自然景观类景区（点）在各类型景区中数量和占比最高，马太效应明显。近年来，自然景观类景区（点）高质量发展的原因可以归结如下：第一，旅游成为践行"绿水青山就是金山银山"理念的重要领域。各地区在严格保护生态的前提下，科学合理地推动生态产品价值实现，坚持走生态优先、绿色发展的特色旅游道路。第二，在旅游消费升级背景下，人们在旅游过程中愈加注重自然品质体验，以生态环境保护、健康养生、疗养康复为主要功能的自然景观旅游成为近年来关注的重点。第三，疫情影响下，旅游者更加趋向于清新自然、健康安全的旅游，绿色生态、静谧颐养的自然景观旅游目的地成为市场关注重点。迈点研究院的数据显示，2022年全国五大主类（自然景观类、人文景观类、乡村田园类、现代娱乐类、综合吸引类）景区共3057家，其中，自然景观类有1372家，占到总体的44.9%。

1. 山岳型景区（点）

山岳型景区（点）是指以自然山体为核心吸引物的旅游目的地，通常具有雄、险、

2022年我国各类景区数量及占比情况

自然景观类景区的类型

秀、幽、奇等美学特征,主要的旅游形式包括登山、观光、休闲、度假等。山岳型景观数量众多,占3A级及以上景区的1/3左右,是我国风景名胜区的主要类型,也是游客旅游观光的主要目的地。它们不仅有艺术观赏价值,还拥有深厚的历史文化底蕴,以及科学考察价值。我国代表性的山岳型景区(点)有黄山、泰山、云台山、嵋岈山、天山等。

2. 森林型景区（点）

森林型景区(点)是指以森林资源景观为主体、其他自然景观为依托、人文景观为陪衬的旅游目的地,主要的旅游形式包括观光、徒步、越野、野营、探险、科普教育、疗养、度假等。随着生态休闲旅游的逐渐升温,人们对康养的诉求大幅增加,森林体验、森林养生、自然教育、户外运动、冰雪旅游、森林步道等新业态更会成为爆款产品。我国代表性的森林型景区(点)有张家界、西双版纳原始森林公园等。

3. 湖泊型景区（点）

湖泊型景区(点)是指以天然湖泊或人工水库为主体的旅游目的地,主要的旅游形式包括休闲、度假、观光、徒步、骑行、野营、娱乐等。我国湖泊旅游的开发始于20世纪八九十年代,湖泊型旅游度假区在我国度假区建设中占有重要地位。目前,部分湖泊型景区(点)在自然生态的基础上植入传统和现代文化元素,通过内容和形式上的创新提升游客体验感和参与感,涌现出多元新业态,运动休闲、夜间湖泊休闲、地域美食等成为新亮点。我国代表性的湖泊型景区(点)有茶卡盐湖、青海湖、泸沽湖、九寨沟、太湖、洞庭湖等。

4. 河川型景区（点）

河川型景区(点)主要是指以天然及人工河流、冰川、溪水等为核心吸引物的旅游目的地,主要的旅游形式包括观光、休闲、娱乐、探险、科普教育等,生态游、健康游、休闲游、特种体验游等是主要旅游形态。新形势下,河川型景区(点)愈加受到推崇,满足游客休闲需求与生态保护兼具逐渐成为其未来努力发展的方向。我国代表性的河川型景区(点)有黄河、遇龙河、达古冰川、樟江、八里河等。

5. 海洋型景区（点）

海洋型景区(点)是指以海岛、海岸、近海海域等海洋地理空间为活动范围,依托自身的海水、沙滩等环境,开发的包含观光、度假和特种旅游等各类旅游形式的旅游目的地,主要的旅游形式包括观光、度假疗养、运动娱乐、科考等。国内滨海旅游资源丰富,伴随人们对小而美生活的追求向往,沙滩、椰林、海浪依旧是引发大众游客出游的重要共鸣点,在人们的旅游方式逐渐从观光向休闲度假转变的背景下,大众的出游需求正在从"看海"向"玩海"转变,海底探险、航海体育竞技等深海、远海领域的小众活动开始兴起。我国代表性的海滨型景区(点)有海南天涯海角、亚龙湾,山东青岛海滨风景区,广西北海涠洲岛等。

6. 沙漠型景区（点）

沙漠型景区（点）是指以沙漠为空间范围，以沙漠景观为主体，以其范围内的湖泊、生物、建筑、民俗等自然文化资源为依托，满足科考、探险、求知、猎奇、环保等旅行需求的旅游目的地，主要的旅游形式包括观光、徒步、探险、露营、休闲、度假等。我国沙漠旅游资源赋存的主要区域分布在新疆、内蒙古、陕西、甘肃、宁夏、青海等地，空间上分布相对集中，拥有区域独有性。我国的沙漠型景区（点）按照旅游资源及旅游项目可分为四种：①以休闲娱乐为主的综合型沙漠型景区（点），如鸣沙山月牙泉风景区、沙坡头旅游景区等；②观赏沙漠自然景观与其他旅游资源（如湖泊、沙漠特殊植物等）相结合的沙漠型景区（点），如额济纳胡杨林旅游区、腾格里沙漠月亮湖景区、红山玉龙沙湖国际生态文化旅游区等；③以活动体验为主的沙漠型景区（点），如武威沙漠公园、库木塔格沙漠景区等；④从观光向度假转变的沙漠型景区（点），如响沙湾旅游景区和腾格里沙漠湿地·金沙岛旅游区等。

7. 草原型景区（点）

草原型景区（点）是指以独特的草原自然风光，以及在此环境中形成的历史人文景观和特有的民俗风情为旅游资源，具备休闲度假、参观游览、康乐健身等功能，具有相应的旅游服务基础设施并提供相应旅游服务的独立管理区，主要的旅游形式包括观光、度假、文化体验、娱乐、探险等。我国草原旅游资源在空间分布上相对集中，主要区域分布在新疆、内蒙古等地。我国代表性草原型景区（点）有呼伦贝尔草原、鄂尔多斯草原、巴音布鲁克草原、羌塘草原、祁连山草原等。

8. 温泉型景区（点）

温泉型景区（点）是指以温泉旅游资源为核心的旅游目的地，包括传统的温泉休养、疗养和保养，以及集观光、休闲、度假、养生、娱乐于一体的温泉旅游吸引物，能形成养生产业、会议产业、运动游乐产业等。随着养生旅游成为旅游的重要形式，在众多的养生资源中，温泉以其天然、康养的特性而备受欢迎。我国代表性的温泉型景区有尧山温泉旅游度假区、明月山温汤旅游度假区、云澜湾温泉景区、古兜温泉小镇等。

（二）人文景观类景区（点）概念与分类

人文景观类景区（点）指的是核心旅游吸引物以人文景观为主的旅游目的地。在文旅融合大背景下，随着人们欣赏水平、文化修养的提高，能寓教于乐的人文景观类景区（点）逐渐成为游客新宠，人们对于人文精神的追崇也让文化氛围浓厚的图书馆、美术馆、博物馆等成为新兴的人文景点。迈点研究院的数据显示，2022年全国五大主类景区共3057家，其中，人文景观类居第二，有1161家，占到总体的38%。

1. 古迹遗址型景区（点）

古迹遗址型景区（点）是指以古迹遗址为主要景观的旅游目的地，主要承担着文物展示、科学研究、传播教育、游憩休闲等功能。我国作为历史跨度长达数千年的文明古国,拥有着数量庞大且分布广泛的古迹遗址。这些规模宏大、价值重大、影响深远的大型聚落、城址、宫室、陵寝、墓葬、军事遗址等,是人类文明史迹的直接建筑主体,蕴含着丰富的历史文化信息和科学研究价值。比较著名的有故宫、圆明园遗址公园、明十三陵、良渚古城遗址公园、安阳殷墟等。

2. 宗教型景区（点）

宗教型旅游景区(点)是指以宗教文化为核心依托,借助相关的自然和人文资源,将宗教文化以产品的形式展现给人们,以吸引宗教信仰者和一般旅游者进行朝拜、观光、研究等活动的旅游目的地,包括名山、寺庙、洞窟、佛塔、清真寺、教堂等。宗教与旅游联系紧密,当前以宗教文化为纽带,所延展出的朝觐、云游、祈福、禅修、研学等旅游形式和产品业态,已成为传播中国传统文化的重要途径之一。比较著名的有少林寺、龙门石窟、普陀山、五台山区、龙虎山、武当山等。

3. 非物质文化遗存型景区（点）

非物质文化遗存型景区(点)是以非物质文化遗产资源为核心吸引物的旅游目的地,包括民间文学艺术、地方习俗、传统演艺、传统医药、传统体育赛事等资源。2023年印发的《文化和旅游部关于推动非物质文化遗产与旅游深度融合发展的通知》,明确指出要"推动非物质文化遗产与旅游在更广范围、更深层次、更高水平上融合"。中国非物质文化遗产保护协会公布的2022年全国非遗与旅游融合发展优选项目名录中有非遗旅游景区、非遗旅游小镇、非遗旅游街区、非遗旅游村寨4个类型共200个项目入选。比较著名的有大槐树寻根祭祖园、平遥古城、景德镇古窑民俗博览区、福建土楼永定景区、三亚南山国际非遗中心等。

4. 工业型景区（点）

近年来,"工业＋旅游业"的融合发展势头极其迅猛,工业型景区(点)是指以工业场所、生产过程、生产成果和管理经验,尤其是以具有特色的、高科技的新型产品和管理经验先进的企业为核心吸引物的旅游目的地。以企业文化为载体,利用特色工业品牌吸引游客进行实地体验,让游客通过体验产品的制作获得成就感,既能满足游客的求知欲和好奇心,又能促进企业的发展。工业型景区(点)主要的旅游形式包括观光、休闲、科普、研学、体验、购物等,按照形态可以分为工业企业、现代工业园区、创意产业集聚区三类。2022年,文化和旅游部公示了53个国家工业旅游示范基地,代表性的有四川省五粮液旅游景区、宁夏回族自治区百瑞源枸杞工业旅游基地、河南省中国一拖东方红工业游景区、河北省君乐宝乳业工业旅游区、内蒙古自治区蒙牛工业旅游区、浙江省农夫山泉工业旅游区、山东省青岛啤酒博物馆、辽宁省鞍钢红色钢铁之旅工业旅游基地等。

5. 科普型景区（点）

科普旅游指的是集科普教育和旅游为一体的旅游产品,寓教于游,寓教于乐,使游客在游玩过程中接受科学、自然及人文知识的旅游业态。科普型景区(点)是指兼具教育、科研、保护等功能的旅游目的地,主要开展动植物保护、科普教育、旅游观光、休闲度假、研学旅行等活动,目前,我国各地均有着丰富且类型多样化的科普旅游资源,主要包括现代科技园区、科技馆、动植物园、海洋馆等。随着亲子游的日益火爆,科普型景区(点)也越来越受到家长孩子们的欢迎。比较著名的有中国天眼景区、中国科学院西双版纳热带植物园、中国科学院紫金山天文台、中国科学技术馆、长隆野生动物世界等。

6. 纪念地型景区（点）

纪念地型景区(点)是指以发生过重大历史事件的场所和著名人物为核心吸引物的旅游目的地,人物纪念地包括陵园、人物纪念馆、纪念堂、纪念塔、祠堂、名人故居等,事件纪念地包括纪念馆、纪念塔、纪念碑、会馆、古战场等。纪念地景区(点)主要以亲子市场和青少年市场的爱国主义教育、企事业单位党风廉政教育为主。在我国,随着近代社会的不断发展,中国共产党的历史越来越重要,革命精神受到高度重视。中国共产党的发展历程以及革命精神的象征最终形成了一系列的革命纪念地,如中国共产党一大·二大·四大纪念馆景区、延安革命纪念馆、百色起义纪念园、西柏坡纪念馆、韶山毛泽东故居纪念馆等。

7. 文化园型景区（点）

文化园型景区(点)是指以弘扬中华民族文化、世界文明悠久历史为主导,集教育、休闲于一体的主题园区,主要服务于亲子市场。文化园型景区(点)开展的旅游活动包括文化体验、观光游览、休闲娱乐、旅游演艺、教育学习等。比较著名的有豫园、个园、伏尔加庄园、岭南印象园、狮子林、深圳锦绣中华中国民俗文化村、中国绿化博览园、互助土族故土园等。

8. 度假（村）型景区（点）

度假(村)型景区(点)是一种综合性的旅游目的地,目的是接待以休闲、度假为目的而长时间驻留的游客。度假村一般具有环境幽雅清静、服务温馨舒适、康体娱乐设施完备等特征,游客可在度假村良好的自然生态环境中享受放松身心的娱乐活动及美食。度假村能满足游客休闲、度假、康养等方面的需求,主要服务于亲子、游学市场和年轻群体。比较著名的有观澜湖休闲旅游区、十字水生态度假村、新安江山水画廊风景区、深圳华侨城旅游度假区、银基国际旅游度假区等。

9. 小镇型景区（点）

小镇型景区(点)是基于旅游消费理念不断升级,从观光到度假的深度旅游背景下,涌现出来的新兴旅游目的地。小镇型景区的类型比较丰富,主要有以独有的特色建筑、风水情调、民俗文化等为核心吸引物的古城古镇,特别是国家历史文化名城(中国历史文化镇),已成为我国小镇型旅游目的地中的中坚力量,如乌镇、西塘等江南六大名镇;以特色产业为依托的小城镇,如瑞丽、景德镇等;依托独特的旅游资源形成的主题小镇,如滑雪小镇、温泉小镇、滨海小镇等;文化体验式小镇,如比较热门的各式文旅小镇、体育小镇、电影小镇等。

(三)乡村田园类景区(点)概念与分类

乡村田园类景区(点)是指以乡村及农业景观为核心吸引物的旅游目的地,依托的载体包括秀丽的田园、山林、海岛,风光旖旎的江河湖泊,风格独特的建筑和历史遗迹,农林牧渔的生产工具、过程、工艺及成果,以及特色美食、农业节庆、民俗文化等。其主要的旅游形式包括观光、休闲、体验、度假、科普教育、研学等。近些年来,随着乡村振兴等战略的推动,我国乡村旅游发展迅猛,乡村田园类景区(点)的数量不断增多、类型不断丰富、品质不断提升。

1. 村落型景区(点)

村落型景区(点)是指以古村镇宅院建筑、村落独特的民风民俗和新农村格局为核心吸引物,在村落地区开展的相关旅游活动,并且以村落旅游地居民农民为重要主体,吸引城市中居住或工作的群体前来游玩的旅游目的地。比较著名的有浙江余村、安徽西递村、广西大寨村、江西篁岭村、浙江下姜村、甘肃扎尕那村、陕西朱家湾村、贵州西江千户苗寨等。

2. 农业景观型景区(点)

农业景观类景区(点)是指以花田景观、梯田景观、农田艺术作品、科技创意、农田节庆等为核心吸引物的旅游目的地。比较著名的有龙脊梯田、元阳梯田、万亩水稻公园等。

3. 生产地型景区(点)

生产地型景区(点)是指以农业资源为基础,以种植、采摘、养殖等农事体验为核心,融合观光、游乐、度假、康养等多种旅游活动的综合性旅游目的地,通常包括果园、牧场、鱼塘等农业生产场所,适合亲子类、科普类旅游活动的开展。比较著名的有雁南飞茶田景区等。

4. 民宿型景区(点)

民宿型景区(点)是指根据"民宿+"的理念,依托"山、林、田、湖"等资源,与乡村休闲、农事体验、亲子、研学、茶艺、徒步体验等进行结合,以古驿道、果园、田野、农耕体验、手工制作、乡村风情、乡村清新的空气等为卖点的休闲度假旅游地。民宿型景区(点)适合家庭出游,场景多元化,且能提供休闲娱乐、游园踏青、郊野漫步、蔬果采摘等特色项目,因此越来越受到人们的追捧。比较著名的有莫干山国际旅游度假区、黄河·宿集等。

(四)现代娱乐类景区(点)概念与分类

现代娱乐类景区(点)是指以带有主题性的人造景观为核心吸引物的旅游目的地,适合亲子类、年轻类人群。

1. 主题公园型景区(点)

主题公园型景区(点)是指占地、投资达到一定规模,实行封闭管理,具有一个或多个特定文化旅游主题,为游客有偿提供休闲体验、文化娱乐产品或服务的旅游目的地,主要包括以大型游乐设施为主体的游乐园、大型微缩景观公园,以及提供情景模拟、环境体验为主要内容的各类影视城、动漫城等。比较著名的有长隆旅游度假区、北京环球度假区、开封清明上河园、镇北堡西部影城、厦门方特梦幻王国、深圳世界之窗、上海迪士尼度假区、环球恐龙城等。

2. 文化演艺型景区(点)

文化演艺型景区(点)是指以大型演艺项目为核心吸引物,展现地域文化背景,注重体验和参与的旅游目的地,包括以实景演艺项目为主体的景区、以剧场表演为主体的景区。比较著名的有杭州宋城、郑州黄帝千古情景区、只有河南·戏剧幻城等。

3. 购物娱乐型景区(点)

购物娱乐型景区(点)是集都市观光、至高游乐、时尚餐饮、影视娱乐、购物休闲等多功能于一体的景区,能满足游客休闲、购物、娱乐等需求。比较著名的有义乌国际商贸城、海宁皮革城、广州塔、绿地中心303观光厅等。

4. 文化场馆型景区(点)

文化场馆型景区(点)是指以博物馆、美术馆、图书馆等文化场馆为核心吸引物的景区,满足游客的精神文化需求。中国旅游研究院(文化和旅游部数据中心)的专项调查显示,2019年上半年超过八成的受访者参加了文化体验活动,25%以上的游客体验过博物馆、美术馆、文化馆、科技馆等文化场所,这意味着文化、教育、科技、资本等新要素,为旅游业从高速度增长、融合发展走向高质量发展提供了全新动能和无限可能。比较著名的有陕西历史博物馆、河南博物院、千唐志斋博物馆、中国国家图书馆、上海科技馆等。

5. 特色街区型景区(点)

特色街区型景区(点)是指以特色旅游资源为主体,地域特色和文化特色突出的一条街或一片旅游区域。截至2023年12月,文化和旅游部共评选出3批共164个国家级旅游休闲街区。国家级旅游休闲街区是我国为打造高质量旅游产品体系,激发旅游消费活力,推出的休闲度假品牌之一。比较著名的有苏州山塘街、北京三里屯太古里、成都宽窄巷子、南京夫子庙步行街、福州三坊七巷等。

(五)综合吸引类景区(点)概念与分类

综合吸引类景区(点)是指核心吸引物包括多种类型,且重要程度难以区分的旅游目的地。比较著名的有夫子庙秦淮风光带、麦积山、京杭大运河、成都大熊猫繁育研究基地、太阳岛景区、茅山景区等。

三、旅游景区(点)资源获取方法

在精准选择旅游景区(点)之前,一名优秀的定制师需要熟悉定制产品的旅游目的地,掌握知名旅游景区(点),挖掘地域文脉,在定制中凸显区域文化的独特脉搏。因此,定制师首先要掌握收集目的地旅游景区(景点)相关资料的渠道,包括实地考察、各类旅游攻略、各省旅游主题线路、旅游展会、网站旅游频道、目的地碎片化平台等。

(一)通过目的地碎片化平台获取目的地旅游景区(点)信息

获取目的地旅游信息最便捷的方式就是通过相关的目的地碎片化平台来获取最直接的信息,这些目的地碎片化平台既包括面向C端用户为主的企业,也包括面向B端同业和非同业用户为主的企业。

1. 笛风云

笛风云(www.difengyun.com)国内领先的在线旅游同业分销平台,最初由途牛旅游网孵化,2017年转型为独立的B2B平台,致力于整合全球旅游行业资源,满足供应商和分销商不断变化的行业需求,助推旅游业线上线下融合,降本增效。目前,平台覆盖跟团游、自助游、机票、酒店、自驾、门票、签证、邮轮等品类的旅游产品。

2. 凹凸自由行

凹凸自由行(www.aotutour.com)是亚太地区专业的目的地旅游产品分销平台,多年深耕海外自由行吃喝玩乐购领域,现已发展为境外目的地旅游商品GDS(全球分销系统)领航者,提供200多个海外目的地超过10000个玩乐产品的预订。

3. Klook客路旅行

Klook客路旅行(www.klook.cn/zh-CN/)于2014年在中国香港成立,主要为旅行者提供便捷的"自由行玩乐预订服务",覆盖了全球400个目的地、拥有超过10万种当地行程与旅游预订服务,包括景点门票、小团游及特色体验活动、铁路与当地交通、地道美食、体验式住宿等。

(二)通过旅游展会获取目的地旅游景区(点)信息

参加旅游展会是快速、全面获取国内外目的地旅游资源和特色服务的方法之

一,定制师需要了解国内外优质的旅游展会(见表3-21)。

表3-21 国内外知名旅游展会

会议名称	会议介绍
ITB Berlin	柏林国际旅游交易会简称ITB,是世界顶级国际旅游交易会,至今已有50多年历史,是国际旅游界规模最大、层次最高的旅游行业展览会,被誉为是旅游业的"奥林匹克"
Web in Travel(WIT)	亚太地区在线旅游界的著名盛会,自成立以来,WIT一直致力于关注亚太地区旅游界顶尖的创新模式,与行业精英共同探讨旅游行业发展,分享旅游市场营销分销经验和先进技术
上海世界旅游博览会(WTF)	内容涵盖出境及国内旅游、商务旅游、邮轮休闲旅游、主题游乐游艺及旅游美食等。WTF汇聚全球目的地、景点、航空、邮轮、酒店、旅行社等相关行业机构与企业
广州国际旅游展览(GITF)	国内创办历史最早、举办时间最长的大型国际旅游展览会。在广州市文化广电旅游局的指导下,GITF已成为涵盖出境旅游、入境旅游、会奖旅游等方面的国际性专业展览会
中国(深圳)国际旅游博览会①(SITE)	SITE作为国内市场化运作最早的专业B2B旅游展会,通过专业化、市场化、国际化、品牌化的运作,已发展成为全球旅游产业链参展商、买家及相关合作伙伴洽谈、交流的重要窗口和平台
ITB China	ITB China是目前国内规模最大的B2B旅游展会,大会精心挑选来自大中华地区的优质买家,与遍布世界各地的行业专家汇聚一堂,全程实现前所未有的知识交流与传递
PURE奢华旅游展	专门针对高端奢华的小众品牌,展会希望将真正能给旅行者带来独一无二旅行体验,专注于当地文化,倡导环保、有机、可持续发展的旅行品牌介绍给旅行者
中国国际旅游交易会(CITM)	亚太地区规模最大、影响力最广泛的旅游专业交易会

注:表格为编者整理。

四、旅游景区(点)的选择

(一)根据客户需求选择旅游景区(点)

定制旅行不同于以往的传统旅游,无论是高端定制还是大众化定制,无论是纯定制旅行还是泛定制旅行,必须以客户需求为中心来选择景区的组合,在选择景区组合时要注意以下三个维度。

旅游景区(点)的选择技巧

---

①第一届至第四届展会名为中国(深圳)国际旅游博览会,第五届至第八届更名为深圳国际旅游博览会,第九届更名为深圳国际旅游产业博览会。

1. 出行时间

其一需要考虑客户出行的季节。旅游资源具有鲜明的季节性特征,定制师在选取景区时需要考虑当时目的地的季节、风景是否适合客户出行,同时还要考虑气候对沿途风景的影响。比如喀纳斯的最佳旅游时间是每年的5月到10月。其中,5月和6月山花烂漫,是观赏花卉的好时节;7月和8月非常适合避暑和旅游;9月和10月天气凉爽,色彩斑斓,是观赏秋景的最佳时期。又比如青海湖景区最适宜游览的季节是夏季,高原气温适宜,景区环湖油菜花竞相开放,风吹草低见牛羊,蓝天白云,是青海湖一年中最美的时刻。

其二需要考虑客户出行的时长。客户的出行天数决定了客户能游览的景区数量,因此,定制师需要根据客户出行的具体时长进行景区组合。如设计云南腾冲市定制旅游线路时,3天以内可选择腾冲一地的景区进行组合,3天以上可考虑加上瑞丽或者芒市的景区。

2. 出行主题

旅游者外出旅行一般都有自己特定的主题需求,有的旅游者喜欢休闲,有的旅游者喜欢潜水,有的旅游者喜欢看古老的建筑和历史古迹等。定制师必须了解旅游者此次旅游的主题需求,然后根据主题需求进行旅游景区的选择。根据携程定制旅行的需求单数据统计,我国游客的十大欧洲定制游主题是举办小型婚礼(意大利、葡萄牙、捷克)、观看球赛(西班牙、英国)、品尝当地美食(法国、意大利、西班牙)、游学、留学考察(英国)、蜜月旅行(北欧)、建筑考察(瑞士、法国)、结婚照旅拍(奥地利)、高尔夫旅游(俄罗斯)、特色小镇生活(瑞士、奥地利、西班牙)、温泉之旅(冰岛、瑞士)。

3. 出行人员

出行人员不同,客户的核心需求也有显著的差异化特征,定制师需要根据不同类型的出行人员对优质旅游资源进行不同方式的重组。例如:亲子出行需要充分照顾到孩子的体力和天气变化,景点安排不宜过于紧凑,整体行程以轻松、安全为主,主题乐园可多玩几天;蜜月旅行要有足够的时间享受两人世界,要背靠背看最美的夕阳,要有情调去海边吹风;密友出行可以安排去"网红"景点,摆姿势、拍美照;家庭出游要为长辈做一些贴心的安排,路上的时间不能太长,行程不能太赶等。

(二)根据景区级别确定旅游景区(点)

在客户时间、精力、财力有限的情况下,当定制师根据客户的核心需求选择旅游景区(点)类型和数量之后,需要根据级别确定具体的旅游景区(点)并进行产品组合。对于国内的旅游景区(点),定制师可以参考文化和旅游部评定的A级旅游景区,优先选择A级旅游景区,也可以参考由中国旅游景区协会和华侨城创新研究院基于旅游大数据的应用联合研发编制的中国旅游景区欢乐指数(THI)来选择旅游景区。该指数以公正、客观原则对游客的综合体验评价进行量化科学分析,发布的指数一般包括中国旅游景区欢乐指数(THI)排名前100名,以及中国旅游景区自然景观类、人文景观类、博物馆类、乡村田园类、现代娱乐类等分类欢乐指数前20名。对于国外的景点,定制师可以参考携程平台的分数来进行遴选。

(三)根据峰终定律合理安排旅游景区(点)

峰终定律(Peak-end Rule)是一种心理上的认知偏见,它会影响人们对过去事情的记忆。简单来说,峰终定律是指人们主要根据体验的高峰和结束时的感受来判断体验的好坏,而不是根据体验每一刻的总和或平均值来判断。因此,在一段行程里,正式游玩的第一天感受非常重要。如果第一天的体验感很好,之后客人就会感觉很踏实,如果第一天的体验感就糟糕,那么之后再好也很难弥补。但是第一天绝对不能是整段行程里最精彩的一段。要告诉客人后面的行程会比第一天更精彩,客人才会有期待。倒数第二天应是整个行程最精彩的一天,让客人的体验感达到顶峰,而最后一天的平淡则可以让客人维持一个较高的兴奋值,最终满意地回家。

> **同步思考**
> 定制师除了用THI筛选旅游景区,还可以参考什么指数来选择旅游景区?

任务七 体验活动设计

随着旅游消费升级,体验式旅游已经成为旅游消费新风尚。体验式旅游将旅游企业从原来只重视走马观花式的旅游开发模式中脱离出来,开始注重游客追求快乐体验的旅游目标。根据游客更加注重情感愉悦和满足,渴望自由、温暖和舒适的愿望,体验式旅游应增加旅游产品中情感要素的比重,拓展产品体验的领域和类型,主要包括娱乐、教育、逃避和审美等。体验式旅游希望旅游者在自然或人工营造的体验中受到真实的审美刺激,进而融入其中获得心理愉悦,从而消除疲劳,留下难忘的、美好的回忆。定制旅行以满足客户个性化体验需求为目的,着重于独特的本地体验,了解当地文化、体验当地生活是定制旅行中非常重要的一环,定制师在定制旅行产品时需要掌握一定的方法来设计体验类活动。

一、定制旅行体验活动设计原则

(一)因地制宜

定制旅行体验活动设计需要对地形特点和发展进行深度的勘查,根据人的体验,合理利用景区资源,将民俗风情、特色文化有效融合以创建场景空间,遵循场地环境的生态性和原生性,科学布置项目节点及业态,以提升旅游者的体验,为旅游者提供真实和本地化的体验。基于不同的地形地貌、资源条件,体验活动设计需要突出当地的文化原真性、旅游趣味性、舒适性,"清水出芙蓉,天然去雕饰",将人工美与自然美高度统一，做到顺应自然，从而带给旅游者完美体验和非凡感受。

（二）因人制宜

人与环境相互依存、相互作用的关系，是定制旅行体验活动设计需要考虑的前提。根据不同人群在性别、心理、年龄、区域、文化等层面体现的差异来设计体验场景环境，体现出旅游过程中的感知性、理解性、参与性，这是定制旅行体验活动设计的关键所在。同时，创设让旅游者积极主动地参与的场景，体现出新鲜感、亲切感和满足感，这是定制旅行体验活动设计的价值所在。体验活动设计中有"千里来寻故地，旧貌变新颜，到处莺歌燕舞，更有潺潺流水，高路入云端"的感观，旅游者在游玩中产生情感共鸣，涌现出责任感、归属感和成就感，这是体验活动设计目的所在。定制师应从旅游者的旅游动机出发，满足旅游者游览时身体、心理、精神上的需求，使旅游者在体验中获得愉悦感与满足感。

（三）因时制宜

旅游具有明显的季节性，旅游体验活动也具有一定的季节性，定制师在设计旅游体验活动时需要充分考虑出行的时间，根据不同季节、不同气候、白天晚上的时效性，打造不同的特色体验。例如：在农业体验活动方面，定制师春天时可以设计播种体验活动，秋天时可以设计采摘体验活动；在哈尔滨体验活动方面，定制师夏天时可以设计太阳岛骑行活动，冬天时可以设计滑雪、滑冰等冰雪运动和狗拉雪橇等娱乐活动。

二、体验活动设计的思路

（一）文化类体验活动设计

随着全球化的不断发展和人们对多元文化的追求，文化体验成为一个备受关注的旅游趋势。在旅行中，设计文化体验活动不仅满足了人们对新奇和刺激的需求，还为人们提供了深入了解目的地文化并参与其中的机会。定制师可以设计一些具有地方独特体验的活动，如多元化的文化体验、沉浸式的旅游演艺体验等。具体而言，定制师在产品设计中可以安排下列文化类体验活动。

1. 参观博物馆和艺术展览

博物馆是了解一个地方历史的最佳途径。博物馆通常收藏着丰富的文物和艺术品，展示着一个地区的发展和演变。当游客站在历史的长河中，感受着古老的文明时，他可以了解到一个地区的历史事件、社会制度以及人们的生活方式。定制师可游客安排参观博物馆以了解当地独特的文化，如去北京时安排参观故宫博物院，去河南时安排参观河南博物院。艺术展览也是文化的重要表现形式，展示了艺术传统和风格。通过参观艺术展览,游客可以了解到艺术发展历程,以及不同艺术家对世界的理解和表达方式。如果游客对艺术感兴趣,定制师可以安排其参观艺术展览以深入了解某种文化,如去奥地利时可以安排参观维也纳的美术馆,去美国时可以安排观看一场精彩的百老汇音乐剧表演,去西班牙时可以安排在历史悠久的Tablao Cordobés酒馆观赏西班牙弗拉明戈秀,感受异国文化精华。

2. 参与当地传统手工艺制作

传统手工艺是一种有形的文化载体,承载了民族的造物智慧,是民族文化的生动表征,是民族乡愁的载体,与生产生活密切相关,具有较高的审美价值和实用价值。作为地域文化的特色,它可以带给游客更加真切的旅游体验。定制师可以把传统手工艺等方面的文化遗产巧妙融入行程,将其作为体验活动的亮点,使游客有良好的体验,进而深入了解当地文化。因此,定制师在解读旅游目的地文化时,可以通过"中国非物质文化遗产网·中国非物质文化遗产数字博物馆"等途径收集相关资料,运用思维导图(见图3-4)整理归纳与传统手工艺有关的体验活动,并在旅行线路中设计独特的手工艺制作体验活动,为留存工艺匠心、守望文化乡愁做出自己的努力。如在意大利,可以安排去佛罗伦萨学习制作手工皮具;在日本,可以安排学习制作传统的和服;在摩洛哥,可以安排学习制作阿甘油;在埃及,可以安排体验纸莎草纸画制作。又比如在山东,可以安排去潍坊学习风筝制作;在天津,可以安排学习杨柳青木版年画制作;在安徽,可以安排学习宣纸制作;在贵州,可以安排去丹寨体验蜡染工艺;在江西,可以安排去景德镇体验瓷器制作;在云南,可以安排去大理体验白族扎染技艺,去大关体验苗族芦笙制作等。

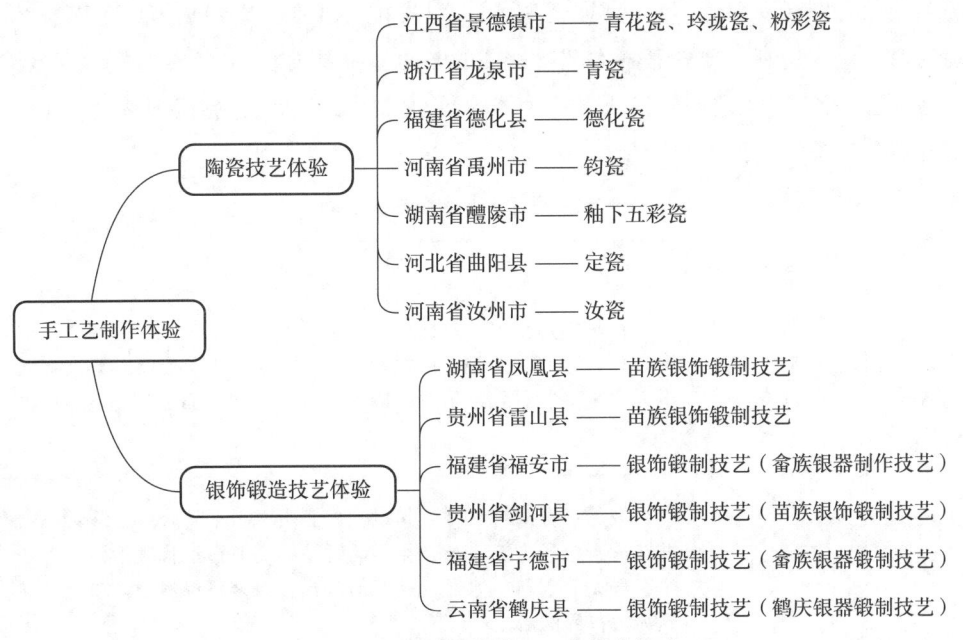

图3-4 国内部分传统手工艺制作体验

3. 参与当地特色活动

最能够体现地方文脉传承的是文化概念下的各类特色活动,这也是当地标志性的文化吸引物。定制师要迅速抓住地方文脉的独特性,收集具有鲜明地方烙印的旅游活动品牌信息,做好整理工作,为体验活动增添一抹靓丽的色彩。例如,定制师可设计在玉门关、西安、敦煌等地体验入城仪式,感受古城的庄严和文化礼仪;在河南看打铁花、与僧人交流、学少林功夫、品少林斋饭;在亳州体验五禽戏;在九寨沟参加锅庄舞会;在海南体验黎族的竹竿舞,既了解民族文化,又增添旅行的乐趣;在拉萨当雄体验挖虫草,使游客享受亲密接触大自然的感觉。

4. 参与当地文化节庆

节庆活动反映了当地人的生活习惯及方式,是在不同地域的长期生产生活中产生的一种特定的社会现象,是在特定时期举办的、具有鲜明地方特色和群众基础的大型文化活动,是该民族或区域历史、经济及文化现象的体现,包含丰富的精神意义与文化价值。既是吸引游客的重要吸引物,又是传播当地文化的一种重要方式。参与当地的节庆活动是一种身临其境的体验,可以让游客亲身感受当地人民的生活和文化。节庆活动通常包括传统的舞蹈、音乐、美食和游戏等,它们是地区文化的重要组成部分。当游客参与庆典活动时,会被热情的人们和欢快的氛围所包围。游客可以学习当地的舞蹈和音乐,品尝当地的美食,与当地人一同欢庆。这样的体验能让游客更加贴近当地的文化,也能让游客更好地理解和尊重不同地区的习俗和传统。例如,定制师可以安排游客与当地人一起庆贺羌年,体验羌族歌舞、民俗、婚俗表演等传统文化盛宴,砸酒、萨朗舞、羌歌、羌笛、口弦演奏、羌族传统小游戏等丰富多彩的羌族原生态活动,将新年气氛推至高潮;可以安排游客参加里约热内卢狂欢节,体验巴西文化。定制师要熟悉各类节日举办的时间和主要内容,对负责的旅游区域节日名称进行梳理,在定制咨询或者特色体验活动安排方面能够做到游刃有余。国外部分知名节庆活动如表3-22所示。

表3-22 国外部分知名节庆活动

国家	节庆活动名称	节庆活动介绍
巴西	里约热内卢狂欢节	里约热内卢狂欢节是巴西最著名的狂欢节,每年2月的中旬或下旬举行,每次为期5到7天,该狂欢节以其参加桑巴舞大赛演员人数之多、服装之华丽、持续时间之长、场面之壮观堪称世界之最
日本	札幌雪祭	札幌雪祭是每年2月上旬以北海道札幌市内的大通公园为首,并在薄野会场、Tsudome会场同时举办的北海道代表性活动。三个会场设有雪雕、冰雕及巨型溜滑梯,游客可以尽情体验北海道这冰雪世界的活动

续表

国家	节庆活动名称	节庆活动介绍
泰国	满月派对	在泰国帕岸岛,每到"满月"期间,来自世界各地的自助旅行者和电子音乐迷,都会成群结队来此举行派对,节日期间,人们在沙滩上庆祝
	泼水节	泼水节是泰国传统的元旦,是世界上最大的打水仗。每年4月,数千民众聚集,用水桶、水枪等泼水
印度	胡里节	胡里节也叫洒红节、霍利节等,是印度教的传统节日,也是印度传统新年。它源于古印度庆丰收的祭祀仪式,人们互相朝对方撒红粉或洒红水
西班牙	瓦伦西亚西红柿大战	每年8月最后一个星期三,西班牙瓦伦西亚地区的布尼奥尔小镇都会举行一年一度的盛大节庆活动——西红柿大战,每年都会吸引数万人前往当地投掷西红柿
意大利	威尼斯狂欢节	威尼斯狂欢节是当今世界上历史久远、规模巨大的狂欢节之一,历史可追溯至1162年,每年从2月初到3月初之间到来的四旬斋的前一天开始,大约持续两周
德国	柏林文化狂欢节	柏林文化狂欢节是全球极负盛名的十大狂欢节之一,始于1996年,每年春季举行。独具特色的食物和国际化的烹饪方法,加上音乐和舞蹈,一切都让柏林在这个时候吸引到众人的目光
哥伦比亚	巴兰基亚狂欢节	巴兰基亚狂欢节属于哥伦比亚国家非物质文化遗产,每年在基督教大斋期的前4天举办(每年2月、3月),狂欢会提供源于哥伦比亚不同亚文化的舞蹈和音乐表演,已成为加勒比地区重要的节日之一
韩国	保宁泥浆节	保宁泥浆节每年7月举办,持续10天,最早就是为了宣传保宁泥浆化妆品的神奇功效和大川海水浴场等旅游资源而举办的。这里开辟了一个新奇好玩的空间,无论是谁都可以全身涂满泥浆,尽情地撒欢

注:表格为编者整理。

5. 当地生活体验

"人间烟火气,最抚凡人心。"伴随着旅游消费升级与自由行群体的旅行观念的改变,很多旅游者期待能深度体验旅行地的风土人情和市井风情。定制师可以设计城市漫步、参观特色市集、逛当地菜场、体验"网红"餐厅、参加小型音乐会等体验项目,使游客深入了解当地生活,探索当地历史和传统,让游客重新发现生活的美好,让旅行变得更加丰富、更具个性。

其中,"城市漫步"(City Walk)发源于英国伦敦,意指几个人在专业领队的带领下,以徒步的方式,围绕城市街道进行游览,从历史、地理、人文等各方面了解一座城市的文化。City Walk作为时下热门词汇,在以青年人为代表的多个群体中开始流行,在小红书发布的《2022年十大生活趋势》中,"城市漫游"位列第五。因此,定制师在策划旅行线路时,可以安排半天或者一天的City Walk,让游客用脚步丈量世界。例如:在北京,定制师可以安排游客漫步南锣鼓巷和东交民巷等胡同,领略充满老北京韵味的生活画卷;在西安,定制师可以安排游客漫步老菜场、德福巷等古老街道,探寻不一样的古城风景;在上海,定制师可以安排游客漫步中国历史名街(武康路、多伦路、陕西北路),跟随着邬达克的设计、张爱玲的作品等去感受建筑之美;在希腊的圣托里尼,定制师可以安排游客骑着小毛驴在港口和街巷里闲逛,欣赏蓝白相接的民居和教堂,感受建筑的色彩艺术,欣赏美丽的日落和壮阔的海景。

特色市集提供了一个文化交流和艺术展示的平台,在每个特色市集展出的特色工艺、文艺表演,以及异域风情的魅力是让客户感受当地文化的最佳途径。当前,"市集经济"呈现井喷式发展态势,"出门赶集"成为一种新时尚,因此,定制师需要了解国内外特色市集,并在策划旅行线路时安排参观。比如在西班牙,定制师可以安排游客参观号称规模最大、商品最多、人气最高的巴塞罗那波盖利亚市场。波盖利亚市场规模很大,数百个摊位除了售卖各种巴塞罗那经典美食,还有日本、意大利、希腊及阿拉伯国家的特色菜,已成为巴塞罗那旅游的一张名片。波盖利亚市场也是感受欧洲人追求生活品质的理想之地,被誉为"彩色菜市场",是巴塞罗那最古老、最地道的美食市场。又比如在新疆,定制师可以安排游客参观新疆国际大巴扎,该大巴扎是世界规模最大的大巴扎,集伊斯兰文化、建筑、民族商贸、娱乐、餐饮于一体,是新疆旅游产品的汇集地和展示中心,是"新疆之窗""中亚之窗""世界之窗",具有浓郁的伊斯兰建筑风格,在涵盖了建筑的功能性和时代感的基础上,重现了古丝绸之路的繁荣,体现了浓郁的西域民族特色和地域文化。

6. 旅游演艺体验

旅游演艺是在旅游景区及相关空间内,以室内场景、室外自然或模拟的山水景观为演出场所,为游客提供具有一定观赏性和娱乐性的各类演艺产品。根植于当地文化情感谱系的旅游演艺,是游客了解当地人文和特色习俗的重要方式之一。近年来,我国旅游演艺市场发展迅猛,形成了"印象系列""又见系列""千古情系列""只有系列""山水盛典系列"等知名演艺IP。2023年,文化和旅游部产业发展司开展了全国旅游演艺精品名录申报评选工作,在各省级文化和旅游行政部门推荐的申报项目基础上,经有关评审程序,于2023年9月确定并公布了40个全国旅游演艺精品名录入选项目名单。这40个旅游演艺精品项目涵盖实景类、剧场类、主题公园类、中小型特色类等不同类型,创作质量突出,文化内涵丰富,内容题材和艺术形式多样,社会效益和经济效益良好,既是知名的旅游品牌,也是地域的文化名片。定制师需要了解各地知名旅游演艺产品,为客户合理安排旅游演艺体验。除此之外,在科技的推动下,沉浸式演艺异军突起,已成为旅游演艺重要的细分市场。沉浸式演艺是以多幕场景流动、多角色扮演、多感官体验、多技术应用等为特点的交互式体验模式,是文旅深度融合的重要表现形式,也是促进优秀传统文化创造性转化、让文物和文字活起来的创新手段。沉浸式旅游演艺已成为"必打卡"项目之一,也是定制师设计地方文化体验活动需要关注的对象之一,定制师应用心观察时代和旅游消费发展的趋势,整理出各地沉浸式旅游演艺的剧目,不断为定制增添"燃点"。2023年,文化和旅游部发布了20个沉浸式文旅新业态示范案例,示范案例涵盖沉浸式演艺、沉浸式夜游、沉浸式展览展示、沉浸式街区/主题娱乐等领域,《又见平遥》《重庆·1949》《知音号》《遇见大庸》《寻梦牡丹亭》《天酿》《不眠之夜》等沉浸式演艺榜上有名。

7. 沉浸式场景体验

近年来,很多城市将打造沉浸式街区作为文旅产业发展的亮点,通过修缮老建筑、还原历史布景,将独特的建筑风格、地道的当地美食、传统的节庆表演展示出来,融入文古韵和商业氛围于一体,游客深入其间不仅能满足休闲、娱乐、社交等需求,也能更深入地了解一座城市的历史文化,因此,沉浸式场景也是定制师设计地方文化体验活动需要关注的对象之一。例如:在西安,定制师可以安排游客游览长安十二时辰主题街区,长安十二时辰入选2023年文化和旅游部发布20个沉浸式文旅新业态示范案例中的沉浸式街区,打造了首个沉浸式唐风市井文化生活街区,结合盛唐文化元素的特色剧情、人物、道具、故事,处处是舞台,各种唐代历史人物就在观众身边表演,还原唐代生活场景,让游客沉浸式梦回大唐;在黄山,定制师可以安排游客游览花山世界·花山谜窟主题园区,园区夜晚灯光璀璨,利用互动投影、5G、全息、多媒体等技术手段将文化、科技、艺术与自然山水和千年谜窟融为一体,让游客沉浸其中;在巴中,定制师可以安排游客体验《梦境光雾山》沉浸式山水夜游项目,该项目将光雾山变幻的天然团雾作为投影成像载体,在悬崖绝壁上再现千年米仓文化和"巴山背二歌"非物质文化遗产,让游客沉浸在剧情之中。

(二)农事类体验活动设计

体验经济时代,人们选择乡村旅游,不满足于走马观花式的农业观光游,而更加强调参与和体验。久居都市的人们参与其中,能真正地体验到干农活的乐趣、增长见识、体验农耕文明、品味醇厚的乡村味道、感受大自然的馈赠,同时还能通过产生互动,加强农村文化的交流。定制师可以设计"半日农夫""半日渔夫""半日牧民"等农事体验类活动满足游客体验乡土味和人情味的心理,农业的种植、养殖、加工等生产活动都可以设计成不同的农事体验活动。游客可以通过参与晒秋、种花栽树、除草施肥、挖地种菜、采摘瓜果、捕鱼捞虾、放养动物、水车灌溉、石臼舂米、学做乡村风味小吃等活动,体验乡村生活的质朴淡雅,体验耕种收获的喜悦。

1. 种植体验

种植体验主要有三类:采摘、种植生产活动和租地。在采摘体验中,农庄承包了前期所有的农业种植管理工作,游客体验的是农业采收的过程。常见的采摘品种是一些瓜果蔬菜,如苹果、草莓、豆角、白菜等。另外,一些农庄为凸显自身特色、吸引游客,近年来也开发出一些新颖的采摘项目,如花卉、茶叶、奇特蔬果、草药、食用菌等。在种植生产活动体验中,游客可亲自参与作物生产过程,以水稻为例,春天有播种、翻土、碎土、插秧等环节;夏天有灌溉等环节;秋天有收割、扬谷、脱粒、晾晒等环节。如台湾头城休闲农场种植水稻体验区在设计上独具匠心,游客可在同一时间观察体验到水稻不同时间的生长情形,从插秧、锄草、施肥、除虫、结穗、收割、晒谷、碾米,到最后享用香喷喷的米饭,形成一个连续性的体验过程。在租地体验中,农庄将一部分的地块租给游客进行农业种植,并提供有偿的田间管理服务,种植采收的果实归租地的游客所有,让游客实现在乡村有地、有鸡、有果园的乡村梦想,常见的如"开心农场"等。定制师可以根据不同的季节,安排不同的种植体验活动。

2. 养殖体验

养殖体验主要有两类:互动和养殖生产活动。在人与动物互动体验中,定制师可以安排饲养动物体验、动物亲近体验等。在养殖生产活动体验中,游客能亲自参与动物养殖过程,如在成长阶段,可以安排游客体验放牧,做一天"牧民";在收获阶段,可以安排游客开展狩猎体验,该狩猎不等同于传统狩猎,而是让游客赤手空拳去抓农场主特意放养的各种特色动物,去捡散养的鸡、鸭、鹅下的蛋;还可以安排游客体验挤牛奶、捕捞鱼虾等活动。

3. 加工体验

在意大利,定制师可以安排游客去世界上最大的农业与美食主题公园——FICO Eataly World体验农产品加工,体验制作意大利传统美食火腿和香肠,体验用小麦磨制成面粉做各种面食,体验用牛奶制作成奶酪,体验用蔬菜水果制成各种果酱和饮料,体验橄榄油的生产过程等。在我国台湾地区,定制师可以安排亲子游客去著名的休闲牧场——飞牛牧场体验牧场DIY,飞牛牧场是台湾传统牧场向动物农庄转型的典范,被称为"最孩子气的牧场",提供多个适合孩子的设施和项目。在这里,你可以像孩子一样在草地上翻滚,也可以像孩子一样大笑,或是和孩子一起品尝亲手挤出来的鲜奶。这里还饲养了绵羊、兔子、雏鸭、黑山羊等众多的亲近人的动物,它们是小孩子的最爱。在这里,游客还可以体验制作冰激凌、奶酪、牛奶饼干、牛奶蛋糕等。

4. 乡村习俗体验

乡土文化、农牧民的生活习俗,包括家庭氛围、邻里关系、饮食起居、劳作习惯、消遣娱乐等,对城里人来说具有一定的"神秘感"。尤其是城市中的家长,他们很希望让孩子到乡下农牧民家中去体验那种朴素简单而又健康有益的生活。乡村的"一年三节"、婚丧嫁娶等节庆习俗,乡风乡纪、村规民约、家风家教、耕读意境等风土民情,以及自然康养和大地创意等体验,也都具有独特的吸引力。如在江西,定制师可以安排游客参加婺源篁岭古村在每年的8月份举办篁岭"晒秋"文化季,活动期间体验编草鞋、打糍粑等多种农事活动。如在日本,定制师在夏天的时候可以安排游客去青森县田舍馆村体验巨大而精美的水田艺术。

(三)美食类体验活动设计

随着"体验式旅游"的蓬勃发展,到异地以享受和体验美食为主题,寻求审美和愉悦的经历开始被更多游客追捧,美食正逐渐成为旅游目的地营销的新途径。在定制旅游过程中,品尝当地的美食是一种非常重要的体验,客户通过尝试当地的食物,可以更好地了解当地的文化、历史和风俗习惯。定制师除了设计品尝美食的体验活动,了解原材料的生长环境、加工工艺、餐饮环境以及美食中蕴含的人文情怀等都可以成为美食体验活动设计的灵感来源。

1. 品尝美食体验

美食不仅是欣赏美景、感受异地生活、放松心情之外的有益补充,对一些出行者而言,美食还是一种动力,为了满足味觉的享受,他们"千里迢迢"地赶到当地品尝特色的美食,"吃"成为旅行的原动力。对于外国客户,定制师可以在旅行中安排他们吃饺子、粽子、烤鸭、佛跳墙等美食,品尝中国美食,体验中国传统习俗,感受独特的中国文化。对于国内客户,定制师可以在旅行中安排他们到新疆品尝手抓羊肉,到湖南、贵州等地享受辣椒筵席,到乡村地区体验农家饭,到西江千户苗寨体验长桌宴,到云南体验蘑菇火锅等。对于出境客户,定制师可以安排他们在日本品尝寿司、拉面、天妇罗等,在法国品尝鹅肝、海鲜汤等传统法式菜肴,以及波尔多、勃艮第等法国著名红酒产区的葡萄酒。

2. 餐饮场景体验

在现在的时代,在哪里吃和吃什么是同样的重要。人们对美食的探索从吃转向场景化体验,单纯味觉的享受已经无法满足当今客户的需求,对年轻消费者而言,他们渴望更有代入感、互动性强的消费体验。定制师可以策划乡村野餐、烛光晚餐、山林野餐、空旷草地野餐、洞穴宴会、庭院烧烤等户外餐饮场景,也可以选择安排别具特色的室内餐饮场景,还可以策划沉浸式体验场景餐饮,将"剧本杀""狼人杀"等融入餐厅,让旅游者在不同的餐饮场景体验中产生不同的仪式感。如设计重庆旅行线路时,定制师可以安排旅游者去鲜龙井火锅公园(南山店)体验重庆地道美食,鲜龙井火锅公园(南山店)被誉为"重庆最美火锅店",满园荷花,依傍南山,为顾客提供优质的用餐环境,餐桌四周和水上的建筑都是典型的古代中式风格,夏天可以边赏美景边品美食,接天莲叶无穷碧,有一种别样的情调,在这里"吃,不仅仅是一种味道,更是一种生活"。设计荷兰旅行线路时,定制师可以安排旅游者去荷兰阿姆斯特丹郊区的Restaurant de Kas用餐,置身于自然与阳光之间,享受新鲜、美味的食物。

3. 美食制作体验

从一道道美食制作过程中,我们可以看到一个国家的历史和一代代人的记忆,美食是文化价值和文化魅力的再现,亲手制作美食,从选材、配料以及加工等方面都能体现出地域文化的魅力。定制师在行程中可以安排客户沉浸式体验美食制作的乐趣,深度感受传统文化的独特魅力。如对于国外客户,定制师可以设计包饺子、制作青团等体验活动。对于国内客户,在设计大理旅行线路时,定制师可以安排旅游者参与火腿制作、乳扇制作、鲜花饼制作等体验活动;在设计陕西旅行线路时,定制师可以安排旅游者参与刀削面制作、臊子面制作等体验活动。对于出境客户,在设计希腊旅行线路时,定制师可以安排旅游者到希腊伯罗奔尼撒半岛参观橄榄油制作工厂,以及参与采摘新鲜橄榄、制作橄榄食品等体验活动;在设计法国旅行线路时,定制师可以安排旅游者学习法式面包的传奇——法棍的制作。

4. 茶文化体验

一杯茶,道不尽东方神韵。从文化上来说,茶文化始于东方,源远流长,这是一种独领世界的文化符号。茶文化内涵极其丰富,就其构成要素来说,有环境、礼法、茶艺、修行四大要素。茶有八德——康、乐、甘、香、和、清、敬、美,康乐甘香,有八德处有佳饮;和清敬美,无一物中无尽藏。通过沏茶、赏茶、闻茶、饮茶、品茶和礼仪相结合形成的茶文化是一种具有鲜明中国文化特征的文化现象。定制师在设计茶文化体验活动时,可以按照采茶、制茶、品茶等流程给旅游者带来中华茶道的独特文化一站式体验,让旅游者感知纯粹的国风之美的同时,体验透彻一杯茶,以茶入道,打造自带文化属性的活动引力场。

首先,定制师可以设计茶叶采摘体验活动。我国茶叶产地一般都是重要的风景名胜区,如大红袍的产地武夷山、西湖龙井的产地西湖群山、黄山毛峰的产地黄山、君山银针的产地君山、蒙顶茶的产地蒙顶山等,客户在美丽的茶山之中,头戴竹帽,身背竹篓,手采新茶,体验一回当茶农的快乐。

其次,定制师可以设计制茶和茶叶菜品制作体验活动。由专业人士操作示范、亲自指导,游客通过采摘、晒制、轻柔、做形、干燥等工序制茶,制成茶叶后,取一勺茶叶放入壶中,注水,出汤,享受自己的劳动果实,有兴趣的游客可以把自己制出来的茶与专业人士所制的茶做比较,找出差距与原因,并把茶叶带回家。同时,民以食为天,用茶叶制作美食,并非一时心血来潮。在中国悠久的美食文化里,"茶食"的说法由来已久,因此,定制师还可以策划学做茶饼、茶餐、茶蛋糕,以及茶味冰激凌等茶叶菜品的活动。

再次,定制师可以安排游客观看茶艺表演和参与茶俗活动。通过观看茶艺表演的各个环节,旅游者可以了解茶叶茶具挑选、沏茶冲泡、茶礼茶艺等茶俗。例如:到云南,定制师可以设计体验云南白族的"三道茶";到潮汕,定制师可以安排游客体验人类非物质文化遗产——潮州工夫茶艺;到西藏,定制师可以安排游客体验藏族酥油茶艺等。

最后,通过旅游目的地的茶会活动,游客可以体会到名画《惠山茶会图》中文徵明与好友煮茶品茗、吟诗诵词的茶会情景,进一步领略我国古代文人以茶会友的传统习俗。

5. 酒文化体验

近年来,国内各大酒企纷纷推进"酒旅融合",如贵州茅台酒股份有限公司打造了"中国酒文化城",山西杏花村汾酒集团打造了汾酒文化旅游景区,以及各个依托产区发展起来的沉浸式体验酒庄。定制师可以设计酒庄参观、品酒、赏酒、私人酒庄体验、酒产区探索等酒文化体验活动。如果时间合适,定制师还可以安排旅游者体验国内外知名的酒节盛事,为旅游者带来独特而难忘的体验。如定制师可安排九月底至十月初去德国的旅游者参加世界上最大的啤酒节——慕尼黑啤酒节,旅游者在啤酒节上品尝美味佳肴的同时,还可以参加一系列丰富多彩的娱乐活动,如赛马、射击、杂耍、各种游艺活动及戏剧演出、民族音乐会等;可安排三月份去阿根廷的旅游者参加圣胡安葡萄酒节,葡萄酒爱好者可以品尝到来自阿根廷各个葡萄酒产区的精品葡萄酒,并了解酿酒过程和当地的葡萄酒传统,还可以观看舞蹈表演、音乐会,以及逛手工艺市场等。

6. 咖啡文化体验

咖啡在不同地区传播的过程中,在不同国家衍生出不同的咖啡仪式。体验活动可以包括学习咖啡知识和咖啡制作等。旅游者可以了解不同产区的咖啡文化,如埃塞俄比亚、肯尼亚、巴西、危地马拉、哥斯达黎加、印度尼西亚等产地的咖啡特点;可以深度体验手作咖啡,学习研磨、焖蒸、冲煮、萃取等工序,将萃取好的咖啡倒入温热过的咖啡杯中;学习制作摩卡、卡布奇诺、拿铁等不同类型的咖啡,感受咖啡拉花的趣味和艺术魅力。

(四)运动类体验活动设计

1. 陆地运动类体验活动

在全民健身和消费升级的大背景下,越来越多的陆地体育运动开始进入大众视野,陆地运动已经融入我们的生活,越来越多的人加入其中,一个时尚的运动方式在慢慢成形。定制师可以在旅游产品中安排一项或者几项陆地运动。常见的陆地运动类体验活动主要包括两类:一是徒步,包括散步、行军、跑步、暴走等;二是骑车,包括骑公路车、山地车、小轮车等。

2. 水面运动类体验活动

随着全球范围内人口膨胀及人口城市化进程的加速,"回归自然"已成大势所趋下的一股主流;同时,随着休闲时代的到来,休闲体验已成为旅游者消费需求的一大特征,而海洋旅游所具有的良好环境、丰富内容又能为游客休闲提供特殊的经历与体验。除此之外,海洋休闲体育活动可以展现出海洋地域文化,规范人们的社会行为,促进人们的精神文明建设,凸显出其自身的文化性。例如,浙江省的东极岛和嵊泗列岛上的渔民中,过去原始的采贝方式被称为"攻淡菜",最初这种劳作的方式具有一定的竞技性,但随着这种劳作方式的广为流传,这项活动成为广大沿海居民非常喜欢的一项海洋体育活动。以这项体育活动为载体,可以向人们传递"海纳百川、自强不息"的信念。从这一意义上来看,海洋休闲体育活动就彰显出了它的文化性。因此,定制师可以策划水上运动体验项目,如沙滩排球、沙滩越野车等滨海运动体验项目,帆船、皮划艇、摩托艇、冲浪、水上瑜伽等海面运动体验项目,以及潜水等海底运动体验项目。

3. 航空运动类体验活动

我国幅员辽阔,地理环境复杂,自然资源丰富,为航空运动类项目的发展提供了得天独厚的条件。近年来,随着经济社会发展,居民收入普遍提高,人们开始寻求个性化的旅游项目。航空运动类项目将航空和娱乐、运动有机结合,模式多样,类型众多,把游玩方式从"平面"升级到了"立体",能够为游客带来视觉和心理的双重刺激,大大丰富了旅游体验,拥有着良好的前景。定制师可以安排游客参加滑翔伞、三角翼等低空飞行运动,让游客在体验惊险刺激的同时实现对生命的深度思考。

4. 山地运动类体验活动

山地运动旅游是以山脉、森林、草地、雪坡等山地资源为载体,通过高品质健康运动项目,进行户外运动、探险观光、康养度假的新型旅游活动,既能满足游客观赏山水风光、感受自然野趣的需求,又能满足游客体验户外健康运动、享受休闲娱乐的需求。在国外,山地运动旅游作为休闲度假的大热点已经流行多年;在国内,山地运动旅游也由小众转向大众普及发展。因此,定制师可以在旅游产品中安排一项或者几项山地运动。常见的山地运动类体验项目主要包括以下三类:一是登山,二是速降,三是攀爬。

(五)研学类体验活动设计

研学旅行延续和发展了我国传统游学和"读万卷书,行万里路"的教育理念与人文精神,成为当代素质教育的新内容和新方式。体验式教育理念和旅游业的跨界融合,使研学旅行成为市场热点。因此,定制师要熟悉中小学的教学内容和课程目标,从课本出发,走进社会,走进自然,设计多种类型的研学体验类产品。具体思路如下:

1. 以课本内容为指导设计研学类体验活动

2016年11月印发的《教育部等11部门关于推进中小学生研学旅行的意见》,明确提出要"促进研学旅行和学校课程有机融合",因此,定制师可以从课本出发设计研学类体验活动。同时,"跟着课本去旅游"是近年来兴起的新领域,受到众多亲子客户的热烈追捧,成为研学游市场的新宠。定制师可以通过探究中小学的学科知识

研学类体验活动设计思路

体系以及学科交叉知识,深入挖掘课本内容,设计体验活动。如语文课本中出现的目的地,地理课程中讲述的中国地质地貌、江河湖泊等,历史课程中的历史遗迹和纪念地、历史事件发生地等,以及音乐、美术等课程讲授的知识和理论,这些都是研学体验类活动设计的思路来源。以2024年寒假"跟着课本游徽州:安徽黄山—宏村—民俗体验五日游"为例,该产品以语文课本中的《水墨徽州》《黄山松》《爬天都峰》等文章为拓展,一方面通过跟着非遗传承人描徽墨、刻歙砚、做徽笔、烧徽菜、做花灯、听黄梅戏等互动体验,探寻古徽州的独特魅力和文化底蕴,激发他们对传统文化的热爱;另一方面,让孩子们在爬黄山、听守松人解说守护迎客松的故事的过程中,将《黄山松》《爬天都峰》等课本中的知识变得鲜活生动,进一步加强孩子们对黄山"五绝"等知识的深刻理解。

2. 以国家素质要求为指导设计研学体验类活动

《研学旅行服务规范》中明确指出,研学旅行"以提升学生素质为教学目的",在2016年我国发布的《中国学生发展核心素养》以科学性、时代性和民族性为基本原则,以培养"全面发展的人"为核心,由文化基础、自主发展、社会参与三个方面构成,综合表现为人文底蕴、科学精神、学会学习、健康生活、责任担当、实践创新六大素养(见图3-5),体现了马克思主义关于人的自主性、社会性、文化性等本质属性的观点,整合了学生个人、社会和国家三个层面对学生发展的要求。因此,定制师在设计

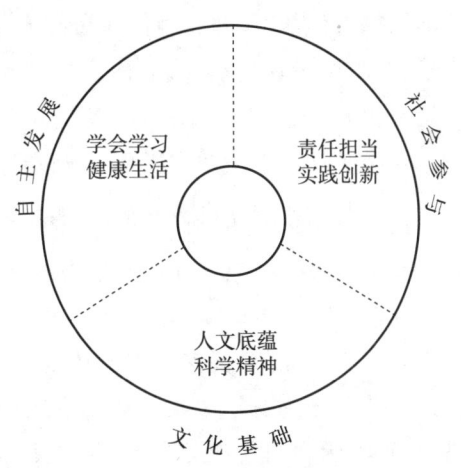

图3-5 总体框架

研学旅行体验活动时需要融入学生发展核心素养。结合旅行中的情境,选择中国学生发展核心素养总体框架中应重点关注的内容并将其落实到产品之中。比如科学类的活动,要重点培养学生的什么能力,这是研学体验活动设计的定位;又比如劳动类的活动,定制师在设计研学体验活动时,也需要考虑重点提升的能力或者意识等。如要提升中小学生劳动动手能力,可以设计一系列从棉花到布的体验活动,让学生们体验棉花纺成线、织成布的过程;如要提升学生改进和创新劳动方式、增强劳动效率的意识,可以设计3D打印、航天测绘、无人机操作等体验活动,使学生感受科技的魅力。

3. 以文学艺术作品为指导设计研学体验类活动

文学艺术作品是指对社会生活进行形象的概括而创作的文学和艺术产品,是人类文明宝库的重要组成部分,定制师可以结合课本知识,以及诗画、歌曲、小说、纪录片等文学艺术作品,精心为客户设计体验活动,让客户走近文化、触摸历史、感知文

化。如可以根据诗歌设计研学类体验活动,通过安排农事体验活动,使客户感受唐代诗人李绅"春种一粒粟,秋收万颗子"所蕴含的传统农耕文化;通过安排插花、挂画、点茶和燃香等体验活动,使客户感受南宋诗人陆游"矮纸斜行闲作草,晴窗细乳戏分茶"描绘的宋人悠闲生活,领略宋式美学。定制师也可以根据纪录片设计研学类体验活动,如根据CCTV拍摄的纪录片——《跟着书本去旅行》去设计研学体验活动。《跟着书本去旅行》是一部大型体验式文化教育节目,以中小学课本或经典名著为线索,在"读万卷书"的同时"行万里路";根据CCTV和BBC历时4年联合拍摄的纪录片《美丽中国》去设计研学体验活动,该纪录片共六集,分别为《锦绣华南》《云翔天边》《神奇高原》《风雪塞外》《沃土中原》《潮涌海岸》;跟着纪录片《面面俱到》,设计做凉皮、刀削面、搅团、扯面、臊子面等体验活动,使客户亲自体验到食物原料选择和搭配制作,并进一步体验乡村生活,比如收割麦子、磨面粉、翻炒辣椒,充分了解美食的地域文化基因,并在制作和品尝美食的过程中感受到不同地方的特色地域乡土人情;跟着纪录片《花开彩云南》的第三集《花膳》,设计出独有的餐饮活动体验。从梅里雪山到澜沧江,山水之间,各族人民追随着鲜花盛开的脚步,春耕冬藏,含香饮露。在这里2800多种花卉既是美景也是美食,花已经融入云南人生活的方方面面了。

4. 以红色旅游资源为载体设计研学体验类活动

在研学旅行中融入红色元素是落实立德树人根本任务的要求,定制师可以借助区域红色资源为中小学生提供研学体验。2021年,文化和旅游部、中央宣传部、中央党史和文献研究院、国家发展改革委联合发布"建党百年红色旅游百条精品线路"。百条线路共分为三个大类,其中包括:52条"重温红色历史、传承奋斗精神"主题线路,重点展示中国共产党在各个历史时期重要标识和中国共产党百年来"为中国人民谋幸福、为中华民族谋复兴"的光辉历程;20条"走近大国重器、感受中国力量"主题线路,囊括游客耳熟能详的新时代科技和建设成果,感受"国之重器"带给我们的自信和力量;28条"体验脱贫成就、助力乡村振兴"主题线路,重点展现我国在新时代脱贫攻坚、乡村振兴、生态文明建设等方面取得的重大成果。这些内容为定制师提供了设计体验内容的思路源泉。如小学五年级《道德与法治》课本中有中国共产党的诞生,以及夺取抗日战争和人民解放战争的胜利等历史知识,定制师可以安排中小学生在长治市武乡县八路军太行纪念馆加入"太行少年军校",开展"穿一回军装、照一张军像、当一天八路军"和"扛步枪、吃小米饭、住老区炕"以及"唱抗战歌曲、看抗战戏剧"等实景式红色研学体验活动。

5. 以人文研学旅游资源为载体设计研学体验类活动

人文研学旅游资源主要包括各种具备研学旅游接待条件的文化遗产地(如古楼阁、名人故居、古寺庙等)和当代人造文化景观(如博物馆、奥运场馆、科技场馆等)。以博物馆为例,博物馆是文化展示、历史传承、科普教育的重要载体,定制师可以充分利用各类博物馆设计丰富的研学体验活动,如去江南贡院等科举博物馆体验传承千年的科举文脉,去国家中医药博物馆走进自然感受中医药文化,去景德镇民窑博物馆了解陶瓷工艺史上的重大变革和中国古代制瓷历史,去三星堆博物馆领略古蜀文明的辉煌灿烂、中华文明的深厚积淀,去科技馆感受科技魅力,等等。定制师需要针对不同的对象设计不同主题的博物馆研学体验产品,比如武汉学知研学旅行服务有限公司开展的博物馆研学活动推出了3个主题:青铜纹饰、礼器和食器。面向小学三、四年级的学生设计"曾侯乙的餐桌"主题;面向小学五、六年级的学生设计"曾侯乙的神秘纹饰"主题;面向七、八年级(初中一、二年级)的学生设计"国之重器话礼仪"主题。

6. 以自然研学旅游资源为载体设计研学体验类活动

自然研学旅游资源主要包括各种具备研学旅游接待条件的自然保护区、风景名胜区、森林公园、地质公园、植物园等。以地质公园为例,它作为自然保护地体系的重要组成部分,具有极其珍贵的地质遗迹景观资源,是人类认识自然、了解自然的重要窗口,作为珍贵的、不可再生的地质自然遗产的代名词,是探寻地球印记的天然史书,更是休闲探险、寓教于乐的绝佳场地。定制师可以充分利用各种地质公园开展丰富的研学体验活动,如可以采用数字技术、仿生技术、虚拟现实技术等,展现丰富多样的地质地貌和景观资源,让学生亲身体验大自然的鬼斧神工,领略多彩的地质科学文化和浓郁的自然科学,感受生命的奇迹、历史的遗韵、民间的风情;可以让学生去地下溶洞开展地心探险,去地上峰林开展户外科考;还可以让学生去化石地质公园采集化石、修复化石,体验远古生命的奇妙,激发其对探索生命起源的兴趣。

 知识内化

| 同步思考
研学类体验活动设计思路有哪些?

| 课堂自测

项目三

任务描述

结合之前实训环节进行的客户需求分析及旅游资源筛选与匹配,为客人设计定制旅行产品方案,提炼方案标题、撰写方案导言、描述方案特色、安排旅游行程。

实训目标

学生在实际操作的过程中能够提炼出充满吸引力的方案标题,撰写出情真意切的方案导言,归纳出亮点突出的方案特色,并能够结合客户需求把握大交通(机票、邮轮、火车、汽车)安排的最佳组合。

任务分组

请将分组情况填入表3-23。

表 3-23 学生分组表

组别	工作任务——定制旅行方案设计
1	
2	
3	
4	

工作准备

本任务涉及一份客户需求单(见表 3-24)和一份客户需求单分析(见表 3-25),请仔细阅读这些资料,完成实训任务。

表 3-24 孙先生需求单

客户信息	孙先生
出游人数	2 名成人
往返日期	10月11日至10月16日
餐饮与住宿要求	豪华型情侣房,烛光晚餐,浪漫私密
大交通	大型航空公司、直飞航班
证件信息	身份证件齐全
景点要求	行程轻松,"网红"打卡地

表 3-25 孙先生需求单分析

需求类型	分析依据	需求分析	
基础型需求	头部企业蜜月客群需求分析报告	餐食	"网红"情侣餐厅、特色美食
		住宿	高星级酒店
		行程	行程自由度高
期望型需求	客户需求单	交通	大型航空公司、直飞航班
		住宿	环境私密、高级豪华
		景点	偏好"网红"打卡地、行程轻松舒适
		餐食	烛光晚餐
		旅游地	2个以上旅游城市
兴奋型需求	头部企业蜜月客群需求分析报告	住宿	蜜月主题惊喜布置
		体验项目	闽南天然香制作,"上灯"体验,五缘湾帆船出海,《云水谣》拍摄地打卡,南靖土楼体验抛绣球、娶亲仪式
		情感共鸣	有美好寓意、富含婚姻哲思与愿景的项目

(资料来源:学生参赛作品)

工作实施

引导问题:学生以小组为单位,基于实训项目,结合定制旅行方案设计的基本流程,完成定制旅行方案的设计。

步骤一:方案标题提炼。基于客户需求分析及旅游资源匹配基础,运用标题提炼的方法与技巧,提炼方案标题,填入表3-26。

表3-26 方案标题提炼

客户需求单	方案标题提炼的技巧	方案标题提炼的方法	方案标题

步骤二:方案导言撰写。可以结合方案导言的内容构成,并选择最擅长的方案导言撰写的方式,完成方案导言的撰写,填入表3-27。

表3-27 方案导言撰写

方案标题	导言的撰写方式	方案导言

步骤三:方案特色描述。基于方案特色描述的不同类型,选择最擅长的方案特色描述的方法,并综合运用方案特色描述的技巧,对方案特色进行描述,填入表3-28。

表3-28 方案特色描述

方案标题	特色描述类型	特色描述方法	方案特色
			特色一: 特色二: 特色三: 特色四: 特色五:

步骤四:旅游交通安排。基于掌握的旅游大交通的基础知识,结合客户需求进行大交通(飞机、邮轮、火车、汽车)安排的最佳组合,填入表3-29。

定制旅行产品设计（活页式）

表 3-29　旅游交通安排

方案标题	客源地	旅游目的地	旅游大交通安排	技巧运用
			去程： 返程：	

步骤五：旅游住宿、餐饮安排。基于掌握的旅游住宿、餐饮资源，能结合客户需求恰当安排定制方案中的旅游住宿与餐饮项目，填入表3-30。

表 3-30　旅游住宿与餐饮安排

方案标题	旅游地	旅游住宿安排		技巧运用	旅游餐饮安排		技巧运用
		第一天			午餐		
					晚餐		
		第二天			午餐		
					晚餐		
		第三天			午餐		
					晚餐		
		第四天			午餐		
					晚餐		
		第五天			午餐		
					晚餐		
		第六天			午餐		
					晚餐		

步骤六：旅游景区(点)安排。基于掌握的旅游景区(点)资源，能结合客户需求恰当安排定制方案中的旅游景区(点)，填入表3-31。

表 3-31　旅游景区（点）安排

方案标题	每日行程标题	旅游景区（点）选择	选择依据或理由
		上午：	
		下午：	
		上午：	
		下午：	
		上午：	
		下午：	
		上午：	
		下午：	

续表

方案标题	每日行程标题	旅游景区（点）选择	选择依据或理由
		上午：	
		下午：	
		上午：	
		下午：	

步骤七：旅游体验活动设计。基于掌握的旅游体验活动的类型及内容，运用不同类型体验活动设计的技巧，创意设计定制方案中的旅游体验活动，填入表3-32。

表3-32　旅游体验活动设计

方案标题	日行程标题	体验活动	场地	道具	角色	奖励	活动连接	标记峰值活动

评价反馈

完成任务后，将学生自评、组内互评、组间互评及教师综合评价结果分别填入表3-33至表3-36。

表3-33　学生自评表

班级		姓名		日期	年 月 日
评价指标	评价内容			分数	分数评定
信息检索	能有效利用网络资源等查找有用的相关资料；能将查到的资料有效地整合并应用到学习中			5分	
感知课堂生活	熟悉定制师岗位，认同岗位工作价值；在学习中能获得满足感，认同课堂文化			5分	

/ 定制旅行产品设计（活页式）

续表

班级		姓名		日期	年 月 日
参与态度和沟通能力	秉持相互尊重、理解、平等的原则，积极主动地与教师、同学交流；与教师、同学之间能够保持多向、丰富、适宜的沟通			5分	
	能处理好合作学习和独立思考的关系，做到有效学习；能提出有意义的问题或能发表个人见解			5分	
知识、能力获得	能根据定制旅行产品方案标题命名的依据、格式及技巧，创作方案标题			10分	
	能根据定制旅行产品方案导言的内容构成及撰写要求，撰写方案导言			10分	
	能根据定制旅行产品方案特色描述的方法与技巧，描述方案特色			10分	
	能结合客户需求进行大交通（飞机、邮轮、火车、汽车）安排的最佳组合			10分	
	能结合客户需求恰当安排定制方案中的旅游住宿与餐饮项目			10分	
	能基于掌握的旅游景区（点）资源，并结合客户需求恰当安排定制方案中的旅游景区（点）			10分	
	能运用不同类型体验活动设计的技巧，创意设计定制方案中的旅游体验活动			10分	
思维态度	能发现问题、提出问题、分析问题、解决问题，具有正确的世界观、人生观、价值观和基本的策划素养			5分	
自评反馈	能按时按质完成任务，较好地掌握知识点，具有较强的信息分析能力和理解能力，思维严谨，表达时条理清晰			5分	
		自评分数			
有益的经验和做法					
总结反馈建议					

表 3-34　组内互评表

验收组长		组名		日期	年　月　日
组内验收成员					
任务要求	（1）能根据定制旅行产品方案标题命名的依据、格式及技巧，创作方案标题。 （2）能根据定制旅行产品方案导言的内容构成及撰写要求，撰写方案导言。 （3）能根据定制旅行产品方案特色描述的方法与技巧，描述方案特色。 （4）能结合客户需求进行大交通（飞机、邮轮、火车、汽车）安排的最佳组合。 （5）能够自主检索文献，并提供文献检索清单				
验收文档清单	方案标题提炼表、方案导言撰写表、方案特色描述表、旅游交通安排表、旅游住宿与餐饮安排表、旅游景区（点）安排表、旅游体验活动设计表				
	文献检索清单				
验收评分	评分标准			分数	得分
	能根据定制旅行产品方案标题命名的依据、格式及技巧，创作方案标题，不合理处扣5分			12.5分	
	能根据定制旅行产品方案导言的内容构成及撰写要求，撰写方案导言，不合理处扣5分			12.5分	
	能根据定制旅行产品方案特色描述的方法与技巧，描述方案特色，不合理处扣5分			12.5分	
	能结合客户需求进行大交通（机票、邮轮、火车、汽车）安排的最佳组合，不合理处扣5分			12.5分	
	能结合客户需求恰当安排定制方案中的旅游住宿与餐饮项目，不合理处扣5分			12.5分	
	能基于掌握的旅游景区（点）资源，并结合客户需求恰当安排定制方案中的旅游景区（点），不合理处扣5分			12.5分	
	能运用不同类型体验活动设计的技巧，创意设计定制方案中的旅游体验活动，不合理处扣5分			12.5分	
	提供文献检索清单，不少于5项，每少一项扣2.5分			12.5分	
	评价分数				
不足之处					

/ 定制旅行产品设计（活页式）

表 3-35　组间互评表

班级		被评价小组		日期		年　月　日
评价指标		评价内容		分数		分数评定
汇报表述		表述准确		15分		
		语言流畅		10分		
		展现形式富有创意		15分		
内容正确度		内容正确		30分		
		阐述到位		30分		
		互评分数				
简要评述						

表 3-36　教师综合评价表

项目名称		定制需求分析			总得分		
评价依据		学生完成的所有任务单及理论测试成绩					
序号	任务内容及要求		配分	评分标准	教师评价		
					结论		得分
1	能根据定制旅行产品方案标题命名的依据、格式及技巧，创作方案标题	答题正确	5分	不合理处扣2分			
		态度积极认真	5分	酌情赋分			
2	能根据定制旅行产品方案导言的内容构成及撰写要求，撰写方案导言	描述正确	5分	不合理处扣2分			
		语言流畅	5分	酌情赋分			
3	能根据定制旅行产品方案特色描述的方法与技巧，描述方案特色	描述正确	5分	不合理处扣2分			
		语言流畅	5分	酌情赋分			
4	能结合客户需求进行大交通（飞机、邮轮、火车、汽车）安排的最佳组合	描述正确	5分	不合理处扣2分			
		语言流畅	5分	酌情赋分			
5	能结合客户需求恰当安排定制方案中的旅游住宿与餐饮项目	描述正确	5分	不合理处扣2分			
		语言流畅	5分	酌情赋分			
6	能基于掌握的旅游景区（点）资源，并结合客户需求恰当安排定制方案中的旅游景区（点）	描述正确	5分	不合理处扣2分			
		语言流畅	5分	酌情赋分			

续表

项目名称	定制需求分析			总得分
7	能运用不同类型体验活动设计的技巧,创意设计定制方案中的旅游体验活动	描述正确	5分	不合理处扣2分
		语言流畅	5分	酌情赋分
8	文献检索清单至少包含5项	数量正确	5分	每少一项扣1分
		参考的主要内容要点	5分	酌情赋分
9	素质素养评价	沟通交流	20分	酌情赋分,违反课堂纪律,不听从组长、教师安排的不得分
		团队合作		
		课堂纪律		
		创新创意		
		自主探究		
		服务意识		
		具有逻辑思维能力,能够通过科学的分析方法解决问题		
		具有服务意识、沟通意识及职业自信		
		具有洞察力、判断力及专业素养		
		具有探索、求真务实、精益求精的精神,以及分析能力		

 巩固提升

案例1

"游秦岭山水美景 品长安千年文化"西安、宝鸡双城六天五晚亲子定制旅行方案

一、客户需求

(一)客户需求单

吴女士的需求单如表3-37所示。

表 3-37 吴女士的需求单

客户信息	吴女士
出游人数	夫妻2人（45岁）和2个孩子（一个20岁、一个11岁）
往返日期	8月15日至8月20日
餐饮与住宿需求	舒适、高档、干净
大交通	大航空公司、直飞航班
证件信息	驾驶证、身份证证件齐全
景点要求	自然风光、小众秘境、文化品读、特色新颖
备注	不安排廉价航空

（二）客户需求分析

吴女士需求分析如表3-38所示。

表 3-38 吴女士的需求分析

需求	分析依据	需求分析	
基础型	亲子旅游需求报告	交通	不安排早间、晚间航班
		餐食	绿色健康、富有营养、原生态
		景点	忌危险刺激、过于劳累的项目
期望型	客户需求单	交通	大航空公司、直飞航班
		住宿	舒适、高档、干净
		景点	小众秘境、特色新颖
		餐食	特色美食、儿童主题餐厅
		旅游地	自然风光、文化品读
兴奋型	亲子旅游需求报告	住宿	新奇多样住宿场景组合
		体验项目	任务打卡、竞赛奖励、自然探秘、非遗体验、文化创意、动手探索类项目
		情感共鸣	亲子陪伴温馨时刻

二、设计理念

方案确定了"自然山水探秘＋历史文化品读"主题，期望通过丰富多彩的自然教育活动和亲子互动体验活动，让父母与孩子在探索神奇自然和趣味亲子互动中，建立和谐、亲密、信任的亲子关系，创造难忘的亲子暑期记忆。

三、方案导言

我喜欢秦岭,

因为它是中华龙脉,

因为它是中华民族的父亲山,

因为它是中国南北自然地理分界岭,

因为它庞大的山体改变了中国动物分布格局。

在它的苍翠密林中,繁衍生息着国宝生灵,

这里有延续了几百万年的大熊猫,

这里有生活了几百万年的金丝猴,

这里有独一无二的羚牛种群秦岭羚牛,

这里有中国拯救濒危物种典范的朱鹮。

我喜欢古城,

西安便是一座充满历史韵味的古城,

它不同于南京,不同于北京,它的历史更在几千年前。

统一六国的秦始皇的陵墓在这里,

中国唯一一位女皇帝武则天在这里,

昔日热闹繁华的长安城在这里,

震撼的世界八大奇迹之一的兵马俑在这里,

筑起西安"盛唐宇宙"的大唐不夜城在这里,

包罗万象的热闹繁华的小吃回民街也在这里。

四、行程特色

特色一:玩中陪·游中伴——自然探秘·文化探寻。自然教育体验、做一天保护区巡防员、博物馆寻宝、兵马俑制作等多样体验。

特色二:景中宿·画中眠——自然场景·文化意境。太白山無山居温泉度假酒店、蒿坪自然教育基地、太白山凤凰·星天外星空汤院、田间精品酒店、悦新居民宿多种住宿场景。

特色三:飨之宴·秦之味——陕菜陕味·食领三秦。太白生态餐、正宗陕南菜、关中特色小吃、户外烧烤,来一场真正的美食巡游。

特色四:风之韵·娱之乐——民俗演艺·非遗技艺。拓印、秦腔木偶戏、舞龙、陕北民歌等多种艺术体验。

五、行程安排

(一)每日行程安排

行程单如表3-39所示。

表 3-39　行程单

日期	行程安排	用餐	住宿
第一天：家庭度假时			
8月15日	太白山无山居温泉度假酒店	午/晚餐	太白山无山居温泉度假酒店

9:30 北京首都国际机场 T3 航站楼乘坐中国国航 CA1209，12:05 分到达西安咸阳国际机场 T2 航站楼。（约 2 小时）

12:30—13:30 乘车前往太白山无山居温泉度假酒店。（约 1 小时）

13:30 在伴山云味中餐厅用午餐。（约 1 小时）

午休 1 小时后，15:30 在酒店的艺术长廊体验家庭艺术品读悠闲时光；在无边泳池游泳，感受"采菊东篱下，悠然见南山"的惬意时刻。此外，孩子可在酒店树屋体验树上游戏，在酒店附近的"奥兹理想国"的游乐场游玩。

20:30 草地家庭烧烤，篝火晚会。

用餐安排：

午餐——伴山云味中餐厅；

晚餐——草地家庭烧烤。

酒店：太白山无山居温泉度假酒店

		第二天：家庭探秘时	
8月16日	太白山国家级自然保护区	早/午/晚餐	蒿坪自然教育基地

8:00 在酒店用餐。（约 0.5 小时）

9:00—12:00，在保护区内跟随动物研究所专业导师走进秦岭山脉，开展大熊猫野外足迹鉴定与记录。（约 3 小时）

12:30—14:30，在蒿坪自然教育基地，开展"谁最先找到大熊猫的食物"竞赛，午餐兑换——用熊猫食物兑换自己的食物。（约 2 小时）

14:30—17:30，和保护区的巡护员一起巡山，参与野外护林设备红外相机的安装、检测。

18:00—20:00，在蒿坪自然教育基地，开展厨神比赛——舌尖上的柴火饭，在自然步道观赏萤火虫。

用餐安排：

早餐——太白山无山居温泉度假酒店；

午餐——蒿坪自然教育基地；

晚餐——蒿坪自然教育基地。

酒店：蒿坪自然教育基地

续表

日期	行程安排	用餐	住宿
第三天：家庭运动时			
8月17日	太白山国家森林公园	早/午/晚餐	太白山凤凰·星天外星空汤院

7:00 在基地用餐。（约0.5小时）

7:30 从酒店前往太白山国家森林公园。（约1.5小时）

9:00—17:30 游览太白山国家森林公园，开展大爷海登顶挑战赛，设天圆地方、大文公庙、大爷海3个打卡点，完成全部打卡任务则可获得定制款太白山文创大礼包，专业摄影师山顶拍摄"全家福"；开展"读懂大山的语言·聆听花儿的声音——朋友圈九宫格挑战赛"，依托太白山国家森林公园植物资源，尤其是稀有花卉资源，如太白雪灵芝、西藏洼瓣花、二色马先蒿、高山捕虫堇、紫斑牡丹等，拍摄花卉照片，发朋友圈。（约8.5小时）

18:00 在酒店品尝太白生态餐。（约1小时）

19:00 入住太白山凤凰·星天外星空汤院，体验温泉私汤。

用餐安排：

早餐——太白山無山居温泉度假酒店；

午餐——山顶冷餐会；

晚餐——太白生态餐。

酒店：太白山凤凰·星天外星空汤院

第四天：家庭娱乐时			
8月18日	关山草原、袁家村	早/午/晚餐	田间精品酒店

8:00 在酒店用餐。（约0.5小时）

8:30 前往关山草原。（约1.5小时）

10:00—12:00 读懂广阔草原，体验户外运动。可以策马扬鞭，在草原上尽情驰骋；也可以体验射箭、滑草、速降滑索等；还可以感受广袤的大草原和特色民俗活动；中午在草原上体验草原烤肉的味道。

12:10 前往袁家村。（约4小时）

16:30—19:00 在袁家村这个美食村落开展民俗体验，可以和家人一起体验舞龙，也可以在袁家村窑洞开展密道探索，还可以来一场关中小吃逛吃之旅，另外也可以观秦腔木偶戏，对话民间艺人。

19:00 入住田间精品酒店，在这个乡土怀旧和城市休闲相结合精品艺术酒店中，无论是充满设计感的建筑，还是家具、装饰、花草、壁画，无不体现一股文艺范。

用餐安排：

早餐——太白山凤凰·星天外星空汤院；

午餐——关山草原；

晚餐——袁家村关中小吃。

酒店：田间精品酒店

续表

日期	行程安排	用餐	住宿
第五天：家庭休闲时			
8月19日	陕西历史博物馆、明城墙、大唐不夜城	早/午/晚餐	悦新居民宿

8:00在田间精品民宿用早餐。（约1小时）

9:00前往陕西历史博物馆。（约1小时）

10:00在陕西历史博物馆这座艺术和历史交织的殿堂中与文物来一次面对面的"沟通"，开展博物馆寻宝活动，更深入地了解陕西的历史。

12:00在醉长安品尝葫芦鸡等美食。（约1小时）

13:30入住悦新居民宿，午休1小时。

14:30前往国内现如今保存最完整的古代城垣、西安必去打卡点之一的明城墙，漫步城墙、体验建筑文化、换装打卡、自行车骑行等。（约3小时）

18:00前往大唐不夜城，体验"盛唐密盒"挑战，牵手不倒翁小姐姐，体验沉浸式文旅项目——长安·幻唐。（约4小时）

用餐安排：

早餐——田间精品民宿；

午餐——醉长安；

晚餐——大唐不夜城逛吃。

酒店：悦新居民宿

| 第六天：家庭手作时 ||||
| 8月20日 | 秦始皇兵马俑博物馆 | 早/午/晚餐 | 无 |

7:30悦新居民宿用餐。（约0.5小时）

8:00前往秦始皇兵马俑博物馆。（约1小时）

9:00游览震撼世界的秦始皇陵1号、2号、3号兵马俑坑，在秦始皇兵马俑博物馆体验秦小篆书法，然后前往兵马俑复制工厂制作创意兵马俑。（约4小时）

13:00前往大秦小宴，着秦服、吃秦食，体验亲子奉茶礼，赠送餐厅菜单邮票伴手礼。（约1小时）

14:00，前往"西安最美环山公路"骊山公路，打卡山顶藤原豆腐店和云集咖啡馆，体验《头文字D》同款旅拍。（约2.5小时）

16:30前往西安咸阳机场。（约1小时）

19:30西安咸阳国际机场T2航站楼乘坐中国国航CA1230，21:55到达北京首都国际机场T3航站楼。（约2.5小时）

用餐安排：

早餐——悦新居民宿；

午餐——大秦小宴

注：表中相关内容均为案例假设，仅供参考，如有雷同，纯属巧合。

（二）费用说明

报价单如表3-40所示。

表 3-40　报价单

项目	费用报价	
大交通	往返机票（成人3860元/人，儿童：1390元/人）	3860×3+1390=12970（元）
住宿	太白山無山居温泉度假酒店（套房2373元/套）蒿坪自然教育基地（1288元/套）、太白山凤凰·星天外星空汤院（套房2980元/套）、田间精品酒店（双人房539元/间，2间）、悦新居民宿（2199元/套）	2373+1288+2980+539×2+2199=9918（元）
门票	太白山国家森林公园（成人160元/人，学生110元/人，含景区交通）、关山草原（成人60元/人，学生30元/人，不含体验项目）、西安城墙（成人54元/人，学生27元/人）、秦始皇兵俑（成人120元/人，学生60元/人）	160×2+110×2+60×2+30×2+54×2+27×2+120×2+60×2=1242（元）
体验项目	蒿坪自然教育基地生态保护体验项目（188元/人）、关中大地震+帝陵探秘+飞跃陕西（68元/人）、长安·幻唐体验（388元/人）、家庭迷你兵马俑制作（198元/组）	188×4+68×4+388×4+198=2774（元）
特色餐	伴山云味餐厅（620元）、草地家庭烧烤（318元）、山顶冷餐会（200元）、太白生态餐（338元）、草原烤肉（368元）、醉长安（390元）、大秦小宴（598元）	620+318+200+338+368+390+598=2832（元）
小交通	专车服务（500元/天）、太白山国家森林公园天下索道（230元/人）	500×6+230×4=3920（元）
总报价		33656元

注：表中相关价格均为案例假设，仅供参考，如有雷同，纯属巧合。

六、订购须知

（1）请您务必提供准确、完整的信息(姓名、性别、证件号码、国籍、联系方式等)，以免预订出现错误，影响出行。如因您提供信息错误而造成损失，由您自行承担。

（2）本产品全程不含购物店行程(DFS等免税店，以及景区(景点)、场馆及邮轮内等非商家组织的购物不包括在内)，无任何购物强制消费，若导游擅自增加购物活动，一经查实，我司将向您赔付旅游费用总额10%的违约金。

七、安全指南

（1）山里天气多变，蚊虫较多，昼夜温差大，注意携带雨具、长袖、保暖外套、防蚊液等。

（2）穿着舒适的衣物和合适运动鞋。

（3）做好防晒措施，带好充电宝。

（4）建议背双肩包，带一些备用药品，如感冒药等。

（5）爬山时可带一点食物补充体力，如士力架、小面包等。

案例2

《蜀渝你·蜀渝我》
——大学生"毕业旅行+城市风情体验"七天六晚重庆、成都双城游

一、客户需求

郑州的张同学和3个大学室友一行4人希望在2023年7月大学毕业时来一场毕业旅行。她们喜欢追剧、品尝美食和拍照打卡，"魔幻山城"重庆和"格调蓉城"成都，是让她们魂牵梦绕的远方城市。客户预算人均花费不超过7000元。核心需求为"毕业旅行+城市风情体验"。

二、设计理念

围绕客户的核心需求点，突出"告别与重启"这一主题，在魅力城市的美好中、故事中、快乐中、激情中、闲适中、玩闹中，消弭告别的伤感，向更美好的明天启程，并最终确定方案标题为《蜀渝你·蜀渝我》，一语双关，告别季，属于你，属于我，属于我们。

三、方案导言

请不要在告别时强装洒脱，也不要在告别后强忍想念。不管下一站去向哪里，请好好与青葱岁月告别，告别需要仪式感，毕业旅行是对无悔青春最神圣的献礼。

四、行程特色

特色一：潮玩双城。穿梭悠闲与刺激感受文化与创新。感受最受"Z世代"大学生欢迎的城市潮玩地；打卡KK Party KTV、参加蔚然花海音乐小镇音乐节、看川剧变脸，深度体验西南双城！

特色二：火辣双城。深度融入当地生活品尝特色。走街串巷，打卡地道川渝味道。重庆老火锅、小面、毛血旺、钵钵鸡、夫妻肺片、成都串串香一个不错过，感受极致味蕾体验，幸福感绝对爆棚！

特色三：巴适双城。游离在方寸之间，自在松弛。高品质、高颜值特色酒店vs闹市繁华、深宅宁静的古宅民宿。360°全江景，科技感酒店＋《亲爱的客栈》同款民宿入住更舒心，体验不一样的夜晚！

五、行程安排

（一）每日行程安排

行程安排如表3-41所示。

表3-41　行程安排

日期	行程安排	用餐	住宿
第一天：烟火山城——味蕾与童话的麻辣相遇			
7月1日	重庆	午/晚餐	重庆

8:40郑州新郑国际机场T2航站楼乘坐中国南方航空CZ3479，10:40到达重庆江北国际机场T3航站楼。（约2小时）

11:00乘车前往酒店用餐休息。（约4小时）

15:00打卡《从你的全世界路过》拍摄地，并前往《火锅英雄》同款洞子火锅店，体验防空洞火锅，跟着大厨制作一款专属于她们的火锅底料，记录别样麻辣时光。（约3小时）

19:00去朝天门码头散步，吹一吹嘉陵江的晚风。

用餐安排：

午餐——ISEYA浮云·高空江景酒店；

晚餐——防空洞火锅。

酒店：ISEYA浮云·高空江景酒店

| 第二天：立体山城——行走与梦幻的昼夜转换 ||||
| 7月2日 | 重庆 | 早/午/晚餐 | 重庆 |

8:40在酒店用餐。（约1小时）

9:40漫步到交通茶馆喝茶，享受一杯清茶的时光。（约4小时）

14:00来到李子坝看看轻轨穿楼而过，解答一个有趣的问题——轻轨穿楼是先有车站，还是先有楼房？之后来到皇冠大扶梯，体验"就算错过也要和你在皇冠大扶梯上错过，这样错过的也可以久一点"。（约2.5小时）

16:30前往解放碑八一路好吃街品尝美食，并亲自动手设计制作一个专属于四人手工戒指，留作纪念。（约2.5小时）

19:20前往KK PARTY KTV，在这里可以共唱一首歌，在歌声里告别。（约2小时）

用餐安排：

早餐——ISEYA浮云·高空江景酒店；

午餐——交通茶馆；

晚餐——解放碑八一路好吃街。

酒店：ISEYA浮云·高空江景酒店

| 第三天：自由山城——自然与人文的相辅相成 ||||
| 7月3日 | 重庆 | 早/午/晚餐 | 重庆 |

7:40在酒店用餐。（约1小时）

9:00从酒店前往仙女山国家森林公园。（约3小时）

12:30景区用午餐，之后体验滑草、骑马、扎帐篷，在仙女山归元小镇体验非遗项目蓝染和皮影戏。（约4小时）

18:00可以和当地人一起参加篝火晚会，还可以观看露天电影，困了就入住《亲爱的客栈》同款民宿。

用餐安排：

早餐——ISEYA浮云·高空江景酒店；

午餐——武源仙女山国家公园景区；

晚餐——仙女山归原小镇。

住宿：民宿

续表

日期	行程安排	用餐	住宿
第四天：魅力山城——红色与城市的薪火相传			
7月4日	重庆	早/午/晚餐	重庆

8:00前往歌乐山国家森林公园体验特色户外运动项目，在寻径探路的同时闯关夺隘，挑战自然，战胜自我。（约2小时）

10:20前往白公馆、渣滓洞参观，感受当年英雄们内心的伟大信仰，是他们用热血和生命换来我们今天稳定和平的生活。（约2小时）

12:30品尝歌乐山辣子鸡后观看《绝密行动》情景电影，感受英雄们内心的伟大信仰，从中汲取精神力量。（约4小时）

18:00前往ISEYA浮云·高空江景酒店休息。（约2小时）

用餐安排：

早餐——民宿；

午餐——歌乐山辣子鸡；

晚餐——ISEYA浮云·高空江景酒店。

酒店：ISEYA浮云·高空江景酒店

| 第五天：时尚蓉城——潮流与印记的激情碰撞 ||||
| 7月5日 | 成都 | 早/午/晚餐 | 成都 |

9:00重庆乘坐高铁到成都。（约2小时）

11:30入住成都锦投·古迹酒店（该酒店是一座都市度假型川西文化酒店，由清末三进老宅改建而成，是古迹与现代轻奢的完美融合）用餐并休息。

14:00前往春熙路、成都远洋太古里、IFS，在俊男美女、时尚达人的聚集地，与闺蜜一起逛街购物，品尝美食，感受城市的潮流与格调，与翻墙熊猫合影拍照，寻踪"熊猫之都"。（约2.5小时）

17:00前往宽窄巷子、奎星楼街边逛边吃。躺在竹椅上、喝一碗大碗茶，再去体验一次传统采耳，品尝正宗成都火锅，"巴适得很"！（约3.5小时）

20:40去东门码头夜游锦江，感受灯火璀璨不夜城的无尽魅力。（约2小时）。

用餐安排：

早餐——ISEYA浮云·高空江景酒店；

午餐——成都锦投·古迹酒店；

晚餐——奎星楼街。

酒店：成都锦投·古迹酒店

| 第六天：奇幻蓉城——音乐与艺术的人文关怀 ||||
| 7月6日 | 成都 | 早/晚餐 | 成都 |

8:00在酒店用餐。（约1小时）

9:00前往茂业中心的成都版"盗梦空间"，深度感受现实版的盗梦空间，在这里我们安排了专业的旅拍摄影，拍出大片氛围感（约2小时）。

11:00前往四川省川剧院，川剧是成都的特色文化，观看川剧变脸，亲身感受历史非遗，学习变脸技艺（约1小时）。

13:00前往蔚然花海音乐小镇，一直到22:00，9小时的狂欢，"燥"出了一片狂热氛围。

22:00回酒店休息。

用餐安排：

早餐：成都锦投·古迹酒店

晚餐：蔚然花海音乐小镇

续表

日期	行程安排	用餐	住宿
第七天：印迹蓉城——文明与起源的交相融合			
7月7日	成都	早/午餐	—

8:30 成都锦投·古迹酒店用餐。（约1小时）

9:30 前往三星堆博物馆，探秘古蜀国，感知长江文明之源，参加博物馆定向寻宝任务，获得特色博物馆文创纪念品奖励。（约2.5小时）

12:00 前往蜀王府·蜀邸宴就餐，品尝古蜀味道。（约1小时）

15:40 成都天府国际机场T2航站楼乘坐中国南方航空CZ6472，17:50到达郑州新郑国际机场T2航站楼。（约2小时）

用餐安排：

早餐——成都锦投·古迹酒店；

中餐——蜀王府·蜀邸宴

注：表中相关内容均为案例假设，仅供参考，如有雷同，纯属巧合。

（二）费用说明

费用说明如表3-42所示。

表3-42　费用说明

项目	详情	人均价格
大交通	往返机票（2460元/人）+重庆去成都高铁（157元/人）	2460+157=2617（元）
住宿	ISEA浮云·高空江景酒店3晚（356元/晚）+慢屋·仙女山归原精品度假民宿1晚（281元/晚）+成都锦投·古迹酒店2晚（225元/晚）	356×3+281+225×2=1799（元）
景区门票	洪崖洞（98元）、华生园梦幻城堡（25元）、交通茶馆（60元）、李子坝（5元）、皇冠大扶梯（30元）、长江索道（往返30元）、仙女山国家森林公园（50元）、仙女山草原+仙女山归原小镇（38元）、四川省川剧院（200元）、蔚然花海音乐小镇（60元）、三星堆博物馆（72元）	98+25+60+5+30+30+50+38+200+60+72=668（元）
餐饮	蜀王府·蜀邸宴：梦回明聚·高定精致4人餐（1460元）	1460÷4=365（元）
自驾	自驾租车（1000元）	1000÷4=250（元）
其他支出	特色KTV（100元）+图书馆（50元）+坐船夜游（98元）	100+50+98=248（元）
服务费	定制旅行管家2天（400元/天）	400×2÷4=200（元）
对外报价		6147元

注：表中相关价格均为案例假设，仅供参考，如有雷同，纯属巧合。

六、订购须知

（1）请您务必提供准确、完整的信息（姓名、性别、证件号码、国籍、联系方式等），以免预订出现错误，影响出行。如因您提供信息错误而造成损失，由您自行承担。

（2）本产品全程不含购物店行程（DFS等免税店，以及景区（点）、场馆及邮轮内等非商家组织的购物不包括在内），无任何购物强制消费，若导游擅自增加购物活动，一经查实，我司将向您赔付旅游费用总额10%的违约金。

（3）除酒店提供的餐食外，其余餐食费用请自理。我们可以向您提供餐厅推荐和当地美食指南，以便您有更多选择和参考。如有特殊饮食需求，请提前告知我们，我们将尽力为您提供适合的食物选择。

七、安全指南

重庆的雨季一般从5月或6月开始，雨季期间，气温一般在30 ℃以上，湿度也很大，直到9月或10月结束，其中7月和8月是降雨最集中的时期。在这个季节，重庆的降雨比较频繁，持续时间也比较长。由于重庆地势多山，加上暴雨天气容易引发山洪等灾害，游客在雨季期间需要注意防范。

成都夏季雨水比较充沛，从6月初到9月中旬是成都的雨季，其中7月份成都气温平均在22—30 ℃，白天气温平均在30 ℃，此时也是四川盆地的梅雨季节，是成都的雨季高峰，由于成都位于四川盆地中心，四周山环水绕，又处于亚热带和暖温带过渡区，气温高，湿度大，昼夜温差较小，游客在雨季期间需要准备除湿和防晒用品。

项目四 产品价格设计

项目情景

定制旅行客户购买定制产品,满足自身的旅游需求,需要支付一定的货币;定制旅行经营者卖出定制旅行产品,需要有合适的产品价格,在双方的交易关系中,合适的产品价格设计是定制旅行产品能够顺利交换的前提条件。定制旅行产品价格设计是定制师按照客户的意愿和需求完成定制旅行产品行程设计之后,对该定制产品所需要的成本进行核算,并在考虑相关费用和利润的基础上,对定制产品进行定价和报价的过程。本项目包含两个工作任务,一是产品成本核算,二是产品报价设计。通过学习,学生能够了解成本费用管理和收入与利润管理内涵,掌握定制旅行产品成本的构成及核算方法,对定制旅行产品进行科学的价格设计。

学习目标

● 知识目标

(1) 理解定制旅行产品成本核算的概念;
(2) 掌握定制旅行产品成本核算的技能;
(3) 熟悉定制旅行产品报价的内容;
(4) 掌握定制旅行产品价格的制定原则、定价方法和定价策略;
(5) 了解定制旅行产品成本核算的内容和原则;
(6) 掌握定制旅行产品报价流程;
(7) 掌握定制旅行产品报价技能。

● 能力目标

(1) 能根据客户的需求及前期的沟通快速、准确地进行成本核算;

(2)能根据客户需求信息,准确、熟练地进行产品报价设计和对客报价;

(3)能根据报价后客户的反映、诉求,及时、灵活地调整报价,提高订单成交率。

● 素养目标

(1)培养学生逻辑思维能力,提高自身的专业素养;

(2)培养学生的报价设计和营销能力,掌握财务技能,培养求真务实、精益求精的精神。

(3)培养学生敏锐的洞察力与决策力,提升学生分析、解决问题的能力,提高学生对客沟通技巧,增强学生灵活应变能力。

知识框架

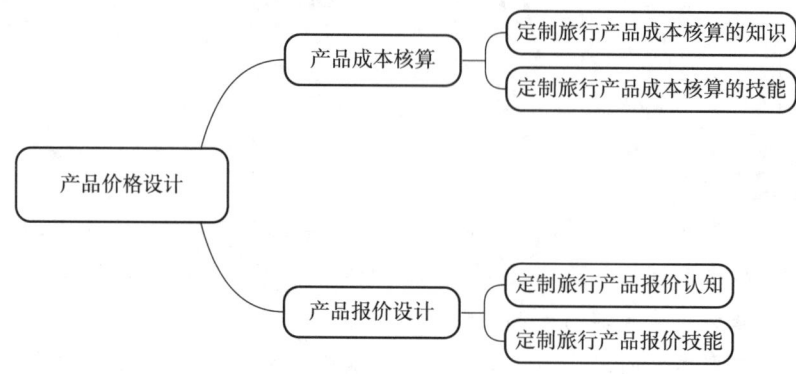

▶ 知识传递

任务一　产品成本核算

一、定制旅行产品成本核算的知识

(一)定制旅行产品成本核算的概念

成本是企业为了获取某种利益或达到一定目标所产生的耗费或支出,属于商品经济的价值范畴。它是企业为生产商品和提供劳务等所耗费的必要劳动价值的货币表现,是企业在生产过程中的价值补偿。产品成本是企业为了生产产品或提供劳务而产生的各项耗费或支出,即企业为生产特定种类、一定数量的产品所支出的各种生产费用(企业在一定时期发生的、用货币表现的生产耗费为生产费用)的总和。会计学上的成本核算是指运用各种专门的成本计算方法,按一定的对象和规定的成本项目及分配标准进行生产费用的归集和分配,计算出各种产品的总成本和单位成本,并进行账务处理的过程。

定制旅行产品成本核算是定制旅行企业经营活动中的一项重要工作,即定制师将定制旅行服务产品所涉及的食、住、行等各类产品或服务成本进行核算和汇总,计算出定制旅行产品的总成本和单位成本的过程。

(二)定制旅行产品成本核算的作用

定制旅行产品成本核算有助于定制旅行企业依据产品的成本数据,科学制定产品价格策略,采取正确的经营策略。定制旅行产品成本核算水平不仅反映出定制师对产品的熟悉程度,也是定制旅行企业核心竞争力的基础。通过成本核算,定制旅行产品的利润水平可以如实反映出来,从而有助于定制旅行企业制定合适的产品价格策略和营销策略,提升产品吸引力和竞争力,以实现利润目标。

(三)定制旅行产品成本核算的内容和原则

1. 成本与费用

定制旅行服务产品的成本主要包括:综合服务成本、外联成本、零星服务成本、劳务成本、票务成本、地接及加项成本和其他服务成本。具体而言,定制旅行产品的成本涉及符合定制客户旅行需求规格标准的房费、餐费、交通费(行李托运费)、门票费(文娱费)、导游服务费、保险费等各种费用。

定制旅行产品成本核算的知识

2. 成本核算的原则

(1)客观性原则。

客观性原则是指成本核算的信息应当结合客户的意向和需求,成本的预计以市场行情和相关产品资源的客观价格为依据,如实反映各项定制产品的费用,做到内容真实、数字准确、资料可靠,也就是核算所提供的成本依据信息要真实可靠,必须建立在各项费用可查证的基础上,并且产品成本核算项目完整,不重复,不遗漏。

(2)真实性原则。

真实性原则是指核算应当以客户需求的定制产品为依据,成本计算项目依据的相关资料和信息真实,定制师保持中立,不偏不倚,公平公正,按照实际成本计价,在客观的立场上进行项目成本计算。

(3)有用性原则。

有用性原则又称相关性原则,是指核算所提供的项目成本信息应该有助于定制客户做出正确的决策,成本核算的结果与客户的需求意向和预算相关联,有助于定制旅行产品的吸引力和竞争力的提升。

二、定制旅行产品成本核算的技能

例如,某定制旅行公司根据客户需求,设计的"昆明、丽江、大理"五天四晚毕业定制旅行产品,客户需求如表4-1所示。

表4-1 王女士需求表

客户信息	王女士
出游人数	8人（均为22岁的女大学生）
往返日期	5月11日至5月15日
出发地	上海
目的地	昆明、丽江、大理
出行目的	用毕业旅行的方式纪念青春，放松身体和灵魂；去远离尘嚣的地方，调整心态，增长见识，提升面对未来的勇气和信心，在旅途中与朋友一同追忆青春，在旅途中寻找人生的意义，在旅途中发现全新的自我
餐饮要求	全程自助餐，要有地方风味餐
住宿要求	全程三星级酒店（含早餐）
景点要求	第一天石林风景区
	第二天大理古城
	第三天洱海及沿途景点游览、白族三道茶表演
	第四天玉龙雪山
	第五天丽江古城
交通要求	除大交通、区间交通外，市内交通为中巴车包车
活动要求	洱海乘坐游船，玉龙雪山乘坐索道

根据客户以上的要求,定制师按照餐费、住宿费、交通费、景点费用、导游服务费等项目开展成本核算,假设该产品主要成本费用如下：

(1)餐费：5餐(正餐)×30元/(人·餐)+4餐(地方风味餐)×50元/(人·餐)=350元/人。

(2)住宿费：三星级酒店(含早餐)160元/(人·晚)。

(3)交通费：

① 大交通：上海至昆明机票1900元/人×0.342折+100元/人(燃油附加费等)≈750元/人,丽江至上海机票2400元/人×0.274折+100元/人(燃油附加费等)≈758元/人,合计1508元/人。

② 区间交通：昆明至大理高铁票(二等座)155.5元/人,大理至丽江高铁票(二等座)72元/人,合计227.5元/人。

③ 市内交通：600元/天(旅游中巴车,10座,含司机、导游座位,客人8位),75元/(人·天),需用5天,合计375元/人。

④ 游船:洱海长线游船单程船票 142 元/人,往返合计 284 元/人。

(4) 景点费用:石林风景区学生票半价 65 元/人,丽江玉龙雪山 335 元/人(学生票+索道+氧气瓶),合计 400 元/人。

(5) 导游服务费:400 元/(团·天),均摊后 50 元/(人·天),5 天合计为 250 元/人。

(6) 保险费:航空意外险 20 元/(人·次),往返为 2 次,计 40 元/人;旅游人身意外伤害保险 5 元/(人·天),共 5 天,计 25 元/人;合计 65 元/人。

(7) 定制师服务费:加收 5%,28956 元×5%=1447.8 元。

基本费用总成本=定制产品成本=餐费+住宿费+交通费(含大交通、区间交通、市内交通、游船)+景点费用+导游服务费+保险费+定制师服务=30403.8 元。

$$定制产品人均成本 = \frac{基本费用总成本}{参加人数}$$

$$该定制产品人均成本 = \frac{30403.8 元}{8 人} = 3800.475 元/人$$

以表格形式表示,该定制旅行产品成本核算表如表 4-2 所示。

表 4-2 定制旅行产品成本核算表

报价项目	单价	数量	价格
餐费			
早餐	免费(酒店含早餐)	8 人	—
正餐	正餐 30 元/(人·餐),共 5 餐,合计 150 元/人	8 人	1200 元
地方风味餐	4 餐地方风味餐(石林彝族风味餐、楚雄野生菌火锅、大理南涧跳菜、丽江纳西喜宴),400 元/桌(每桌 8 人),合计 200 元/人	8 人	1600 元
			小计:2800 元
住宿费			
住宿	三星级酒店(含早餐)160 元/(人·晚)	8 人	1280 元
			小计:1280 元
交通费			
大交通	上海至昆明机票 1900 元/人×0.342 折+100 元/人(燃油附加费等)≈750 元/人。 丽江至上海机票 2400 元/人×0.274 折+100 元/人(燃油附加费等)≈758 元/人。 合计 1508 元/人	8 人	12064 元
区间交通	昆明至大理高铁票(二等座)155.5 元/人。 大理至丽江高铁票(二等座)72 元/人。 合计 227.5 元/人	8 人	1820 元
市内交通	600 元/天(旅游中巴车,10 座),75 元/(人·天),需用 5 天,合计 375 元/人	8 人	3000 元

续表

报价项目	单价	数量	价格
游船	洱海长线游船单程船票142元/人，往返284元/人	8人	2272元
		小计：	19156元
景点费用			
景点	石林风景区：学生票半价65元/人（原价130元/人）。 大理古城：免费。 洱海：门票免费（长线游船往返船票284元/人已计入交通费，包含洱海及沿途景点游览、白族三道茶表演）。 玉龙雪山：335元/人（门票100元/人，学生票半价50元/人，云杉坪索道60元/人，牦牛坪索道65元/人，冰川公园索道140元/人，氧气瓶20元/人）。 丽江古城维护费：学生免费。 合计400元/人	8人	3200元
导游服务费	400元/（团·天），均摊后50元/（人·天），5天合计250元/人	8人	2000元
保险费	航空意外险20元/（人·次），往返为2次，计40元/人。 旅游人身意外伤害保险5元/（人·天），共5天，计25元/人。 合计65元/人	8人	520元
		小计：	5720元
		基本费用合计：	28956元
服务费	定制师服务费（加收5%）	—	1447.8元
费用合计	合计成本	—	30403.8元
人均费用	3800.475元		

任务二　产品报价设计

一、定制旅行产品报价认知

产品报价是定制师在完成定制旅行产品的线路设计之后，对客户所需的费用进行计算、汇总，并以书面形式呈现给客户的过程。旅游合同的一项重要内容就是报价并和客户最终确认，报价要全面、准确体现定制行程方案中的各个分项产品资源以及服务项目，并包含定制公司的利润。定制师报价要做到迅速、全面、准确。具体而言，就是在承诺的时间内迅速及时地完成定制旅行方案的计价和报价，确保报价考虑全面，特别是定制方案中分项产品资源不漏项，明示费用包含和不包含的内容，准确核算，与各方资源供应方进行沟通，确认报价具备可行性。

定制旅行产品的价格同样适用"价格＝成本＋合理利润＋税金"的原理,定制师在报价时,要根据定制旅行目的地和客户需求的不同,全面进行分析计算。

(一)定制旅行产品价格的制定原则

1.价格要反映产品的价值

价格是客户判断定制旅行产品价值的主要依据。高价位的定制旅行产品应具有较高的消费价值和使用价值,除了应包括高品质的餐饮、住宿、交通,还应有热情周到的服务、精心设计的线路产品和舒适的旅行体验。

2.价格要适应市场及客户需求

定制旅行产品价格要体现定制旅行企业的经营战略和经营方针,要适应目标市场客户的消费水平。同样的定制旅行产品和服务,满足客户需求层次越高,客户能接受的产品的定价也越高。需求层次越低端,市场竞争越激烈,价格竞争显然是将需求层次降到最低,客户感觉不到其他层次的满意,愿意支付的价格当然也低。定制旅行服务的客户一般有一定的经济实力,愿意花钱省事,产品的价格要与客户追求品质和档次的需求相结合,根据客户的类型和消费水平设计合适的产品价格。例如,企业客户中的商务型、奖励型、会议型客户及散客中的婚礼型客户普遍消费水平较高,注重产品的品质和档次,应当在产品组合上侧重较高品质的组合,以制定符合客户需求的高端产品及服务的产品价格策略。需求层次高的客户能接受更高端产品的价格,是定制旅行企业的重要客户资源,也是定制师需要重点关注的对象。对于其他大众定制客户,定制师要注重性价比,用合理的产品资源搭配组合及实惠的价格来吸引客户,注意避免设计过于奢华的产品组合,避免定价过高,超出客户的承受能力。如果客户感觉"价非所值",从而减少消费,或者另觅他处,定制旅行企业就难以实现效益最优的经营目标。

3.价格的灵活性与稳定性相结合

定制旅行产品定价应根据市场供求关系的变化,灵活应用浮动价、季节价及优惠价。例如,客户体验感好、口碑好、设施配置标准高、有名气的定制精品旅游线路,其价格可以适当高一些;对于价格不敏感的客户,如商务型、奖励型、会议型及婚礼型客户,在产品价格设计上可高质高价,注重产品的稀缺性、个性化,保证高品质,充分满足客户高档次的需求,彰显优质高价产品的稀缺性和高品位。旺季客户需求量大,按照市场供求理论,客源充足,产品不愁销路,可以比淡季价格高一些。周末及节假日客户流量大,可以一定幅度上调价格,而周一至周五可以依据市场需求状况,实行浮动价。在基本产品(如景区门票、高铁票、餐饮费用)组合价格稳定的基础上,有时提前预订往返机票、住宿等可以享受较大折扣的优惠,以及有些小众旅游目的地机票、住宿等也有相应的打折活动。对于大众定制客户,定制师可以根据其需求,在保证刚需产品价格的基础上为客户灵活设计日程及线路,可以让客户享受较为优

视频微课

定制旅行产品价格的制定原则

惠的价格,这有助于吸引大中型定制客户目标群体。

4. 严格执行国家的物价政策和相关法律法规

定制师在产品报价设计时要根据有关价格管理法律法规及物价政策,来制定定制旅行产品的价格,在规定的范围内确定定制旅行产品的毛利率。定制旅行产品的价格制定要坚持按质论价、质价相符原则,以合理成本加上合理毛利来确定定制旅行产品的价格。定制师要严格执行《中华人民共和国价格法》《中华人民共和国消费者权益保护法》等法律规定,不以虚假或误导的信息诱导客户,让客户能自由比价和选择,不得实施价格歧视。《最高人民法院关于审理旅游纠纷案件适用法律若干问题的规定》第二十条第二款的规定,在同一旅游行程中,旅游经营者提供相同服务,因旅游者的年龄、职业等差异而增收的费用,旅游者要求旅游经营者返还费用的,人民法院应予支持。2020年,文化和旅游部印发了《在线旅游经营服务管理暂行规定》(2020年10月1日起正式施行),其中第十五条规定:在线旅游经营者不得滥用大数据分析等技术手段,基于旅游者消费记录、旅游偏好等设置不公平的交易条件,侵犯旅游者合法权益。此外,第二十四条规定:县级以上文化和旅游主管部门对有不诚信经营、侵害旅游者评价权、滥用技术手段设置不公平交易条件等违法违规经营行为的在线旅游经营者,可以通过约谈等行政指导方式予以提醒、警示、制止,并责令其限期整改。因此,定制旅行企业在制定价格策略时一定要把握好尺度,遵守相关法律法规,以免遭受处罚。

(二)定制旅行产品定价方法

1. 成本导向定价法

成本导向定价法是以定制旅行产品成本为基础的定价方法,一般最常见的有成本加成定价法、边际贡献定价法、目标成本定价法等。

(1)成本加成定价法。

成本加成定价法是以定制旅行产品成本为中心的传统定价方法,指定制旅行企业按照产品单位成本加上一定百分比的加成来制定产品价格。加成的含义就是一定比率的预期利润,可按成本利润率、资金利润率、投资收益率来确定。成本加成定价公式如下:

定制旅行产品价格=定制旅行单位产品成本×(1+成本加成率)

例如:某定制旅行项目,其耗材等成本为4000元,经营者确定的成本加成率为40%,则该定制旅行项目的售价=4000元×(1+40%)=5600元。

成本加成定价法之所以使用较普遍,原因有以下几方面:①定制旅行项目产品成本相对确定,将价格盯住单位成本,可以大大简化定价程序;②如果定制旅行行业中所有经营者都采用这种定价方法,那么定制旅行产品价格在成本与加成相似的情况下也大致相似,价格竞争的可能性很小;③成本加成法对定制旅行供需双方都比较公平,当旅游者需求强烈时,定制旅行企业不利用这一有利条件谋取额外利益但仍能获得公平的投资报酬;④计算简单,方便易行。

但是此方法也存在一定的局限性,主要在于价格中的利润按成本的一定比例追加,不区分外购成本和定制旅行企业内部新增成本,让两者在利润形成中起同等作用,易使定制旅行经营者不注重节约外购成本。并且利用成本加成定价法定价难以找出合理分摊成本中的间接费用,当经济情况不佳时,间接费用只能分摊到较少量的定制旅行产品的成本中,因而产品定价会过高;反之定价则会过低。对旅游市场的其他因素,如竞争对手、需求程度、消费水平等因素考虑不足,也不利于定制旅行企业获得最佳的经济效益。

(2) 边际贡献定价法。

此方法又称为变动成本定价法,是定制旅行企业根据单位的变动成本来制定产品的价格,制定出来的价格若高于单位的变动成本,定制旅行企业就可以继续经营和销售,否则应停产停业。单位产品的预期收入高于变动成本的部分就是边际贡献。例如,某一定制旅行产品的总成本为2000元,其中变动成本600元,固定成本1400元。因特殊情况,产品滞销,定制旅行企业为了减少亏损,便可以采用边际贡献定价法来确定定制旅行产品的价格。则该定制旅行产品的价格至少要高于变动成本600元,如800元。若该定制旅行产品的价格定为800元,则定制旅行企业每售出一单位产品只亏损1200元,还有边际贡献200元(即预期收入800元减去变动成本600元);若该定制旅行产品不销售,则定制旅行企业在每单位产品上要亏损1400元,此种情况下,定制旅行企业应继续经营下去。若可计算出定制旅行产品的定价已经低于600元,如为500元,则定制旅行企业就可以选择停业。

边际贡献定价法是指适用于定制旅行企业在特殊时期,特别是在不可预见的因素影响下,企业不追求营利目标,只希望能尽量减少亏损的定价方法。

(3) 目标成本定价法。

目标成本定价法通过确定目标成本来引导新产品的开发,从而有助于定制旅行企业能按照预期的价格水平出售定制旅行产品。目标成本定价法首先需要确定客户愿意接受的旅游产品的目标价格,再从目标价格中扣除定制旅行企业的目标利润以取得目标成本(目标成本＝目标价格－目标利润);其次按照定制旅行产品的预期设计规格和当前的成本水平估计定制旅行产品的预计成本;最后计算出旅游产品的预计成本和目标成本之间的差异,并尽力采取措施合理规划设计来降低预计成本,使未来定制旅行产品的成本控制在目标成本之下。

以上这些方法总体上都较为简便易行,但都各有利弊。主要缺点在于这类方法单纯以成本为中心定价,忽视了定制旅行供求状况和竞争状况,有时可能与旅游市场需求脱节,并难以跟上市场竞争状况的快速变化,因此,这类方法一般适用于卖方市场条件下的定制旅行产品定价。

2. 需求导向定价法

需求导向定价法又称客户导向定价法，是以定制旅行产品的价值认知和需求为依据的定价方法，如根据定制旅行客户需求特征、价格心理来确定定制旅行产品价格。定制旅行产品具有无法储存性，客户需求的大小对定制旅行行业发展的意义重大，因此，以需求为中心的定价方法是定制旅行产品定价方法的一个重要类别。常见的需求导向定价法有理解价值定价法、区分需求定价法、习惯定价法等。

（1）理解价值定价法。

理解价值定价法是以客户对定制旅行产品价值的理解和认知程度为依据来制定价格的方法。这种方法强调：将客户的价值判断与定制旅行供给方的成本费用相比较，定价时更侧重考虑前者。因为客户购买定制旅行产品时会在同类产品之间进行比较，选购那些既能满足其定制旅行消费需要，又符合其支付标准的产品。对于每一定制旅行产品的质量、特色等，旅游者心目中都有一定的认识和评价，并形成不同的价值限度，这个限度就是客户宁愿付出款项而不愿失去这次购买机会的价格。如果定制旅行产品价格刚好定在这一限度内，客户就会顺利购买，反之则不会购买。因此，定制师在对产品定价时，应估计定制旅行产品在客户心目中的价值水平，并以此为依据定出一个客户可接受价格，然后估算在此价格水平下定制旅行产品的销量、成本及盈利状况，最后确定实际价格。

采用理解价值定价法的关键是对客户所理解的价值做出正确判断，因此，定制旅行经营者必须对定制旅行目标市场进行深入细致的调查研究。同时，为了提高定制旅行产品定价进而提高利润率，定制旅行经营者可以采取有效措施突出定制旅行产品特色并将信息传递给客户，加深客户对定制旅行产品价值的理解，使客户感到购买后能获得更多的相对利益，从而提高其愿意支付的价格限度。定制旅行经营者要善于把握客户的消费心理，使制定出来的价格符合客户的期望。同时，定制旅行经营者可以充分运用多种营销手段和方法，加强客户对定制旅行产品价值的理解，从而增强其在定价上的主动性。

（2）区分需求定价法。

区分需求定价法又称差别定价法，是定制旅行经营者将旅游消费对象、销售地点、销售时间等条件变化所产生的需求差异，尤其是需求强度差异作为定价基本依据的定价方法。在不同国家或地区，不仅不同的客户对同一定制旅行产品的需求有差异，即使同一客户在不同的时间、不同的地点对同一产品的需求强度也往往是不同的，甚至有很大差异。因此，定制旅行经营者可以将客户需求差异作为定价基础。例如，定制师根据不同的市场需求针对定制旅行产品制定不同的价格，或者不同定制旅行产品价格之间的差额大于其成本之间的差额，或者对同一定制旅行产品在不同时间（包括季节、日期甚至钟点）制定不同的价格。

（3）习惯定价法。

习惯定价法是定制旅行经营者按照客户的习惯心理制定定制旅行产品价格。

某些常见的定制旅行线路,在长期的经营中保持了相对稳定的价格水平,客户在心理上也能接受该价格水平。其他定制旅行经营者进入该行业,设计的定制旅行产品性能或功能与原来的产品一致或相近,一般也会沿用市场原有的价格,这是因为产品价格若是高于客户心理上的习惯价格,客户可能就不太愿意购买,若是明显低于客户心理上的习惯价格,客户也会担心定制产品的品质和体验效果而拒绝购买。

3. 竞争导向定价法

竞争导向定价法是以定制旅行市场竞争状况为基本依据,根据应对或避免竞争的要求来定价的方法。这种定价方法的显著特点是定制旅行产品的价格和产品本身的成本或市场需求没有直接关联,也就是说,即使定制旅行产品本身的成本或者市场需求改变了,由于竞争价格没有改变,定制旅行经营者仍维持原价;反之,当定制旅行产品本身成本或市场需求没有改变而竞争价格发生变化时,则该定制旅行经营者也应对产品价格加以调整。竞争导向定价法一般有随行就市定价法、追随领导企业定价法、率先定价法等。

(1) 随行就市定价法。

随行就市定价法指按当时市场上同类定制旅行产品一般通行的价格来定价。定制旅行经营者在以下情况下往往采取这种定价方法:①难以估算成本;②该定制旅行经营者打算与同行和平共处;③如果另行定价,很难了解客户和竞争者对本定制旅行产品价格的反应。大家通常认为市场通行价格是能够保证实现全行业合理利润的价格,因此,在定制旅行市场,随行就市法是一种比较稳妥的定价法,可以减少风险并获得合理利润。此种定价方法可以避免因定价过高或过低带来的市场压力,也可以获得适当的利润。

(2) 追随领导企业定价法。

追随领导企业定价法是一种以避免竞争为主要意图的定价方法,指以定制旅行同行业中占有较大市场份额或影响最大的定制旅行企业的价格为标准来制定本企业定制旅行产品的价格。如果该定制旅行产品是一样或相似的,那么价格通常是相同或相近的;如果产品是有差别的,则可以按照一定的差距定价。这样可以避免与同行大企业竞争,也可节省调查和评估费用,节约成本。

(3) 率先定价法。

率先定价法是一种主动竞争的定价方法。使用该定价法的定制旅行经营者认为,在竞争激烈的市场环境中,特别是在表面需求停滞而潜在需求增长的情况下,谁先提出具有竞争力的价格,谁就拥有了占领市场的有力武器,也就拥有了在竞争中取胜的条件。因此,定制旅行经营者会根据市场竞争环境,率先制定适销对路、符合市场行情并能为旅游者所接受的价格,以吸引旅游者并争取主动权。采用率先定价法的步骤是比较、分析、定位和跟踪。具体是首先将旅游产品的估算价格与旅游市场上的竞争产品的价格进行比较,分出高于、低于、持平等不同层次;其次将旅游产品的性能、特色、质量、成本等与竞争产品进行比较,找出优势和不足;最后进行综合分析,确定出旅游产品的合理价位,并及时跟踪竞争产品的价格变动,从而及时进行动态调整。这种定价方法一般为实力雄厚、产品独具特色或在同行业和旅游者心目中享有较好声誉的定制旅行经营者所采用。

(三)定制旅行产品定价策略

定制旅行产品市场价格制定的策略多种多样,各个策略所适用的条件各异,常用的定价策略主要包括以下几种。

1. 新产品定价策略

新产品在投入市场时,其价格的高低关系到该定制旅行产品的市场占有率和经营效益问题,决定了新产品在市场上的地位,也将影响到竞争对手,因此,定制旅行经营者应根据不同情况采取不同策略。

(1) 撇脂定价策略。

撇脂定价策略指在新产品投放市场时,定制旅行经营者力求在短时间内取得高额利润而有意将价格定得远高于成本,因此,这是一种追求短期利润的高价策略。在定制旅行新产品具有独到特点、竞争者不易仿制、资源稀缺且需求价格弹性较小的情况下,定制旅行经营者往往采用这一策略,以高价吸引那些支付能力较强的客户类型,满足其对定制旅行新产品的需求和实现其彰显社会地位的欲望。

采用撇脂定价策略的优点:①新产品在投入期能够塑造产品质优价高的品牌形象;②高利润能够迅速收回定制旅行产品设计开发成本,同时也易于后期产品的逐步降价竞争。但这一策略也存在一定的缺点:①风险较大,一旦高价超出了大众客户的承受范围时,不但销售情况受影响,严重时,产品还会夭折;②价高利厚,容易吸引竞争者加入。

(2) 渗透定价策略。

渗透定价策略指在新产品投放市场时,经营者力争在短期内使新产品尽快向市场渗透,有意将价格定得低一些,以尽快占领市场,或是为了吸引更多的大众定制旅行客户的关注和流量。这是一种追求市场占有率和客户流量的低价策略,适用于易被仿制、市场容量大、需求价格弹性大、客户对价格非常敏感的新产品,以薄利多销获取规模经济效益。

采用渗透定价策略的优点:①有利于新产品尽快打开销路,加速资金回笼,提高资金使用率;②销量扩大可以使生产成本和经营费用下降;③使竞争对手因获利少而失去兴趣,从而实现独占或拥有较高的市场占有率。此策略的缺点主要有以下几方面:①低价对于回收投资成本不利,难以扩大生产与经营;②定价太低容易使客户对产品质量产生怀疑,使形象受影响;③进一步降价的空间小,在成本增加需要提价时,会影响销售。定制旅行经营者主要在产品需要引流或者想扩大大众定制客户市场时考虑采用此策略。

（3）满意定价策略。

满意定价策略指把定制旅行产品的价格定在适中的位置上，使客户比较满意，而定制旅行经营者也可以获得适当利润，这是一种折中的定价策略。满意定价策略既避免了高价风险大的问题，又避免了低价难以回收投资成本的问题，因此，定制旅行经营者采用该策略较为稳妥，定制旅行产品的销量和利润都能稳步上升。

2. 产品组合定价策略

定制旅行产品组合定价策略主要表现为产品线定价。当定制旅行经营者生产的系列产品存在需求和成本的内在关联性时，为了充分发挥这种内在关联性的积极效应，可采用产品组合定价策略。在定价时，首先确定定制旅行产品中某种产品的最低价格，它在产品线中充当领袖价格，吸引客户购买产品线中的其他产品；其次确定产品线中某种产品的最高价格，它在定制旅行产品线中充当保证品牌质量、彰显品位和收回投资的角色；最后，产品线中的其他产品依据不同情况分别制定不同的价格。例如，定制旅行产品中包括了住宿、餐饮、交通、游览、导服、娱乐等具体产品，各产品对客户的需求存在互补作用，可根据客户需求来对每个具体产品制定不同的价格形成定制旅行产品最终组合价格。一般情况下，定制旅行经营者可依据客户的旅行需求侧重点，合理调整各类型产品的档次，为客户提供满意的定制旅行产品组合定价，从而吸引更多的客户，增加定制旅行企业经营利润。

3. 心理定价策略

定制旅行市场上，客户购买定制旅行产品的行为受一定购买心理动机的支配，客户拥有的货币支付能力制约着他们的购买动机，使他们对旅游价格产生灵敏的反应。因此，定制旅行经营者可以根据各种价格心理反应差异来制定定制旅行产品价格，使之为各种类型的客户所接受，从而达到促进定制旅行产品销售、满足客户定制产品需求的目的。

（1）声望定价策略。

声望定价策略指利用定制旅行经营者或产品已有的较高声誉制定较高的价格。只有当定制旅行经营者经过成熟经营，产品和品牌在客户心目中已经具有了较高的威望，客户对它产生了信任感的时候，这种定价策略才能成功。一般的定制旅行经营者、一般的大众化定制旅行产品不能采用此定价策略，否则容易经营不善遭受损失。即使是威望高的定制旅行经营者和口碑好的定制旅行产品，价格也不宜定得过高，过高的价格令人望而却步，除非是极为稀缺罕见的高端产品或奢侈产品，如定制去太空旅行等，否则定价过高会产生不良后果。

（2）整数定价策略。

整数定价策略所制定的定制旅行产品价格当中不带尾数，这种定价策略适用于高档、优质、名牌定制旅行产品。高端定制客户往往把价格看成产品质量的象征，以整数定价会使客户感到档次高、价值大,满足某些高端定制客户追求高消费或彰显身份的心理。需求价格弹性较小的定制旅行产品使用整数定价不会影响产品销售,但可以方便定制旅行产品经营者的计价和收费等。

(3)尾数定价策略。

尾数定价策略往往能使一些大众定制旅行产品加大引流推广力度,帮助定制旅行企业尽快打开销路,其原因主要有两方面:①价格尾数给大众客户一种经过精打细算而制定出定制旅行产品价格的印象,认为这个价格是合理的;②客户对尾数价格会产生价格实惠心理。人们购买产品时,往往注重价格的首位数,而忽视价格的尾数。尽管有些产品价格在尾数价格与整数价格之间相差很小,但尾数定价就会给客户一种优惠的感觉。一般来说,定制旅行经营者用来直播引流的定制旅行产品可以采用尾数定价策略。

(4)招徕定价策略。

招徕定价策略指利用大众客户对低于一般市场价格的产品感兴趣的心理,将少数几种定制旅行产品价格标低,借此引流,吸引客户购买低价产品时连带购买其他产品的策略。采用这种定价策略时应注意,低价产品必须真正低到接近成本,才能获得客户的信任,并且定制旅行产品经营者经营的线路应该种类繁多,这样容易吸引客户购买特价品以外的其他产品。

二、定制旅行产品报价技能

(一)定制旅行产品报价流程

定制旅行产品报价一般经过以下几个步骤:①详细了解客户需求。主要通过查阅客户需求单,以及与客户通过电话、微信语音/视频,或者面对面座谈等开展对客沟通,详细掌握客户需求,紧紧围绕客户的需求和预算开展核算和报价。②根据与客户沟通的情况,与定制旅行公司的采购部门、各资源供应方进行联络沟通,确认服务质量标准、成本及相关费用,预订的具体要求等信息。③根据与各方的沟通协调情况、沟通结果和具体信息认真细致地进行各类成本核算,逐项合计加总,详细计算保证不缺漏、不重复,最终计算出总成本。④根据成本,加上产品利润,给出定制旅行产品报价。同时明确该价格包含的服务规格标准和特色亮点。⑤制定报价说明书(备注),说明书要包括对该报价的时效,特殊情况等细节进行说明,还要充分考虑行程中相关需求要素的备用可替代方案。⑥再次核对检查,在确保无误的情况下将产品报价单发送给客户。⑦跟进客户反馈信息,及时调整动态。将定制旅行产品的行程方案和报价发给客户后,定制师要及时关注客户的反馈信息,针对客户提出的异议和问题进行充分沟通和协调,依据客户意向及时动态调整行程方案及报价。

(二)定制旅行产品报价形式及行业相关规定

定制旅行产品报价形式包括分项报价、综合报价形式。分项报价是针对客户的多项定制服务分别报价,或者针对客户的单项服务进行报价。综合报价是对客户的多项服务进行总体报价,不再细化到各单项服务的具体价格。定制师一般常用综合报价的形式,即汇总各分项报价后得到所有服务项目的总报价。携程发布的定制旅行平台管理规范明确要求:本次方案中要录入"费用包含"和"费用不包含"的详细内容(如行程所列酒店住宿费用(是否加床、早餐、行李额度),行程所列景点门票(大门票和小门票),交通费(出发地往返目的地机票、火车票),根据出行人数安排相应规格的用车费用,以及一切个人消费及费用包含中未提及的项目),要拆分大交通、酒店资源的报价,将酒店报价拆分至每间夜,同酒店同房型可合并报价。

2017年5月10日,携程公布了业内首个"定制旅游服务标准",在报价方面,根据目的地的不同,必须在4到16小时内为客人提供首次行程报价方案;行程方案必须严格按照客人需求提供,不得随意报价。2017年8月18日,携程宣布旗下定制平台及定制服务商,全面实施"透明化报价",把定制游各项费用和服务费拆分给用户,让定制供应商不敢随意虚高报价,也让定制游价格门槛明显下降。业内人士认为这一规则有利于推动当前价格虚高的定制游行业走向产品价格透明化。"透明化报价"实际上是将客户最关心的价格问题进行了拆解,将定制团费中的交通、酒店住宿、景点和餐食费用、定制服务费等每项都公布给客人。此前,由于价格的不透明,定制游行业存在"价格虚高"等一系列问题。有些客户认为,一些分散的小型定制游平台价格较高,在同样的行程安排下,其价格远高于自由行产品,从而让一些原本计划定制游的大众客户望而却步。"透明化报价"规则有助于供应商、定制师按照这一规则为客户提供规范、透明的报价。避免一些定制旅行服务商利用信息不对称,通过随意虚高报价获取不合理利润。如果定制旅行产品能够真正实现"透明化报价",这对于规范定制旅游市场将起到积极作用。

(三)消费者剩余理论对定制旅行产品报价的影响

在经济学中,商品经营者和消费者更加注重在较少付出的情况下获得更多的回报,经营者也会从整个社会的发展情况出发,关注买家和卖家所能够接受的合理价格。合理价格的制定对旅游产品的经营和商品需求而言,都是比较重要的,消费者剩余理论在一定程度上可以为商品的定价提供相关借鉴和参考。消费者剩余是经济学,特别是福利经济学中经常用到的概念,消费者都会有心理价格,会确定愿意支付的价格。根据经济学原理,相关商品价格是由供需所决定的,市场环境的变化也会使消费者实际支出的钱和消费者愿意支付价格之间存在着不相符的问题,这就容易使消费者心理上的满足感发生明显变化。

在这一角度上,消费者剩余指消费者愿意为商品付出的价格,这个价格在高于消费者付出代价的余额的情况下能够衡量消费者额外的满足感,因此将其称为消费者剩余。消费者剩余理论主要是将商品经营者和消费者联系在一起,且从市场的角度出发,能够解释产品价值和价格及成本间所具有的关系。需求价格与需求量关系如图4-1所示。

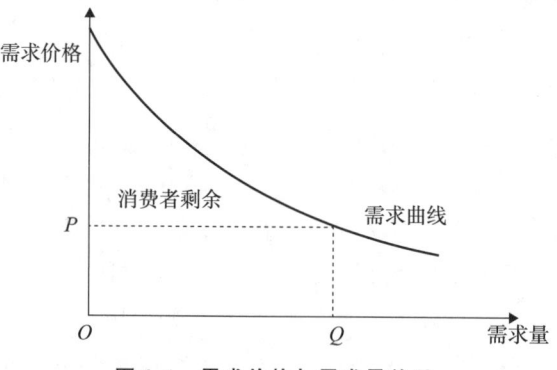

图 4-1 需求价格与需求量关系

(四) 定制旅行产品报价技巧及注意事项

在对定制旅行产品报价时,定制师要在客户首呼或前期与客户沟通的前提下,根据客户预算和旅行需求匹配相应产品和接待标准。在客户人均预算的基础上,若其还有对于餐饮、住宿、交通、游览等方面的个性化需求,在首次报价中,应尽量满足客人的个性化需求。定制师在进行行程方案报价时要分拆报价,对机票、酒店、餐饮、交通(大交通、区间交通、小交通、接送机、特殊交通等)、导游服务等进行分项报价,其他项目可以打包报价。为了提高行程方案报价的成功率,酒店、机票等项目可以在对比其他渠道相同产品的价格、结合客户的类型和需求,在合理的范围内浮动报价,以便根据客户意愿及时调整。在确定总报价时,可以采用整数定价、尾数定价、声望定价等策略,也可以适当采取一些优惠策略以吸引客户,比如新客户优惠、VIP客户服务费减免、部分时段定制费用打折等。定制旅游具有千人千面、因素复杂、不能完全规模化生产的特点,所以在报价上难以套用统一的模板,其需要考虑成本、需求、市场竞争和供应商等多个因素,报价具有一定的复杂性。客户虽然比较关注个性化的实现,不过也注重价格,但是通过与传统旅游方式的价格比较,过于悬殊的差价也会影响客户的选择。因此,定制旅行产品报价要合理、精准,并且保证企业盈利。

定制旅行产品报价的注意事项如下:一是坚持以客户需求为中心,始终围绕客户需求和预算进行报价。二是明确接待标准,报价要尽可能详细,明确包含的分项产品资源的费用和标准规格,以及不包含的内容。三是明确费用,在核算定制旅行各项成本和利润的基础上精准报价,必要花费一定要包含在报价中。四是明确报价有效期,定制旅行产品的各分项资源的采购和确认、出境游各类证照的办理,以及各类项目的预订都有一定的时限要求或限制条件,在报价时有必要明确有效期限。五是注意分项产品资源的价格单位。例如:机票的价格单位为元/人;酒店的价格单位为元/(间·夜);车费的价格单位为元/(辆·天);门票的价格单位为元/人;导游服务费按整团报价,其价格单位为元/(团·天)。要看清楚各类项目的计量单位,区分整团费用、人均费用等,注意单位区分,如元、元/人、元/(团·天)等。在计算总报价时,若是按照每人报价,注意乘人数;计算人均费用时,将整团费用除以人数。若住宿出现单人入住一间房的情况,注意加上单人房差费用。六是注意汇率换算并关注汇率变化,注意各分项资源的标价是人民币还是外币,注意汇率换算。另外,还要关注容易发生变动及产生纠纷的项目,细心把握好各个细节,实现精准报价。定制师将行程方案报价给客户后,虽然报价中有价格明细,但客户可能会对价格产生异议,认为报价偏高,高于自己的预期值。如果出现这种情况,定制师首先需要跟客户沟通,若客户仍认为报价太高,定制师需要调整产品来降低报价,调整产品不建议更改满足客户核心需求点的资源,如必要的交通、核心景点的游览,定制师可以通过降低配套的产品资源标准、减少浏览景点数量及调整活动项目内容来实现对定制方案的价格调整。

定制旅行产品报价注意细节如表4-3所示。

表4-3 定制旅行产品报价注意细节

报价项目	注意细节
餐饮	接送客户当天是否用餐,特殊要求(如特色餐、风味餐、海鲜餐等)产生的差价,对用餐环境有无特殊要求(如是否为星级酒店、是否就近用餐),儿童按年龄/身高的收费标准,建议附菜单明细
住宿	规格(如是否为星级酒店),是否含早餐、服务费,加床费用、床型、尺寸等,单房差,入住时间、退房时间,个性化服务(如鲜花、果盘、饮品等)
交通	机票往返费用,税费(燃油附加费等),火车票往返费用及手续费,国际邮轮港务税,是否可以改签及费用,托运行李费用,行李尺寸要求等
景点	特殊人群的减免(如老人、儿童、残疾人等),相关证件的减免(如现役军人、记者、摄影协会会员、教师等),小交通、小门票(及各类演出活动门票),不入内参观的景点等
导游服务	是否需要导游服务,导游服务天数、级别要求,导游服务费收取标准及均摊到每人的费用
保险	旅游人身意外伤害保险(推荐购买),国际旅行保险(办理相关国家签证时必须购买),部分国家对年龄偏大游客的险种、保额有更高的要求,高风险运动(高空、水上、攀岩等)保险
服务费	收取标准及幅度(如加收5%—10%)

续表

报价项目	注意细节
其他费用	按照客户提出的个性化需求，加收相应费用
费用合计	合计成本
企业利润	根据各企业盈利目标（如按照10%—30%）计算（若是平台类企业也有不加收利润，依靠合作商佣金盈利）
优惠及减免项目	如VIP客户、老客户、新客户等享受的特殊优惠折扣
报价	具体价格
备注	报价有效期

（五）定制旅行产品报价作业流程

根据前文"'昆明、丽江、大理'五天四晚毕业定制旅行产品"案例的相关内容，编制定制旅行产品报价单，如表4-4所示。

表4-4　定制旅行产品报价单

报价项目	单价	数量	价格
餐费			
早餐	免费（酒店含早餐）	8人	—
正餐	正餐30元/（人·餐），5餐，合计150元/人	8人	1200元
地方风味餐	4餐地方风味餐（石林彝族风味餐、楚雄野生菌火锅、大理南涧跳菜、丽江纳西喜宴），400元/桌（每桌8人），合计200元/人	8人	1600元
			小计：2800元
住宿费			
住宿	三星级酒店（含早餐）160元/（人·晚）	8人	1280元
			小计：1280元
交通费			
大交通	上海至昆明机票1900元/人×0.342折+100元/人（燃油附加费等）≈750元/人。丽江至上海机票2400元/人×0.274折+100元/人（燃油附加费等）≈758元/人。合计1508元/人	8人	12064元

续表

报价项目	单价	数量	价格
区间交通	昆明至大理高铁票（二等座）155.5元/人。 大理至丽江高铁票（二等座）72元/人。 合计235.5元/人	8人	1820元
市内交通	600元/天（旅游中巴车，10座），75元/（人·天），需用5天，合计375元/人	8人	3000元
游船	洱海长线游船单程船票142元/人，往返284元/人	8人	2272元
		小计：19156元	

	景点费用		
景点	石林风景区：学生票半价65元/人（原价130元/人）。 大理古城：免费。 洱海：门票免费（长线游船往返船票284元已计入交通费，包含洱海及沿途景点游览、白族三道茶表演）。 玉龙雪山：335元/人（门票100元/人，学生票半价50元/人，云杉坪索道60元/人，牦牛坪索道65元/人，冰川公园索道140元/人，氧气瓶20元/人）。 丽江古城维护费：学生免费。 合计400元/人	8人	3200元
导游服务费	400元/（团·天），均摊后50元/（人·天），5天合计250元/（人·天）	8人	2000元
保险费	航空意外险20元/（人·次），往返为2次，计40元/人。 旅游人身意外伤害保险5元/（人·天），共5天，计40元/人。 合计65元/人	8人	520元
		小计：5720元	
		基本费用合计：28956元	
服务费	定制师服务费（加收5%）		1447.8元
费用合计	合计成本		30403.8元
企业利润	盈利目标10%		3040.38元
		成本＋利润合计：33444.18元	
优惠及减免项目	新客户等享受的特殊优惠折扣（毕业季新客户限时定制服务费半价减免）		−749.5元
报价	32694.68元		
人均报价	4086.835元		
整数报价	32696元		

续表

报价项目	单价	数量	价格
备注	1.报价有效期限 7天,自2023年4月12日0点0分至2023年4月19日0点0分有效。 2.费用说明 ·费用包含 大交通:往返机票、燃油附加费等(以实际收费标准为准)。 市内交通小交通:安排当地旅游中巴车(除部分特殊路段因当地规定及安全考量,则依规定派遣旅游中巴车)。 住宿:行程所列酒店住宿费用(三星级酒店)。 用餐:全程含餐,除去接站日早餐及送站日晚餐不包括在内。 保险:航空意外险、旅游人身意外伤害保险。 导游:当地导游服务。 ·费用不含 单房差:全程单房差费用160元/(人·晚)。 补充:①超重行李的托运费、保管费;②因交通延阻、罢工、天气、飞机机器故障、航班取消或更改时间等不可抗力原因所导致的额外费用;③酒店内洗衣、理发、电话、传真、收费电视、饮品、烟酒等个人消费;④护照费用;⑤中国境内机场接送;⑥客户因违约、自身过错、自由活动期间内的行为或自身疾病引起的人身和财产损失		

注:表中相关内容均为案例假设,仅供参考,如有雷同,纯属巧合。

从表4-4中可以看出,根据客户的行程需求,该报价考虑到了餐费(酒店提供的免费早餐、正餐、地方风味餐,以及当日不用早餐及返程日不用晚餐的情况);住宿费(客户要求三星级酒店,含早餐);交通费(大交通——机票、区间交通——高铁票(二等座)、市内交通——旅游中巴,10座(8位游客加上司机、导游共10人);游船——洱海长线游船船票往返);景点费用(门票费考虑了免费景点,以及学生票半价的情形);导游服务费、保险等。此外,报价的最后备注了有效期。

 知识内化

任务描述

某定制旅行企业接到一个定制旅行需求单,作为定制师,你需要按照客户需求进行成本核算,并对客户进行初次报价。

实训目标

学生在实际操作的过程中能够掌握成本核算方法、报价流程和技巧,按照客户需求进行产品的成本核算,并灵活采用合适的报价方法完成定制旅行产品的合理报价。

任务分组

请将分组情况填入表4-5。

表4-5　学生分组表

组别	工作任务——产品成本核算及报价
1	
2	
3	
4	

工作准备

本任务涉及一份客户需求单(见表4-6),请仔细阅读资料,完成实训任务。

表4-6　张先生需求单

客户信息	张先生
出游人数	夫妻2人
出发地	广州
目的地	昆明、大理、丽江、香格里拉(迪庆藏族自治州)
往返日期	10月2日至10月8日
预算	20000元/人
交通	大交通:要求全程大型航空公司、直飞 区间交通:高铁一等座 市区交通:全新奔驰车
住宿	私密性较好的民宿或度假酒店
餐饮	全程高档自助餐,当地特色美食
景点要求	昆明石林风景区;大理古城、洱海;丽江古城、玉龙雪山;香格里拉(迪庆藏族自治州)
活动要求	洱海乘坐私人游艇;玉龙雪山乘坐索道

工作实施

引导问题:学生以小组为单位,基于实训项目,对客户需求单进行分析,估算各类项目成本费用,填写成果表格。

步骤一:各项目成本费用查询。依据客户的基本信息,对客户的需求偏好进行分析,能够根据客户核心需求匹配相应产品,查询相应产品的成本费用,完成表4-7。

定制旅行产品设计（活页式）

表4-7　各类分项产品价格表

报价项目		单价	数量	价格
餐费				
	早餐	免费（酒店含早餐）/自理，____元/（人·餐）×____餐=____元/人		
	正餐	正餐（中、晚）____元（人·餐）；____餐（____中、____晚，其中返程日____（用/不用）晚餐）____元/（人·餐）×____餐=____元/人		
	地方风味餐	____元/（人·餐）×____餐=____元/人 备注：		
			小计：____元	
住宿费				
	住宿	____元/（人·晚），____星级酒店，____（含/不含）早餐		
			小计：____元	
交通费				
	大交通	____至____机票____元/人（____折扣，打折后）+____元/人（燃油附加费等）=____元/人。 ____至____机票____元/人（____折扣，打折后）+____元/人（燃油附加费等）=____元/人。 合计____元/人		
	区间交通	____至____高铁票____元/人。 ____至____高铁票____元/人。 ____至____高铁票____元/人。 ____至____高铁票____元/人。 合计_____元/人		
	市内交通	租车____元/天，平均____元/（人·天），需用____天，____元（人·天）×____天=____元/人		
	游船	私人游艇单程____元/人，往返____元/人		
			小计：____元	
景点费用				
	景点	景点1：____元/人（备注：　　　　　）。 景点2：____元/人（备注：　　　　　）。 景点3：____元/人（备注：　　　　　）。 景点4：____元/人（备注：　　　　　）。 合计____元/人		
	导游服务费	____元/（团·天），均摊后____元/（人·天），____天，合计____元/人		

续表

报价项目	单价	数量	价格
保险费	航空意外险____元/（人·次）×____次=____元/人。 其他保险费____元/人（如：旅游人身意外伤害保险____元/（人·天）×____天等） 合计____元/人		
		小计：____元	
		基本费用合计：____元	
服务费	定制师服务费（加收____%）		____元
费用合计	合计成本		____元
人均费用	____元		

小贴士

产品成本核算应注意的关键环节

步骤二：产品报价。对客户的定制旅行需求进行产品匹配后，加上企业利润，扣掉优惠及减免项目，最终得到总报价，除以参与人数，得到人均报价，完成表4-8。

表4-8　定制旅行产品报价表

报价项目	单价	数量	价格
餐费			
早餐	免费（酒店含早餐）/自理，____元/（人·餐）×____餐=____元/人		
正餐	正餐（中、晚）____元/（人·餐）；____餐（____中、____晚，其中返程日____（用/不用）晚餐）____元/（人·餐）×____餐=____元/人		
地方风味餐	____元/（人·餐）×____餐=____元/人。 备注：		
		小计：____元	
住宿费			
住宿	____元/（人·晚），____星级酒店，____（含/不含）早餐		
		小计：____元	
交通费			
大交通	____至____机票____元/人（____折扣，打折后+____元/人（燃油附加费等）=____元/人。 ____至____机票____元/人（____折扣，打折后+____元/人（燃油附加费等）=____元/人。 合计____元/人		
区间交通	____至____高铁票____元/人。 ____至____高铁票____元/人。 ____至____高铁票____元/人。 合计____元/人		

知识内化

定制旅行产品设计（活页式）

续表

报价项目	单价	数量	价格
市内交通	租车____元/天，平均____元/（人·天），需用____天，____元/（人·天）×____天=____元/人		
游船	私人游艇单程____元/人，往返____元/人		
		小计：____元	
景点费用			
景点	景点1：____元/人（备注：____）。 景点2：____元/人（备注：____）。 景点3：____元/人（备注：____）。 景点4：____元/人（备注：____）。 合计____元/人		
导游服务费	____元/（团·天），均摊后____元/（人·天），____天，合计____元/人		
保险费	航空意外险____元/（人·次）×____次=____元/人。 其他保险费____元/人（如：旅游人身意外伤害保险____元/（人·天）×____天等）。 合计____元/人		
		小计：____元	
		基本费用合计：____元	
服务费	定制师服务费（加收____%）		____元
费用合计	合计成本		____元
人均费用			____元
企业利润	盈利目标____%（平台类企业也可以不单独加成利润，以佣金/提成方式获益）		____元
		成本+利润合计：____元	
优惠及减免项目	新客户等享受的特殊优惠折扣（如：新客户限时定制服务费半价减免）		—____元
报价	____元		
人均报价	____元		
整数/尾数/声望/招徕/吉祥数字报价	____元		

步骤三：灵活调整行程及报价。定制旅行产品价格小于客户预期的时候，定制旅行产品价格的实际定位要能够满足客户的需要，客户在消费这样的定制产品的时候能得到较好的感受。当产品的价格和客户愿意支付的价格相符的时候，也就是消费者剩余为零的时候，这说明定制旅行产品的定价对客户和定制旅行产品经营者而言属于最佳的价格。若报价明显超出客户预算，或者客户有了新的需求等其他情况，则定制师需要灵活调整行程，及时更新报价并填入表格（见表4-9）。

表4-9 定制旅行产品报价表（调整后）

报价项目	单价	数量	价格
餐费			
早餐	免费（酒店含早餐）/自理，____元/（人·餐）×____餐＝____元/人		
正餐	正餐（中、晚）____元/（人·餐）；____餐（____中、____晚，其中返程日____（用/不用）晚餐）____元/（人·餐）×____餐＝____元/人		
地方风味餐	____元/（人·餐）×____餐＝____元/人； 备注：		
		小计：____元	
住宿费			
住宿	____元/（人·晚），____星级酒店，____（含/不含）早餐		
		小计：____元	
交通费			
大交通	____至____机票____元/人（____折扣，打折后）＋____元/人（燃油附加费等）＝____元/人。 ____至____机票____元/人（____折扣，打折后）＋____元/人（燃油附加费等）＝____元/人。 合计____元/人		
区间交通	____至____高铁票____元/人。 ____至____高铁票____元/人。 ____至____高铁票____元/人。 ____至____高铁票____元/人。 合计____元/人		
市内交通	租车____元/天，平均____元/（人·天），需用____天，____元/（人·天）×____天＝____元/人		
游船	私人游艇单程____元/人，往返____元/人		
		小计：____元	
景点费用			

定制旅行产品设计（活页式）

续表

报价项目	单价	数量	价格
景点	景点1：____元/人（备注：____）。 景点2：____元/人（备注：____）。 景点3：____元/人（备注：____）。 景点4：____元/人（备注：____）。 合计____元/人		
导游服务费	____元/（团·天），均摊后____元/（人·天），____天，合计____元/人		
保险费	航空意外险____元/（人·次）×____次＝____元/人。 其他保险费____元/人（如：旅游人身意外伤害保险____元/（人·天）×____天等）。 合计____元/人		
		小计：____元	
		基本费用合计：____元	
服务费	定制师服务费（加收____%）	____元	
费用合计	合计成本	____元	
人均费用		____元	
企业利润	盈利目标____%（平台类企业也可以不单独加成利润，以佣金/提成方式获益）	____元	
		成本＋利润合计：____元	
优惠及减免项目	新客户等享受的特殊优惠折扣（如：新客户限时定制服务费半价减免等）	－____元	
报价		____元	
人均报价		____元	
整数/尾数/声望/招徕/吉祥数字报价		____元	

评价反馈

完成任务后，将学生自评、组内互评、组间互评及教师综合评价结果分别填入表4-10至表4-13。

表4-10　学生自评表

班级		姓名		日期	年 月 日
评价指标	评价内容			分数	分数评定
信息检索	能有效利用网络资源等查找有用的相关资料；能将查到的资料有效地整合并应用到学习中			10分	
感知课堂生活	熟悉定制师产品报价工作内容，认同岗位工作价值；在学习中能获得满足感，认同课堂文化			10分	

周先生亲子游学案例

续表

班级		姓名		日期	年 月 日
参与态度和沟通能力	秉持相互尊重、理解、平等的原则，积极主动地与教师、同学交流；与教师、同学之间能够保持多向、丰富、适宜的沟通			10分	
	能处理好合作学习和独立思考的关系，做到有效学习；能提出有意义的问题或能发表个人见解			10分	
知识、能力获得	能够根据客户的类型和需求进行产品成本核算			10分	
	能够根据客户的需求及前期的沟通快速、准确地进行报价			10分	
	能熟练运用各种网络资源，查找产品价格信息；将可掌控的产品资源与顾客需求相匹配，为客户提供高性价比的产品			10分	
	能根据客户预算与报价的差距以及客户的意见和诉求，及时调整报价，提高客户满意度和订单成交率			10分	
思维态度	能发现问题、提出问题、分析问题、解决问题，具有缜密的逻辑思维			10分	
自评反馈	按时按质完成任务，较好地掌握了知识点，具有较强的信息分析能力和理解能力，具有较为全面严谨的计算能力，并能准确地完成产品报价			10分	
	自评分数				
有益的经验和做法					
总结反馈建议					

表4-11 组内互评表

验收组长		组名		日期	年 月 日
组内验收成员					
任务要求	（1）能够掌握定制旅行产品成本核算的技能；掌握定制旅行产品报价的内容，以及定制旅行产品价格的制定原则、定价方法和定价策略。 （2）能根据客户的需求及前期的沟通快速、准确地进行成本核算。 （3）能根据客户需求信息，准确、熟练地进行产品报价设计和对客报价。 （4）能根据报价后客户的反应，及时、灵活地调整报价，提高订单成交率。 （5）能够自主利用网络资源，调取各类分项产品价格信息				
验收文档清单	各类分项产品价格表、定制旅行产品报价表、定制旅行产品报价表（调整后） 文献检索清单				

续表

	评分标准	分数	得分
验收评分	能够掌握定制旅行产品成本核算的技能；掌握定制旅行产品报价的内容，以及定制旅行产品价格的制定原则、定价方法和定价策略，不合理处扣5分	20分	
	能根据客户的需求及前期的沟通快速、准确地进行成本核算，不合理处扣5分	20分	
	能根据客户需求信息，准确、熟练地进行产品报价设计和对客报价，不合理处扣5分	20分	
	能根据报价后客户的反应，及时、灵活地调整报价，提高订单成交率，不合理处扣5分	20分	
	提供文献检索清单，不少于5项，每少一项扣4分	20分	
	评价分数		
不足之处			

表4-12 组间互评表

班级		被评价小组		日期	年 月 日
评价指标		评价内容		分数	分数评定
汇报表述		信息实时更新，善于运用网络信息资源		15分	
		表述准确，语言流畅，业务熟练		10分	
		展现形式美观，富有创意		15分	
内容正确度		内容及计算正确，逻辑清晰，匹配客户需求		30分	
		表达清晰，处理客户问题及时且灵活		30分	
		互评分数			
简要评述					

表4-13 教师综合评价表

项目名称	定制旅行产品成本核算及报价			总得分	
评价依据	学生完成的所有任务单及理论测试成绩				
序号	任务内容及要求	配分	评分标准	教师评价	
				结论	得分
1	掌握定制旅行产品成本核算的技能；掌握定制旅行产品报价的内容，以及定制旅行产品价格的制定原则、定价方法和定价策略	答题正确	10分	不合理处扣2分	
		态度积极认真，知识掌握熟练	10分	酌情赋分	

续表

项目名称		定制旅行产品成本核算及报价			总得分	
2	能根据客户的需求及前期的沟通快速、准确地进行成本核算	计算准确	10分	不合理处扣2分		
		语言流畅	10分	酌情赋分		
3	能根据客户需求信息,准确、熟练地进行产品报价设计和对客报价	计算准确	10分	不合理处扣2分		
		思路清晰	10分	酌情赋分		
4	能根据报价后客户的反应,及时、灵活地调整报价,提高订单成交率	计算准确	10分	不合理处扣2分		
		思维敏捷	10分	酌情赋分		
5	文献检索清单至少包含5项	数量正确	5分	每少一项扣1分		
		内容正确	5分	不正确不得分		
6	素质素养评价	沟通交流	10分	酌情赋分,但违反课堂纪律,不听从组长、教师安排的不得分		
		团队合作				
		课堂纪律				
		创新创意				
		自主探究				
		服务意识				
		具有逻辑思维能力,能够通过科学的分析方法解决问题				
		具有服务意识、沟通意识及职业自信				
		具有洞察力、判断力及专业素养				
		具有探索、求真务实、精益求精的精神,以及分析能力				

巩固提升

郑女士——闺蜜桂林休闲度假三日游

郑女士需求单如表4-14所示。

表4-14 郑女士需求单

客户信息	郑女士
出游人数	2人（28岁）
往返日期	10月1日至10月3日
出发地	北京
目的地	桂林（象山景区、漓江游船、遇龙河竹筏、龙脊梯田等）
出行目的	闺蜜游，休闲度假
餐饮要求	地方特色小吃、特色地方餐饮（接待日不含早餐，返程日含晚餐）
住宿要求	全程四星级酒店
景点要求	第一天桂林象鼻山、"两江四湖"（漓江、桃花江、木龙湖、桂湖、榕湖、杉湖）
	第二天阳朔：漓江、遇龙河、银子岩、《桂林千古情》、十里画廊、西街等
	第三天龙胜：龙脊梯田
交通要求	大交通：高铁一等座 市区交通：全程商务七座车
活动要求	乘坐排筏游览漓江精华段；观看演出《桂林千古情》
导游服务	无
保险费	旅游人身意外伤害保险
预算费用	人均4000元

案例分析
郑女士——闺蜜桂林休闲度假三日游

项目五　产品视觉呈现

项目情景

定制旅行产品设计,在完成了前期的平台首呼落单、需求分析、旅行产品定制设计以及产品定价之后,紧接着最重要的步骤就是将定制旅行产品呈现在客户面前。定制旅行产品方案除了在内容上要指向客户利益,准确、精练地将产品行程展现出来,在感官上也要力求带给客户最佳的体验,这就是定制产品的视觉呈现。具体来讲,定制旅行产品视觉呈现是指定制旅行产品方案视觉优化。视觉优化包括合理使用图片、视频等素材,展现定制师个人风格或定制产品的排版设计以及文字提炼带给客户的阅读体验。产品的视觉呈现在定制旅行产品中起到非常重要的作用,优秀的产品方案视觉呈现无疑可以吸引客户的注意力、突出旅行产品的独特卖点,并激发客户的兴趣和渴望,让定制产品锦上添花,凸显出定制师的专业能力及职业素养。

本项目包含三个工作任务:一是产品创意呈现;二是产品图文设计;三是新媒体工具的运用。通过学习,学生需掌握定制旅行产品创意策划的描述方法,包括目标客户需求的分析描述,定制旅行产品的主题及特色描述和产品行程简介描述;能够通过图片及视频来提炼旅游目的地介绍、定制方案特色、每日行程文案及景点介绍;掌握行程方案排版的原则及技巧;了解并掌握目前常用的新媒体工具的使用方法。

学习目标

● **知识目标**

(1)掌握定制旅行产品图文设计的原则、方法及技巧;

(2)掌握定制旅行产品的视频呈现的方法及技巧;

(3)掌握定制旅行方案的文字提炼的方法;

(4)熟悉线路主题特色描述的技巧;

(5)了解目标客户需求的描述元素;

(6)了解客户的期望分析。

◉ 能力目标

(1)能根据客户的需求单及前期的沟通快速、准确地以文字或图片、视频等形式准确呈现;

(2)能根据前期为客户设计出的旅行方案,快速、准确、美观地进行文字提炼;

(3)能根据客户的需求喜好,制定与之相匹配的定制方案;

(4)能根据客户的需求,设计出打动人心的文案,并配合标准的图文及视频,丰富、美化呈现效果,以提高订单成交率;

(5)能根据客户需求,清晰明了地设计排版,并能及时做出补充与调整;

(6)能准确拟定旅游线路产品的名称,并且名称完整、能体现产品的特点;

(7)能按照法律法规要求,规范撰写行程单的服务标准和安全提示。

◉ 素养目标

(1)提升学生逻辑思维能力、与客户的共情能力和自身的专业素养;

(2)提升学生运用新媒体技术的实践能力,使学生养成善于利用新媒体工具的数字化思维;

(3)培养学生精益求精、团队合作精神,提升求真务实的职业素养;

(4)提升学生的审美能力、规范性与严谨性。

知识框架

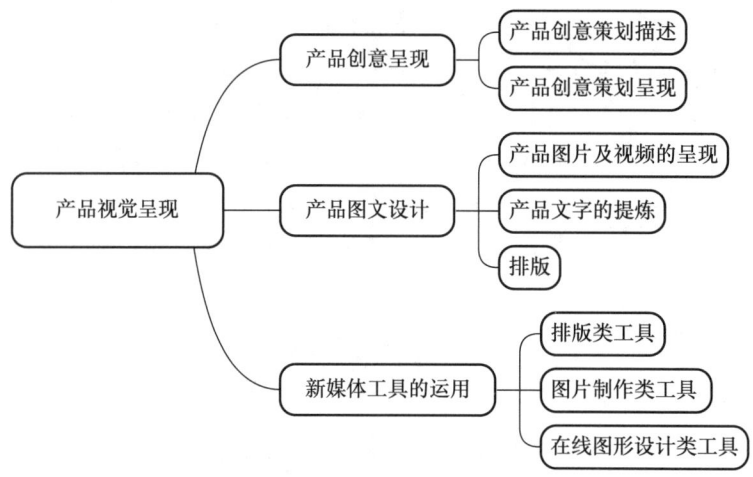

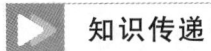知识传递

任务一　产品创意呈现

一、产品创意策划描述

现代社会,越来越多的人开始追求个性化和独特的旅行体验。因此,定制旅行产品成为新的热门市场。本任务将介绍定制旅行客户需求描述元素、定制旅游线路的主题及特色描述技巧,以及定制旅行产品行程简介描述技巧等相关内容。

(一)目标客户需求描述元素

在进行定制旅行产品策划时,前期已经了解了客户的需求,在此基础上我们还需要将其需求精准地描述出来,一方面是起到使顾客再次确认的作用;另一方面,这也是旅行产品精准定位和方案确定的重要依据。以下是精准描述客户需求所要涉及的元素。

1. 客户基本情况描述

通过前期与客户的沟通交流,及时总结和分析客户的职业、出行人数及构成、天数、预算、兴趣爱好、民族、禁忌等情况,并形成文字,注意语言表述需要体现出礼貌性、专业性,尽量避免出现较为敏感和涉及隐私的词汇。

2. 客户的需求描述

及时总结前期客户所表达的需求,并根据客户的需求及时推荐、引导和补充。还可以进一步了解客户的以下信息。

健康状况:了解客户的健康状况,包括身体状况、特殊饮食需求、过敏史等。通过健康状况的了解,定制师可以为客户提供更安全和适宜的旅行体验。

旅行经验:询问客户之前的旅行经验,以了解他们对不同类型旅行活动和目的地的喜好。这有助于定制师更好地为他们设计个性化的旅游线路。

时间限制:确定客户在旅行中可用的时间范围,包括具体日期和持续时间。定制师可以根据时间限制合理安排行程,并确保客户能够充分利用时间。

文化背景:了解客户的文化背景和价值观,以便在策划旅游线路时尊重并满足其文化需求。

其他特殊要求:询问客户是否有其他特殊要求或关注点,例如需要特定语言导游、无障碍设施、儿童友好活动等。

家庭状况:了解客户是否与家人一起旅行,包括配偶、子女或其他亲属。定制师

可以根据家庭成员的需求和兴趣来规划适合全家人的旅行线路。

职业和工作要求：了解客户的职业和工作要求，例如是否需要在旅行中保持通信畅通、有无特殊的会议或商务需求等。这有助于为客户提供相应的服务和设施。

旅行伙伴：询问客户是否有特定的旅行伙伴，如朋友、同事等。定制师可以根据不同人数和关系来安排合适的住宿和活动。

目标和期望：了解客户对于此次定制旅行的目标和期望是什么。例如，是追求放松与享受，还是寻找冒险与挑战？这有助于为客户设计符合其期望的旅程。

季节限制：确定客户计划出游的季节，并了解他们对于季节性活动或景点的兴趣。定制师在策划线路时充分考虑季节因素，可以为客户提供更好的旅行体验。

意向目的地：了解客户对于旅行目的地的意向和偏好。例如，是否有特定的国家、城市或景点是他们希望前往的？这有助于为客户推荐符合其喜好和兴趣的目的地。

语言能力：确定客户对于目的地语言的掌握程度。这样可以安排相应的翻译或导游服务，以便客户在旅行中更加顺畅和舒适。

灵活性要求：了解客户对于旅行计划的灵活性要求，包括是否希望有自由探索时间、是否接受临时变动行程等。这有助于定制师根据客户个人喜好和需求来调整行程安排。

交通方式：询问客户对于交通方式的偏好，如飞机、火车、汽车或船只等。定制师可以根据客户选择合适且便捷的交通工具，并确保旅行过程中顺畅无阻。

特殊兴趣：了解客户是否有特殊兴趣爱好，如摄影、美食、艺术等。这样可以为客户提供相应的活动和体验，使旅行更加丰富多彩。

通过综合了解以上信息，我们可以更好地把握客户的个性化需求，并为其设计独特而满意的定制旅行方案。这样可以确保客户在旅行中获得最佳的体验，并创造难忘的回忆。

3.客户的期望分析及描述

定制旅行客户的期望分析及描述是了解客户需求的重要一环，指将客户提供的信息进行整合分析，确保能够满足他们的期望并提供个性化服务。以下是对定制旅行客户期望的分析和描述。

独特与个性化：定制旅行客户通常期望获得独特和个性化的旅行体验。他们希望避免传统团队旅游的常规行程和景点，而寻求独特的目的地、活动和住宿。

深度与文化体验：定制旅行客户追求深度体验，他们希望更深入地了解目的地的文化、历史和风俗习惯。他们渴望参与当地人生活，探索隐藏在背后的故事，并尝试真正地融入当地文化。

私密与隐私保护：定制旅行客户追求私密性和隐私保护。他们享受独处时间，希望放松心情、远离拥挤和喧嚣。同时，他们也关注个人信息安全和隐私保护。

高品质服务:定制旅行客户对服务质量的要求较高。他们期待专业且友好的导游、舒适的住宿环境、优质的餐饮体验和便捷的交通安排。他们希望所有细节都得到精心安排,获得无忧且愉悦的旅行体验。

灵活与自由度:定制旅行客户希望在行程中有一定的灵活性和自由度。他们期待能够根据个人喜好和意愿进行调整,有自由时间探索和发现新奇之处。

专业建议与创新推荐:定制旅行客户渴望专业建议和创新推荐。他们希望从专业人士那里获得关于目的地、活动和景点等方面的建议,并通过独特而创新的推荐来丰富旅行体验。

非传统旅游体验:定制旅行客户希望获得非传统的旅游体验。他们寻求独特而特殊的活动和景点,如探险、登山、潜水、农场参观等。他们渴望尝试新鲜事物,挑战自我,并创造与众不同的回忆。

自然与环境保护:定制旅行客户对于自然和环境保护有较高的关注度。他们希望能够在旅行中接触到原生态的自然风光,并且重视可持续旅游的理念。他们希望能够减少对环境的影响,并支持当地社区和保护项目。

美食与美酒体验:定制旅行客户对于美食和美酒有浓厚的兴趣。他们渴望品尝当地特色美食,探索各种口味和文化背后的故事。他们愿意参加烹饪课程、品鉴葡萄酒或咖啡等活动,以满足味蕾上的享受。

升级与豪华体验:一些定制旅行客户追求升级和豪华的旅行体验。他们希望能够享受高端奢华的住宿、私人飞机或游艇、私人导游等服务。他们希望在旅行中得到特殊对待,感受尊贵与优越。

安全与保障:定制旅行客户非常关注安全和保障。他们期望在旅行中有可靠的安全保障措施,包括专业的导游和领队、安全的交通工具、紧急救援服务等。他们希望能够放心地享受旅行,而不必担心个人安全问题。

定制化的时间安排:定制旅行客户希望时间安排灵活且符合个人需求。他们可能需要考虑工作或其他约束因素,希望能够根据自己的时间表来制订旅行计划。这样可以确保他们在有限的时间内最大限度地体验旅游目的地。

专业知识与背景信息:定制旅行客户渴望获得专业知识和背景信息。他们对于目的地的历史、文化、艺术等方面有浓厚兴趣,期待导游或相关专家能够为他们提供深入且全面的解说。

舒适与便利性:定制旅行客户追求舒适和便利性。他们希望住宿环境舒适宜人,交通安排便捷顺畅,行程安排合理且高效。他们希望尽可能减少不必要的等待和烦琐的手续,以便更好地享受旅行。

购物与纪念品:定制旅行客户有时会期望在旅行中购物。他们希望能够了解当地的购物场所、特色商品和传统工艺品,并有机会购买自己喜欢的物品作为纪念或礼物。

通过深入了解定制旅行客户的期望,定制师可以根据其需求提供个性化、贴心且满足预期的服务。这将为客户带来独特而难忘的旅行体验,使客户进行口碑推荐,并与客户建立长期稳定的合作关系。

(二)线路主题及特色描述

1.线路主题描述的技巧

一个吸引人且具有独特主题的线路描述可以吸引更多的客户。以下是一些定制旅游线路主题描述的技巧。

(1)突出亮点:根据目的地的特色,突出线路中最吸引人的景点或活动,并用有趣的语言进行描述。

(2)个性化体验:强调线路所提供的个性化体验,比如与当地居民互动、学习当地手工艺等。

(3)情感共鸣:通过故事性描述,客户能够产生情感共鸣,激发他们对线路的兴趣。

2.线路特色描述技巧

除主题外,线路的特色也是吸引客户的重要因素。以下是一些定制旅游线路特色描述技巧。

(1)独特之处:强调线路与其他旅行产品不同之处,比如独家合作景点、独特的住宿选择等。

(2)定制服务:介绍线路所提供的个性化服务,如私人导游、专属交通工具等。

(3)特色美食:突出线路中所包含的当地特色美食,让客户在旅行中享受美食文化等。

(三)产品行程简介描述

在为客户提供定制旅行线路时,行程简介是非常重要的。以下是一些行程简介描述技巧。

(1)简洁明了:用简洁明了的语言描述每个行程阶段所包含的景点、活动和时间安排。

(2)突出亮点:强调每个行程阶段的亮点,让客户能够一目了然地了解整个旅行线路。

(3)时间合理性:确保行程安排合理,充分利用时间,并给客户留有适当的自由活动时间。

定制旅行产品创意策划需要准确把握客户需求,精心设计主题和特色,并通过恰当的描述技巧吸引客户。同时,在为客户制定定制旅行线路时,简明扼要地描述每个行程阶段也是必不可少的。只有综合运用这些技巧,才能成功地创造出独特且满足客户需求的定制旅行产品。

"枕水西栅,乡艺乌村"——浙江嘉兴乌镇文化休闲三日游设计方案

二、产品创意策划呈现

定制旅行产品的创意策划可以通过多种方式面向客户进行呈现,吸引潜在客户的注意并展示独特的价值。以下是几种常见的方式。

创意宣传册或手册:设计精美、内容丰富的宣传册或手册可以展示旅行产品的亮点和特色。通过插图、图片、文字和排版等元素,将定制旅行的理念和体验生动地传达给读者。

视觉展示或演示文稿:使用幻灯片或其他视觉展示工具,呈现具有吸引力和冲击力的图片、视频和文字,以强调定制旅行产品的独特之处。可以使用动画、过渡等特效增强视觉效果。

定制化体验案例分享:通过案例分享来展示定制旅行产品成功实施过程中所带来的个性化体验。可以结合客户故事、图片和回顾来说明如何满足客户期望,并突出产品创新和差异化。

互动体验活动:组织一些互动活动,让潜在客户能够亲身感受到定制旅行产品所提供的独特体验。例如,在活动中设置模拟场景、展示特色活动或提供试用体验,以吸引客户的兴趣,提高参与度。

社交媒体推广:利用社交媒体平台,发布有关定制旅行产品的创意内容,如短视频、图片、故事等。通过各种社交媒体渠道,与潜在客户进行互动,并传递产品的独特价值,提供个性化服务。

创意展览或沙龙活动:组织创意展览或沙龙活动,邀请目标客户参加。通过现场展示、讲座、互动环节等方式,向参与者呈现定制旅行产品的创新理念和独特卖点。

定制化网站或应用程序:建立专门的网站或应用程序来展示定制旅行产品。通过优雅的设计、直观的用户界面和个性化功能,向客户展示产品特色和定制选择,同时提供在线预订和咨询服务。

视频展示和虚拟现实体验:制作吸引人的宣传视频,展示定制旅行产品的亮点和特色。可以通过剪辑精彩的旅行片段、添加动画效果和音乐,以及加入文字说明来增强影片的吸引力。此外,利用虚拟现实技术,为潜在客户提供身临其境的虚拟旅行体验,让他们感受到定制旅行产品的独特之处。

客户案例分享和口碑推荐:收集满意客户的案例分享和口碑推荐,并将其整理成文章、视频或社交媒体内容。这些真实的客户故事可以有效地证明定制旅行产品所带来的独特体验和满意度,提升潜在客户对产品的信任感,激发客户的兴趣。

与意见领袖合作:与相关领域的知名意见领袖合作,例如,邀请旅行博主、摄影师或名人等参与定制旅行产品体验并分享他们的观点和感受。这样做可以借助他们的影响力和粉丝基础来提高产品曝光度,并吸引更多潜在客户的关注。

个性化邮件营销和定向广告：通过个性化的邮件营销和定向广告，将定制旅行产品的信息直接传递给目标客户。根据客户的兴趣、偏好和历史行为，发送针对性的邮件或展示定制旅行产品的广告，以提高曝光度和转化率。

合作伙伴推广：与相关行业的合作伙伴进行联合推广，共同宣传定制旅行产品。可以与航空公司、酒店集团、当地旅游主管部门等建立合作关系，互相推荐并提供特别优惠，以扩大产品知名度，吸引更多潜在客户。

参加旅游展会和活动：参加国内外的旅游展会、交流活动或研讨会，展示定制旅行产品并与潜在客户进行面对面交流。这是一个吸引目标客户的有效方式，有利于与客户建立联系并了解他们对于定制旅行产品的需求和期望。

社区参与和口碑营销：积极参与在线社区讨论、论坛或社交媒体群组，并回答客户关于定制旅行问题的疑问。通过分享有价值的信息和建议来树立专业形象，并通过满意客户口碑传播来吸引更多潜在客户。

以上是一些展示定制旅行产品创意策划的方式。根据目标市场和客户需求，定制师可以选择合适的方式或组合使用多种方式进行推广，以提高产品曝光度、吸引潜在客户并实现销售目标。对个人定制用户而言，前三种方式较为直接和有效。

任务二　产品图文设计

一、产品图片及视频的呈现

在制作行程方案时，定制师经常使用图片和视频来实现方案视觉与听觉效果的统一。要想有效地运用这些媒体元素，定制师首先需要了解如何选择合适的图片尺寸和质量。不同平台和媒体可能对图片有不同的要求，因此选择恰当的尺寸和质量至关重要。其次，定制师还需要掌握一些关于编辑图片的技巧，以确保其所选用的图片能够更好地融入方案。比如调整亮度、对比度或添加滤镜等，可以提升照片的效果。最后，将图片插入到方案中时，定制师需要考虑布局和排版，以确保图片与整个方案的风格一致。除了图片，视频素材也是定制师常用的元素之一。在选择视频素材时，定制师需要了解不同格式和质量对播放效果的影响。同时，掌握用手机软件进行定制方案视频制作的技巧也是非常重要的。通过学习这些技巧，定制师可以提升视频制作的效果和质量，并为行程方案增添更多视觉和听觉上的吸引力。

（一）图片及视频的使用原则

1. 真实性原则

在使用图片和视频素材时，定制师必须确保素材的真实性。其一，应当从可靠的素材库中选择素材,这样能有效地避免使用虚假合成的素材。例如,在选择景区和酒店的素材时,可以参考官方网站或国内外知名图片素材库等。其二,在编辑素材时应注意不要过度处理。虽然使用美图软件可以使素材更加吸引人,但是过度编辑可能会导致图片与实际风景相差太大,从而使客人产生较大的心理落差。因此,定制师需要把握好素材编辑的程度。不夸大宣传、不进行虚假宣传是定制旅行产品制作的重要原则之一。

此外,定制师还可以考虑使用自己拍摄或录制的原创素材。这样不仅可以确保素材的真实性,还能为产品增添独特性和个性化。通过捕捉真实场景和瞬间,能够更好地展示旅行目的地或酒店等产品的特色和魅力。

2. 保护版权原则

定制师在获取图片和视频素材时,必须具备版权意识,并积极与素材的版权所有方联系,获得使用许可。保护素材的版权不仅是法律法规的要求,更是对他人劳动成果的尊重和保护。

在咨询版权事宜时,定制师应当明确询问素材是否可以被授权进行二次编辑或改造。有些素材可能仅限于原始形式使用,而不允许进一步修改。因此,在获取授权时,定制师要明确表达需求,并与版权所有方达成一致。

此外,在签订版权协议时,定制师还应特别注意授权使用的时间段。有些协议可能只允许在特定期限内使用素材,一旦协议到期,则需要及时与版权所有方进行调整和续约。以避免侵犯他人的权益或面临法律纠纷。

对于未经授权或违反版权规定使用的图片和视频素材,定制师将承担相关法律责任,并可能面临侵权诉讼和经济赔偿等风险。因此,为了避免这样的问题发生,定制师在任何情况下都必须尊重和保护素材的版权。

总之,定制师在获取图片和视频素材时,应当具备版权意识,并与版权所有方进行沟通和授权,确保合法使用。同时,定制师在签订版权协议时要细致审查条款,特别要注意授权使用的时间段。只有通过合法渠道获取并正确使用素材,才能为定制旅行产品提供高质量、吸引人的内容,同时也展现出对他人劳动成果的尊重和认可。

3. 风格统一性原则

在选择图片和视频素材时,定制师需要注意保持风格和质量的一致性,尤其是同一份定制方案中的素材。如果在一个以优美山水景观为主题的方案中,大部分图片素材选用了色彩鲜艳、画质清晰的照片,而只有少部分使用了黑白或清晰度较低的图片,这样的不协调可能会给客人带来视觉上的落差感,最终影响客人的满意度。

为了避免这种情况发生,定制师应尽可能考虑素材的整体搭配和风格协调一致。首先,在选择素材之前,定制师应对整体方案进行规划和设计。明确所需表达的主题和情感,并确定适合该主题和情感的风格。例如,在强调浪漫与温馨氛围的旅行方案中,可以选用色彩柔和、充满温暖感的图片素材。

其次,在选择素材库时要有目标导向地搜索符合要求的素材。可以针对特定风格、颜色或拍摄技巧进行筛选,并将其与整体方案进行对比,确保风格一致。

再次,定制师还可以考虑自己拍摄或录制的原创素材。这样不仅可以保证素材与方案的一致性,还能为产品增添独特性和个性化。

最后,定制师在编辑和处理素材时要注意统一风格。可以使用图像处理软件对色彩、亮度、对比度等进行调整,以确保整体素材呈现出一致的风格和质量。

总之,定制师在选择图片和视频素材时应注重保持风格和质量的一致性。通过规划方案、有目标导向地选择素材库、使用自己的原创素材以及统一编辑风格等方式,可以确保所选用的素材与整体方案相协调,并提升客人的满意度。

(二)定制方案中图片的使用要求

1. 定制方案图片尺寸及质量要求

在制作定制旅行方案时,定制师在选择图片时需要考虑尺寸、分辨率和格式等因素。这些因素对于确保方案的可视性和质量至关重要。

尺寸是一个重要的考虑因素。定制师需要根据所使用的系统或平台来确定适合的图片尺寸。例如,在使用携程 vBooking 系统制作行程方案时,一般可以从系统自带的图片库中选择酒店、景点等资源的图片。而未使用此类系统的定制师,则需要通过版面图片与文字比例来确定合适的图片尺寸。

分辨率是另一个需要注意的因素。图片分辨率指的是图像宽度和高度上像素值的范围。然而,并不是分辨率越高就越清晰,这还取决于客人查看方案所用设备或媒介的分辨率。定制师应根据客人可能使用的设备以及图片本身的分辨率来选择合适的图片。如果客人会使用高分辨率显示设备查看方案,则应选择具有更高分辨率和更清晰细节的图片。

此外,选择合适的图片格式也很重要。常见的图片格式包括 JPEG(jpg)、PNG、GIF 和 BMP 等。不同的格式有各自的特点和适用场景。例如,JPEG 格式通常用于照片,具有较小的文件大小和良好的图像质量。PNG 格式则适合保存具有透明背景或需要保留更多细节的图片。定制师可以根据所使用系统或平台的规定选择相应格式的图片。

根据系统要求确定合适尺寸,根据客人设备和图片本身分辨率选择合适分辨率,并根据需求选择合适格式,定制师可以确保选取到符合要求且高质量的图片,提升方案可视性和客户体验感。

2. 定制方案图片的编辑要求

当选用的图片色调灰暗、饱和度不高时,定制师可以根据整体方案风格的需求来编辑图片。必要时,还可以给图片配上文字说明,以此来激发客人的兴趣。常用的手机编辑图片工具有"美图秀秀""图怪兽",以及手机自带图片编辑工具、WPS 图片编辑工具等。

在"美图秀秀"的调整工具中,有亮度调节、对比度调节、色温调节、饱和度调节等选项;而在滤镜工具中,有多种滤镜效果可供选择。例如,当一张风景图片在天气阴暗的情况下被拍摄,若定制师想实现一个温暖而明亮的图片效果,那么首先可以利用亮度调节工具增加照片环境明亮度,之后再使用饱和度调节工具提升图片颜色饱满度,并通过色温调节工具调整冷色调与暖色调的比例。

此外,在特效工具中还有模糊、锐化、暗角等功能可供使用。通过适当地应用这些特效工具,定制师可以进一步提升图片质量,增强视觉效果。

总之,当选用的图片色调灰暗、饱和度不高时,定制师可以利用手机编辑图片工具来进行调整。通过亮度、对比度、色温和饱和度等工具的使用,以及滤镜和特效的应用,定制师能够提升图片质量,使其符合整体方案风格要求,并通过添加文字说明来激发客人的兴趣。

3. 定制方案中图片插入的路径

如果定制师使用Word文档制作行程方案,插入图片的操作路径如下:在Word中,点击"插入"选项卡,然后选择"图片",接着浏览并选择保存图片的路径,单击所需的已保存图片文件即可成功插入。在插入完成后,定制师可以根据版面设计的需要来调节图片的大小和比例,以确保与文档整体布局相协调。通过这样的操作流程,定制师能够方便地将合适的图片插入到行程方案中,并灵活地进行调整和排版。

(三)定制方案中视频的使用要求

1. 视频的格式及质量要求

在选用视频素材时,定制师需要考虑客人选择观看视频的设备和软件,并相应地设置视频的格式。常见的视频格式包括MP4、AVI、RMVB等。除了将视频保存在设备上进行展示,定制师还可以选择云存储的方式进行视频分享,如使用百度云等服务。通过云存储分享视频具有一些优点,如不占用设备的存储空间、可随时随地通过网络查看和快速分享等。

在下载视频素材时,定制师还需要注意视频的质量。视频分辨率表示视频的画幅大小,但并非分辨率越高播放效果越好。视频分辨率应与播放设备的画幅大小保持一致,以免出现拉伸或裁剪不当等失真问题。

此外,在选择视频素材时,还应考虑其内容和清晰度。内容方面,定制师需要确保所选素材与行程方案主题相符合,并能够引起客人的兴趣。而清晰度则关乎观看体验,定制师应尽量选择高质量、清晰度较高的视频素材,以提供更好的视觉享受。

总之,在选用视频素材时,定制师需要结合客人的设备和软件选择适当的视频格式,并且可以考虑使用云存储进行分享。定制师还应注意视频分辨率与播放设备画幅的一致性,以及素材内容和清晰度的选择,以提供令客人满意的观看体验。

2. 定制方案视频制作

定制师在制作方案中需要使用视频时，可以选择将主要景点的视频进行剪辑，生成一个详细而完整的行程介绍视频。但是要注意，在视频中定制师可以选择性地介绍景点信息，避免提前向客人介绍过多，而导致行程期待感降低。

二、产品文字的提炼

在定制旅行方案的呈现过程中，提炼文字是基础的一环，定制师根据客户需求首呼沟通之后，定制师在呈现的旅游方案中，要在旅游目的地介绍、景点安排、活动亮点、方案特色、行程文案、景点描述等方面进行文字的描述，这是定制师设计理念和业务能力的展示。文字描述要做到条理清晰、语言流畅，更要解读独特、突出亮点，展现出定制旅游异于常规团队的独特之处，给客户以赏心悦目、独特的阅读体验，让客户充分感受到定制旅行的魅力。

文字的提炼主要包括三个方面的任务：①掌握旅游目的地介绍技巧；②掌握定制方案特色的提炼方法；③掌握每日行程文案及景点介绍的创作技巧。

（一）文字撰写规范

定制方案是展示定制旅行产品的主要形式。定制师根据客户需求和目的地旅游资源情况，设计并说明行程方案的特色、亮点以及线路安排，为客户提供条理清晰、逻辑明晰、安排合理的个性化行程方案，并以图文并茂的形式展示。

在提炼文字的过程中，定制师需要注意以下几个方面。

规范性：确保文字使用规范，避免错别字，并正确使用序号和标点符号等。这样可以提升文案的专业性和可读性。

注意写作与表述规范：避免涉及政治因素等敏感话题，在撰写文案时要谨慎处理。特别是关于政治、宗教、国家主权等方面的内容，应禁止使用歧视性的语言。

考虑地区文化差异和年龄层次：根据客户类别和定制主题，要注意不同地区文化差异和年龄层次对创意文案的影响。在传递设计理念、行程特色、方案特色、特别服务等信息时，要保证准确、翔实。

条理清晰、简洁明了：在撰写文案时要做到条理清晰、简洁明了。确保数据的准确性，并运用排比等修辞手法提升文案的可读性。

运用写作技巧和设计理念：根据一定的写作技巧和设计理念，展现深厚的文化底蕴。在遣词造句中彰显人文情怀和艺术审美，使文案具有一定的韵味和吸引力。

在提炼文字的过程中，定制师需要注重文字使用的规范性、写作与表述的规范性，注意地区文化差异和年龄层次，传递正确的信息，并做到条理清晰、简洁明了、数据准确。同时，运用一定的写作技巧和设计理念，赋予文案深厚的文化底蕴和艺术审美。

（二）撰写描述旅游目的地的文案

在行程方案中，进行旅游目的地介绍的方法有简单介绍、深度解读、个性化描述等，主要阐述旅游目的地的形象定位和旅游魅力，为什么会为客户选取这样的旅游目的地，定制师独特的介绍会打动客户内心，引起客户共鸣，在一定程度上提高订单的成交率。

1. 简单介绍

定制师可以先介绍旅游目的地的地理位置，接着是旅游目的地的形象定位或客户熟知的旅游广告宣传口号等，然后再介绍主要的资源特色或景区，以及获得的旅游体验。

当谈及巴厘岛时，定制师可以采用以下方式进行介绍：

> 巴厘岛，是印度尼西亚的一颗明珠，被誉为"天堂之岛"。它坐落在印度洋上，地理位置优越，拥有令人惊叹的自然美景和独特的文化遗产。这个热带天堂吸引着无数游客前来探索。巴厘岛以其壮丽的海滩、神秘的寺庙和丰富多样的艺术文化而闻名于世。每年都有成千上万的旅行者慕名而来，追寻着这片土地上融合了自然之美与人文艺术的奇妙魅力。
>
> 在巴厘岛，您将有机会欣赏到如画般美丽的白色沙滩、碧蓝透明的海水以及壮观的日落景色。您还可以参观乌布区域内那些隐藏在翠绿稻田中的古老寺庙，感受宁静与神圣并存的气息。除自然风光外，巴厘岛还以其独特而多样的文化艺术而闻名。您可以参观当地的手工艺市场，欣赏传统木雕、银饰和纺织品等精美的艺术作品。此外，巴厘岛还有丰富多样的歌舞表演，将带给您一场视听盛宴。
>
> 在巴厘岛旅行，您不仅可以享受到独特的自然风光和文化艺术体验，还能尽情沉浸在豪华度假村提供的奢华服务中。无论是在私人别墅内休憩，还是在海上参加运动项目，都能让您感受到别样的惬意与放松。
>
> 所以，在定制旅行方案中选择巴厘岛作为目的地，将为客户带来难忘的旅游体验。无论是追逐阳光沙滩、探索神秘寺庙还是领略文化艺术之美，巴厘岛能够满足各种需求，并成为一段令人难以忘怀的旅程。

如定制师介绍"张家界"时可以这样描述：

> 张家界，位于中国湖南省西北部，是一个以山水风景为主的旅游目的地。它以其壮丽的自然景观和独特的地质奇迹而闻名于世。这个令人叹为观止的地方吸引无数游客前来领略其神秘而壮美的魅力。张家界被

视频微课

描述旅游目的地文案撰写

誉为"天下第一奇山",拥有峰峦叠嶂、怪石嶙峋的景色。其中最著名的景区是张家界国家森林公园,这里有金鞭溪、黄龙洞、袁家界等著名景点。您可以乘坐缆车登上天门山山顶,俯瞰整个大自然雄伟壮观的美景。除奇山异石外,张家界还拥有丰富多样的动植物资源。您可以在此感受到原始森林中清新宜人的空气,并欣赏到珍稀动物如金丝猴等的生态之美。在张家界旅行,您还可以体验到刺激和挑战。在天门山上,您可以踏上玻璃栈道,感受刺激。这些活动将带给您一种无与伦比的冒险和兴奋。

因此,如果您选择张家界作为目的地,将会开启一段壮美而难忘的旅程。无论是领略令人惊叹的自然风光、体验刺激的挑战活动,还是感受原始森林中的宁静与神秘,张家界能够满足各种需求,并成为一段令人难以忘怀的探险之旅。

如定制师可以参考《中国国家地理》和美国《国家地理》等里面对旅游目的地的推荐介绍:

黄山,被誉为中国最美的山脉,是一个令人陶醉的旅游目的地。它不仅以其壮丽的自然景观而闻名于世,还因其深厚的文化底蕴而吸引着无数游客。

作为中国著名的风景名胜区之一,《中国国家地理》和美国《国家地理》等杂志都对黄山给予了高度推荐。黄山在美国《国家地理》杂志评选的"2019年全球最值得到访的28个旅游目的地"中名列前茅。黄山以其奇特的山峰、云海和温泉而闻名于世。当您登上黄山时,您将被迷人的风光所震撼。这里有奇形怪状、陡峭挺拔的山峰,让人仿佛置身于仙境之中。云海弥漫在群峰之间,给人一种梦幻般的感觉。其中非常著名的景点是光明顶和始信峰。光明顶海拔1841米,登上顶峰可以俯瞰整个黄山风景区的壮丽景观。而始信峰则以其陡峭的岩壁和奇特的形状而闻名,是摄影爱好者们的天堂。

除了山峰之美,黄山还有温泉供游客享受。这些温泉被认为具有舒筋活络的作用,有助于消除旅途疲劳。您可以在温泉中放松身心,感受大自然的恩赐。

无论您选择徒步登山还是乘坐缆车,黄山都能带给您难忘的体验。徒步登山让您亲身感受到黄山丰富的生态多样性,可能会遇到一些珍稀物种,如黄山短尾猴等。而乘坐缆车,您则可以欣赏到更广阔的风景。

黄山作为中国著名的旅游目的地之一,在壮丽的自然景观、深厚的文化底蕴和丰富多样的生态系统方面都有着独特之处。

定制师平时多收集资料,从旅游目的地官网、书籍、报刊及新闻中收集与目的地相关的介绍,争取形成自己的描述风格,直白型介绍简洁明了,信息清楚、逻辑清晰是定制师撰写目的地文案的初级要求。

2. 深度解读

深度解读不是仅仅停留在表面对地理位置和旅游资源进行浅层次描述,而是从城市印象、城市文脉、独具特色的自然风光和人文魅力等方面去解读,根据定制客户的需求,进一步挖掘该旅游目的地特色,对能打动客户、符合客户期许的内容进行文字描述。

介绍杭州城市魅力的时候,定制师着重从自然与人文两个方面去解读:

> 杭州,这座千年古城,以其丰富的历史积淀和绝美的自然美景而闻名于世。杭州自古就有"上有天堂,下有苏杭"的美誉,鱼米之乡、丝绸之府、文物之邦,都是世人对杭州的美好印象。文人骚客在杭州留下了丰富的历史遗迹和诗书绘画,可以说杭州的景点处处有故事,处处有诗篇。这座自古就被人称作"人间天堂"的杭城,山、泉、湖、桥、塔、寺样样俱全,风景中的色彩也随着时间逐渐多样化起来。西湖沿岸,城市和公园并没有绝对的界限,茂盛的植被与各色小店融为一体。这正是杭州有趣的地方,到处被大自然的绿意包围,却也没有远离城市的空旷感。3月至5月,春风和煦,春水醉人,适合漫步苏堤踏青赏花;9月至11月,天气秋高气爽,桂花飘香十里;12月至次年2月,严冬时节,蜡梅竞相绽放,孤山、灵峰、超山三大赏梅胜地不可不去,西湖十景之一的"断桥残雪"此时也迎来最动人时节。
>
> 杭州除了美景,作为一个拥有悠久历史的城市,孕育了众多文化名人和政治领袖。其中最著名的当属苏轼,他是北宋时期的文学家、书法家。苏轼以其卓越的才华和豪迈的个性,在中国文学史上留下了浓墨重彩的一笔。他的诗词、文章至今仍然被广泛传诵,并对后世影响深远。除了苏轼,还有其他许多历史名人也与杭州有不解之缘。例如王羲之,他是东晋时期著名的书法家之一,其风格被誉为"天下第一行书";还有陆游,他是南宋时期著名的文学家,其作品表现出坚韧不拔的精神,饱含着对国家和民族的深厚感情。

如关于西安,游侠客平台定制师这样解读:

> "长安归故里,故里有长安",总要去一趟西安吧,吹一吹明城墙上的风,走一走不夜城,逛一逛钟楼和鼓楼,感受古城的繁华。唯有长安灯火

辉煌,千年古都常来常安,繁华是西安,盛世是长安!

这些文字具有打动人心的魅力,其展现出的艺术魅力和人文情怀,吸引着不同旅游需求的客户。

3. 个性化描述

定制师对目的地的个性化描述体现了定制师的文化素养和人生阅历,很容易引起客户的共鸣。定制师通常采用提问法,引起客户思考;或者对价值观的描述,对现代客户的旅游需求进行深度解读,激发旅游动机,促使旅游行为的发生。

(1) 提问法。

对于目的地印象和城市印象的描述,定制师可以采取提问法,如"为什么去这个地方?""去这个地方之前应该有怎样的思考?""去这个地方看什么?"。

马蜂窝定制师关于云南小城——普洱这样描述:

> 云南真的是一处神奇的地方,北有香格里拉的雪山秘境、大理的闲适温暖,南有西双版纳的异域风情、芒市的小众宜居,美景遍地!但听说最近的云南,各个古镇爆满,洱海看到的全是人头,甚至昆明到大理的高铁站都开启了"人挤人"模式!所以放眼云南真的没有,人少而美,能让人获得极佳的旅游体验感的目的地了吗?

接下来定制师自问自答式地介绍云南普洱这座世外桃源小城:

> 就在西双版纳的隔壁,高铁距离40分钟的地方,有一个可能大家都听过但未必了解的地方,它叫普洱!提起普洱,不少人第一反应可能是茶叶,普洱的茶叶确实鼎鼎大名,但除了茶叶,普洱更是一个兼具山野原始之美、人文之美的隐世小城。而且这里还是颇受年轻人追捧的咖啡的原产地,并经过多年种植形成了云南特色的咖啡文化!普洱,从前也叫"思茅",澜沧江横贯其南北,东边接壤越南、老挝,西边连接缅甸,是云南唯一的"一市连三国"的地区。这里有上榜《国家地理》杂志"2022世界最佳旅游胜地"的景迈山,入榜的还有俄罗斯贝加尔湖、法国塞纳河、日本北海道等地。与景迈山的古茶树、原始森林相伴而生的,还有数十座原始的古老村落,村落因茶而生,一直以来都保持着相对原始且简单的生活方式!这里有被称为"北回归线上最大的绿洲"的太阳河森林公园,身处其中可以尽情享受大自然,也能和小动物亲密接触,非常适合带小孩一起游玩!这里的咖啡因电影《一点就到家》一炮而红,有"国产咖啡之光"的美誉,漫山遍野的茶树与咖啡树,受到中外咖啡与茶爱好者的热捧。一趟普洱玩下来,相信你对"水洗""日晒""蜜处理""铁皮卡""阿拉比卡"等咖啡词汇都

将不再陌生。很多年之前,吸引人们奔赴普洱的,是去景迈山看云海、品古茶、走访当地村寨。这里满足了不少人对于山野的想象!但现在,大家追求一种缓慢而惬意的生活方式,原汁原味的多民族特色,雨林、茶山、民族风情、美食、咖啡,每一样都吸引更多人前往!

定制师从自问自答中,描述了一条针对年轻白领小众定制线路的卖点,加深了人们对云南境内这座边陲小城的认识,增加了文化与神秘的色彩,提升了本条线路的意义和价值。

(2) 悬念法。

如在推荐山东荣成东楮岛风景区的时候,这样描述:"您见过木头搭建的木房子;也见过石头砌成的石房子;见过泥土垒成的泥土房;还有我们正在住着的混凝土砖房。但是,像这样以石为墙、海草为顶、冬暖夏凉、百年不腐的海草房,你一定没见过!"用悬念法让客户对景区感兴趣,极富成效地吸引客户的注意力。

(3) 引用法。

在介绍旅游目的地的时候,引用名言警句、诗词歌赋可以增加文字的审美性。

对于沙漠观星空、仰望星辰等亲子活动或研学活动,定制师可以引入英国著名物理学家和宇宙学家斯蒂芬·霍金的名言:"记住要抬头仰望星星,不要低头看着自己的脚。"斯蒂芬·霍金是肌肉萎缩性侧索硬化症患者,全身瘫痪,不能发音。然而他是继牛顿和爱因斯坦之后非常杰出的物理学家之一,被世人誉为"宇宙之王"。定制师可利用名言警句以及伟人事迹,与定制活动相呼应,以突出活动的价值与亮点。

定制师在描述泰山的时候可以这样介绍:

"岱宗夫如何?齐鲁青未了。造化钟神秀,阴阳割昏晓。荡胸生层云,决眦入归鸟。会当凌绝顶,一览众山小。"这是唐代诗人杜甫经过泰山时写下的诗句,当时杜甫正值风华正茂,宏伟的抱负、高远的志向,使年轻的杜甫意气风发、朝气蓬勃,充满了奋发向上的活力。此次我们将追随"诗圣"的脚步,攀登这座名山,一起来感受其魅力所在。

(4) 解读法。

在现代社会中,人们常常面临着各种挑战和压力,无论是工作上的失败、人际关系的问题还是家庭压力的累积,都可能导致情绪上的负面影响。在这样的背景下,旅行成为一种寻找内心平静和重新审视生活意义的方式。我们可以从价值观的角度去解读旅游目的地。当人们走进自然环境时,他们可以放松身心,远离喧嚣和繁忙的城市生活。大自然能够带给我们美好之感,让我们能够重新找回内心深处的安宁,并找到真正重要的事物。特别是对年轻父母而言,他们在教育孩子的过程中常常面临焦虑和挑战。定制旅行产品可以专注于改善亲子关系、培养孩子的社交能力,使孩子见识新事物、保持孩子的童心、培养孩子的自立能力。通过参与游戏、探索自然环境以及参观人文景点,孩子可以增强自信心、树立积极向上的价值观,并学会独立思考和处理问题。

这些体验活动的安排和初衷旨在提高客户的满意度。为客户提供有意义、丰富多样的旅行体验,可以使他们充分感受到旅行所带来的积极影响。无论是在大自然中放松身心,还是通过亲子游戏培养孩子的品质,这些都能够让客户更加满意,并找到旅行中寻求人生意义的价值。因此,在旅游定制过程中,我们应该注重从正确的价值观出发,关注客户的情绪和需求,并通过合理安排活动和体验,为他们提供一个有意义且具有积极影响力的旅行体验。

游侠客平台上腾格里沙漠五日亲子游产品是这样描述的:

大自然是最好的课堂,上一百堂文化课都不如让孩子在自然中行走一天。或许孩子只会来一次沙漠,那就更应该不留遗憾。人生总有意料之外,也远比想象中艰难,沉浸式沙漠之旅,可以培养孩子超乎同龄人的沉着与自信,但不仅仅是这样,酣畅淋漓地走在沙漠,身处团队之中,直面他人的脆弱困境,孩子可以学会社交、理解与团结! 面对孩子的胆怯与踌躇不前,我们要读懂他们的内心,找到亲子关系的平衡点,携手共进! 这不只是一场面对沙漠的挑战,更是一次与人相处的哲学课堂。从城市到自然,从霓虹到星芒,从钢筋水泥到壮美沙漠,这次沙漠征途定会在孩子的记忆中留下深刻的印象,心中有路,无畏远方!

某研学教育机构针对6—12岁的孩子设计了"森林里的写作课"研学产品,该产品是这样描述的:

只有亲身站在滕王阁远眺,王勃才写得出"落霞与孤鹜齐飞,秋水共长天一色";只有亲自登上庐山,苏轼才写得出"横看成岭侧成峰,远近高低各不同";只有对莲花有长期的观察,周敦颐才写得出"予独爱莲之出淤泥而不染,濯清涟而不妖,中通外直,不蔓不枝,香远益清,亭亭净植……"相比如今被钢筋混凝土包围的孩子,古人的幸福之处就是生活不那么忙碌,有大量时间在大自然中徜徉。我们不教写作,我们只是让孩子学会感受和观察,很多家长视玩耍为"洪水猛兽",认为端端正正坐好才是真正的学习,以至于一发现孩子作文不好,就拼命给孩子报作文班,学作文技巧。知名教育专家却说:"玩耍不是学习的敌人,它是学习的伙伴,是大脑成长的营养剂。孩子玩耍的时候,想象力在发挥,而想象力是创造力的根本。"所以,玩耍会给孩子的创造力插上翅膀,让孩子灵感喷发。在这里,孩子们不但可以尽情玩,而且玩得有质量。孩子们不仅能亲自看见大自然的美景、听到大自然的声音、闻到大自然的芬芳、触摸到大自然的模样,还能学到动植物背后不为人知的故事,这些元素在孩子们的头脑中产生奇妙的化学反应,酝酿成醇香的诗篇……

通过留心观察和深思熟虑,我们能够抓住观念更新的良机,来解读各个旅游目的地,并为客户量身定制独一无二的旅游方案。根据客户的兴趣和需求,我们可以提供多种不同主题的方案。比如针对那些崇尚大自然或热爱大自然的人群,我们可以设计涉及自然景观的旅游方案,让他们可以近距离感受大自然的魅力。同时,我们还可以推出一些强身健体的方案,如徒步、健身等活动,为客户提供锻炼身体的机会。对于那些追求内心平静和放松的人群,我们可以设计禅修、静养的方案,帮助他们恢复精力。此外,我们还可以提供减肥瑜伽、匠心精神、怀旧与新潮等不同主题的旅游方案,以满足客户多样化的需求。对于一些特殊群体来说,我们可以设计重返红色旅游胜地或故地重游的特殊主题方案,以纪念其奋斗的岁月。通过这样多元化且独特的旅游方案,我们能够为客户打造一个难忘而个性化的旅行体验。

(三)方案特色提炼技巧

1. **景点及线路特色提炼技巧**

特色景点和特色线路可以用"非常规、稀缺性、小众化、大牌景点、精品、精华、小众、品质"等词汇概括,然后稍加诠释。比如描述精品线路、全景环线、热门专线时,可以将"两点进出,不走回头路,更具性价比""专业产品团队精心设计,多次优化,高品质体验行程""用双脚丈量世界的极致体验"等话语进行自由组合。又比如诠释主题词"多样景观"时,可以运用"特色景点全打卡,让你一次玩转××""囊括热门景点""各类自然地貌精彩纷呈""古村、古祠堂小众的风景"等文字进行描述。

2. **资源特色的提炼技巧**

方案中具有的独特资源优势(包括特色酒店、用车、餐饮、导游、特色服务等),比如在住宿安排中可以用"顶流酒店、甄选酒店、舒适入眠、品质住宿、轻奢酒店"等词汇概括,紧接着用简短而独特语言把住宿的特殊之处描述出来。例如,针对很有名的三亚亚特兰蒂斯酒店,定制师可以用"顶流酒店·亚特兰蒂斯连住三晚,皇家俱乐部海景房、海底房"等文字描述。

如很多定制师安排的是特色住宿、特色酒店和民宿,可以用"全程安排入住轻奢酒店或特色民宿,身处景色之中,贴近自然酣畅入梦""轻奢酒店,入住当地特色星级酒店,体验异域风情"等文字描述。如果是五星酒店,可以用"全程五星酒店,让你的每段旅行都舒适"等文字描述。

在餐饮方面,定制师可以用"特色美食、美食体验、大快朵颐"等词汇概括,如携程的一条西安定制旅行线路中安排在"大秦小宴"就餐,菜品包括"长安葫芦鸡、妃子笑、毛笔酥、关中六小碗、醪糟冰激凌、麻将十三幺"等。

在用车方面,定制师可用"一车到底,随车礼遇""高端用车""精选车辆""专属用车"等文字概括,然后再用"乘坐舒适的商务用车,为您的尊贵之旅保驾护航""五年内新车""车况良好定期检查,安全保障,放心出行"等语言描述,突出安全和舒适的主要特点。

在陪同人员等方面,定制师可用"优质导游、摄影达人、贴心管家"等词语概括,并用以下文字进行描述:独立带团、全程伴游、负责细心、多年驾龄、摄影助手、美食达人。

在特色服务方面,定制师应着重描述有别于常规跟团旅游的增值服务(生日或者纪念日活动、特殊人群的贴心服务等)。

(四)行程及景点文案的撰写

定制方案撰写基本完成后,应先检查以下内容:行程是否和定制主题相匹配?是否按照客户的需求对景点、交通、特殊要求进行安排?行程安排是否合理?景点和活动组合,以及时间节奏和空间分布,是否张弛有度?特殊人群的照顾是否安排到位?检查无误后,定制师着手概括每日行程并完善景点文字描述。

1.每日行程的主题提炼

描述旅游目的地文案撰写

定制师要用一句话概括每天行程主题,提升其意义与卖点。在旅行中融入文化、自然、亲子、美食或冒险元素,让客户能够清楚地了解每天行程的卖点和意义。无论是深入文化探索还是感受大自然的奇妙,都能彰显旅游目的地丰富多样的魅力。同时,在文字提炼中突出其独特的文化价值和吸引人的活动,使得旅游体验更加完美。接下来分享以下案例:

如西安五天四晚亲子博物假期私家定制团的行程概括如下:

第一天亲子自由行——竹杖芒鞋,徐行明清;

第二天亲子话秦唐——汉服加身,一眼千年;

第三天古都环游记——赏国宝,登城头;

第四天童萌体验——领略非物质文化遗产;

第五天长安一梦——归去来兮。

如从郑州到西安的每日行程,携程的定制师是这样概括的:

第一天"初探中原 老家河南";

第二天"武术少林 石窟精华";

第三天"玄宗别宫 始皇风华";

第四天"宝塔地宫 访无字碑";

第五天"博物古今 长安夜色";

第六天"漫步城墙 悠游古都"。

2. 景点文字介绍的方法

定制师要学会收集、编辑资料,针对客户的定制需求进行恰当的语言描述,通过多阅读、多练习等方法,逐渐掌握如何在众多文字资料中提炼所需内容,使得景点介绍的内容清楚、生动有趣、有内涵、有底蕴。

景点介绍的结构有总分总结构、金字塔结构等,定制师要根据客户的需求调整语言风格,吸引客户的注意力,进一步激发其一探目的地的欲望。

如对国家5A级旅游景区鼓浪屿的介绍:

鼓浪屿位于中国福建厦门,是一个美丽的海岛风景区。这个小岛以其迷人的自然风光、悠久的历史和独特的建筑风格而闻名于世。鼓浪屿有四大特色:第一,鼓浪屿拥有得天独厚的自然环境。岛上山清水秀,蓝天碧海相映成趣。你可以漫步在洁白细软的沙滩上,感受海风拂面;也可以欣赏到壮观的日出和日落景色,让心灵得到宁静与放松。第二,鼓浪屿有着悠久的历史文化底蕴。这里曾是外国殖民地,留下了众多西式建筑和文化遗迹。你可以在街头巷尾欣赏到各种风格独特、色彩斑斓的建筑,感受到中西文化交融的魅力。第三,鼓浪屿是一座艺术之岛。这里孕育了众多艺术家,你可以参观各种艺术展览馆、画廊和艺术家工作室,欣赏到各种精彩的艺术作品。第四,鼓浪屿还以美食闻名。岛上有各种美味的海鲜和当地特色小吃,让你尽情享受舌尖上的美味。

总之,鼓浪屿是一个集自然景观、历史文化和艺术氛围于一体的绝佳旅游目的地。无论是追求自然之美、探寻历史文化,还是欣赏艺术创作,这里都能满足你的需求,并给你带来难忘的旅行体验。

如对嵩山世界地质公园旅游区的介绍:

河南嵩山世界地质公园是一座以地质构造为主,以地质地貌、水体景观为辅,以生态和人文相互辉映为特色的综合性地质公园。公园总面积450平方千米,主要地质遗迹类型为地质(含构造)剖面,主要风景区有少林景区、中岳景区、嵩阳景区等。嵩山是中华文明的重要发源地,为"五岳"中的"中岳"。2004年2月,嵩山被联合国教科文组织评为世界地质公园。嵩山岩石发育完整,太古代、元古代、古生代、中生代、新生代的地层和岩石均有出露,被地质学界称为"五世同堂"。

接下来可以用简洁明了的文字描述"书册崖":

由于这种地质构造特点,嵩山形成了很多褶皱。嵩山非常特殊,一般认为,其精华在于三皇寨,三皇寨的"书册崖"地质结构非常典型,又名"万丈崖""天书",是形成于距今约24亿年前后的元古界石英岩,地质学家称之为"嵩山石英岩石林"。在距今18亿年前,嵩山地区发生了一次地壳运动——中岳运动,使原本水平的岩层发生弯曲、旋转、倒转进而形成直立,像一本本巨厚的书册立于天地之间,又像一柄柄利剑直刺苍穹,因此,"书册崖"是地质公园中参观、游览和研究价值最高的区域。

三、排版

在设计行程方案时,定制师需要考虑如何通过清晰、简洁的排版,为客户提供良好的阅读体验。

使用Word进行排版时,定制师需要掌握文字效果、对齐方式、方案结构、图片效果,以及使用页眉与页脚的基本操作。合理运用字体样式和大小,使文字更加突出并易于阅读。对齐方式要统一,使文档整体看起来更加整洁和专业。方案结构要清晰明了,可以使用标题和段落来分隔不同的内容部分。插入适当的图片和表格来增强可视化效果。

在报价模块中,定制师应使用表格形式将报价信息清晰地呈现在Word文档中。表格可以使信息整齐有序,便于客户查阅和理解。

完成Word文档编辑后,定制师需要将其输出为PDF格式,并发送给客户。PDF文档具有固定格式和可广泛共享的特点,能够确保文档在不同设备上显示的一致性,并且不会被非授权人员修改。

通过运用Word的排版功能、使用表格呈现报价信息以及将文档输出为PDF格式,定制师可以为客户提供一份整洁、易读且专业的行程方案,从而提升客户的阅读体验。

(一)行程方案排版的原则

1. 简洁美观

行程方案是定制师根据客户需求量身打造的旅行方案,因此在排版过程中,定制师应注重让客户能够清晰、简洁地了解整个方案,展现目的地的风光。排版时应避免过于复杂,以免让客户感到眼花缭乱或难以抓住重点项目。为了实现这一目标,定制师可以采取以下措施。

提炼简洁明了的标题和副标题:使用简短而有吸引力的标题和副标题来概括每个行程阶段或活动。这样可以让客户快速了解每个部分的核心内容。

划分清晰的段落结构:将方案分成适当的段落,每个段落介绍一个具体主题或活动。使用空行、缩进或者子标题来区分不同段落之间的内容,使得整个方案结构清晰明了。

插入引人入胜的图片:选择高质量、代表性的图片来展示目的地风景和活动场景。图片应与文字相配合,并放置在相关内容旁边,以增强视觉效果和吸引力。

进行简明扼要的描述:在介绍每个行程阶段或活动时,使用简洁明了的语言,突出重点信息。避免冗长的叙述和过多的细节,以保持客户对方案的关注和理解。

使用列表或表格:使用项目列表或表格来呈现行程中的关键信息,如时间安排、交通方式、酒店住宿等。这样可以使信息更加清晰有序,并便于客户查阅和比较。

定制师可以在保持方案简洁清晰的同时,展现出目的地的风光和行程亮点,使客户能够快速把握整体内容,并对方案产生浓厚的兴趣。

2. 格式统一

在制作行程方案时,保持格式统一是非常重要的。在同一行程方案中,相同层级文字应使用相同的字号,并且对齐方式也要保持一致。例如,标题可以使用较大号字体并居中对齐,段落正文可以使用较小号字体并左对齐。这样可以使整个方案看起来更加整洁和专业。

保持图片呈现效果协调:如果在行程方案中使用了图片来展示目的地风景或活动场景,需要确保图片呈现效果协调统一。可以选择相似风格或颜色搭配的图片,并按照相同大小或比例进行排版。这样可以增强视觉效果,并使整个方案看起来更加美观。

使用统一的布局和颜色方案:在行程方案的整体布局上,可以选择统一的格式和排版方式。例如,可以将行程阶段或活动介绍放置在左侧,相关图片放置在右侧。同时,在选择颜色方案时,也要保持一致性。可以使用相同或相近的颜色来标明重点信息或进行分区标记。

定制师应设计出格式统一的行程方案。这样的方案不仅展示了定制师的专业度,还能够给客户留下良好的印象,并提升客户对方案的认可度和满意度。

3. 内容适当

在行程方案的排版中,内容的适宜性也非常重要。

其一,行程方案应提供足够丰富的信息,以便客户全面了解旅行安排和活动细节。具体信息包括目的地介绍、交通方式、酒店住宿、景点推荐等。定制师可以根据客户需求和偏好进行合理选择,并提供相关说明。

其二,行程方案应避免过多的冗杂信息。虽然内容丰富度很重要,但也需要避免冗杂的信息导致方案烦琐。定制师应该精选最重要和关键的信息进行呈现,避免无关或重复内容。通过简洁的描述和清晰的结构,让客户能够快速抓住核心信息。

其三,行程方案应平衡文字和图片的使用。除文字描述外,定制师也可以通过插入图片来展示目的地风景和活动场景。定制师可以选择高质量、有代表性的图片来提升视觉效果,但过度依赖图片而忽略文字描述是不可取的。要合理平衡文字和图片的使用,以确保客户能够全面了解行程内容。

定制师既要保持信息丰富度,又要避免方案烦琐或缺乏关键信息。这样客户在查看方案时才能够充分了解行程,并对方案产生浓厚的兴趣。

(二)行程方案排版的方式

1. 使用Word进行排版

(1)文字效果。

在行程方案排版中,字体与字号的选择非常重要。

保证阅读舒适感:选择简洁清晰、易于辨认的字体,并避免使用过于花哨或难以辨认的字体。同时,确保字号不过大或过小,以便客户能够轻松阅读方案内容。

主题匹配合适字体:根据旅行主题和风格选择合适的字体。例如,楷体适合古风古韵主题的旅行方案,而现代风格的方案可以选择更为简洁的字体。

灵活运用加粗、下划线和斜体:加粗可用于突出行程重点内容,使其更加醒目。下划线可以强调和提醒客户需要注意的问题。斜体常用于补充说明或备注处,帮助客户更好地理解方案细节。

合理调整缩进与行距:首行缩进两个字符是中文行程方案常用的格式,有助于提升整体排版效果。在调整行距时要注意平衡篇幅与信息密度,避免行距过大导致信息分散化或行距过小导致阅读困难。

(2)对齐方式。

在行程方案排版过程中,选择合适的对齐方式可以有效提升排版效果。以下是一些常见的对齐方式及其应用建议。

左对齐:左对齐是最常见和默认的排版方式,文字在左侧边缘开始,呈现出整齐的边界。这种对齐方式适用于大部分文字内容,尤其是段落式文字描述。

居中对齐:居中对齐使得文字均匀分布于每行,并将信息呈现在每行的中间位置。这种排版效果能够吸引读者的目光,适用于标题、子标题或独立信息项等需要强调和突出的文本。

右对齐:右对齐将文字靠右边缘开始排列,适用于特定情况下需要突出末尾或与其他元素对齐的文本。比如,行程方案中的价格或时间可以使用右对齐,使其与其他相关信息对齐。

两端对齐:两端对齐使得每行文字在左右两侧边缘都对齐,形成整齐的边界。这种排版方式适用于大段文字的排列,能够提升整体视觉效果和阅读舒适感。

分散对齐:分散对齐将文字均匀分布在每行上,并在每行的左右两侧边缘形成直线。这种排版方式适用于需要强调整体视觉效果和平衡性的文本内容。

根据具体的版面需求和设计目标,定制师可以选择合适的对齐方式来达到所期望的排版效果。通过灵活运用不同的对齐方式,行程方案的可读性、吸引力和专业度可以得到有效提升。

(3)方案结构。

一个旅行产品方案基本应该包括三个模块的内容:标题、方案特色、日程安排。

标题是行程方案最先映入客户眼帘的模块。一个好的行程方案标题应选取合适的字体、字号、对齐方式,对行程进行高度的概括,并涵盖客户称谓、游玩时间、目的地等基本信息。

方案特色应居于整个方案的前部,这是因为方案特色的功能是高度提炼行程特点,展示客户定制化需求的满足情况,并展示目的地风光。因此,定制师在提炼行程特点与定制化需求时,可以使用"插入项目符号"或"编号"功能,以此达到版面统一。

日程安排是方案正文内容所占篇幅最大的模块。在设置此模块时,要按照每一天的顺序进行罗列,这是最为常用且非常直观的方法。总体来看,日程安排模块可按此顺序设置:第×天—行程概要—交通—景点、活动信息—餐饮(穿插)—酒店。在按照此顺序撰写相关内容时,要注意用字体、字号区分不同层级的信息,更要注重整体风格的统一。

(4)图片效果。

在行程方案中插入图片时,定制师不仅要注意图片尺寸与比例是否协调,还可以选择以文字环绕图片的方式或图片嵌入文本内容的方式来增加图文搭配的结构感。常用的文字环绕或嵌入图片方式如图5-1所示。

图5-1　图片效果设置操作示意图

定制旅行产品设计（活页式）

（5）使用页眉、页脚。

在行程方案中插入页眉的主要目的是增加文档呈现的专业化、归属感，让主题更加突出。插入页脚也就是在方案中增加页码，此设置的主要目的是确保客户可以将多页方案信息按照正确的顺序排列，给客户的阅读带来便利。

2. 插入表格

在方案的报价模块，定制师可采用表格来罗列行程信息及相应的价格明细，此方式可达到版面清晰统一、逻辑顺畅的效果。下面使用一个报价明细表范例（见表5-1）来进行具体说明。

表5-1　定制报价明细表

张先生浪漫三亚双人定制线路报价明细单				
出发时间	4月			费用合计
费用项目	项目	单价	数量	
交通	往返机票	1670元	2人	3340元
	接送机服务	100元	2人	200元
住宿	三亚亚特兰蒂斯酒店	3308元	2晚	6616元
康乐	门票（鹿回头风景区）	42元	2人	84元
	游艇出海海钓（双人）	2958元	1份	2958元
	浪漫一日游	400元	2人	800元
	酒店水疗	575元	2人	1150元
餐饮	亚特兰蒂斯海鲜自助烧烤晚餐	468元	2人	936元
	情人湾主题双人晚餐	6000元	1份	6000元
	别墅泳池漂浮双人下午茶	588元	1份	588元
	亚特兰蒂斯特色海鲜双人餐	999元	1份	999元
其他	必备品预算（双人）	1000元	1份	1000元
服务费	定制服务费	50元	2人	100元
总金额				24771元

注：表中相关内容均为案例假设，仅供参考，如有雷同，纯属巧合。

在此报价明细表中，定制师将行程包含项目类别、名称、单价、数量、金额等信息一一填入表格，整体结构清晰，能给客户带来良好的阅读体验。

3. 导出为PDF文件

在行程方案制作完成并排版结束后，定制师应将其导出为PDF文件后再发送给客户。这是因为Word文档易被修改，且在不同的电脑系统中可能因为Word版本的不同，打开后可能会出现乱码。因此，导出PDF格式的文件可以使行程方案的内容、排版保持稳定。在Word中导出为PDF文件的路径：文件—导出—创建PDF/XPS文档—选择储存位置—发布。

任务三　新媒体工具的运用

一、排版类工具

使用新媒体排版工具可以创建吸引人的内容，提升信息传递给客户的效果。随着时代的发展和新媒体技术的进步，新媒体工具更新换代以及创新的速度很快。对于定制旅游方案呈现，目前较为好用的排版类工具分别是135编辑器、秀米、i排版、96微信编辑器等。

1. 135编辑器

135编辑器（见图5-2）是一款功能强大的排版工具，它提供了丰富的排版模板、设计元素和编辑功能，可以帮助用户轻松创作出精美的排版作品。以下是使用135编辑器的一些基本步骤。

图5-2　135编辑器官网

登录和选择模板：访问135编辑器官网并登录你的账户。在主界面上，你可以选择适合你需求的模板类型，如海报、名片、宣传册等。

自定义布局和样式：选择模板后，你便可以开始自定义布局和样式。通过拖拽元素、调整大小和位置，你可以制作出自己想要的排版效果。还可以更改背景颜色或添加背景图片来增强视觉效果。

添加文本和图像：在所选模板中，你可以点击文本框来输入自己的文字内容，并根据需要调整字体、字号和颜色。此外，你还可以上传图片并调整其大小和位置。

使用图形元素：135编辑器提供了各种图形元素，如形状、线条、图标等。将这些元素拖放到画布上，并进行相应的调整，你可以提升排版作品的创意性和吸引力。

导出和保存：完成排版后，你可以在页面右上方找到"导出"按钮，点击并选择所需输出格式（如JPG、PNG或PDF）。你还可以选择输出的分辨率和质量。点击导出后，等待一段时间即可下载生成的文件。

其他功能：除基本的排版功能外，135编辑器还提供许多其他实用的功能。例如，添加动画效果、插入音频或视频、设置链接等。你可以探索这些功能，并根据需要使用它们来增加排版作品的互动性和多样性。

请注意，具体使用步骤可能会因为版本更新而有所变化，建议在使用前查看相关帮助文档或教程以获取最新信息。通过熟悉135编辑器的各种功能和不断练习，你将能够更好地利用该工具来创作出令人印象深刻的排版作品。

2. 秀米

秀米（见图5-3）是一款简单易用的在线排版工具，它提供了丰富的模板和编辑功能，可以帮助用户快速创作出精美的排版作品。以下是使用秀米的基本步骤。

图5-3　秀米官网

登录和选择模板：访问秀米官网并登录你的账户。在主界面上，你可以选择符合自身需求的模板类型，如文章、海报、简历等。

自定义布局和样式：一旦选择了模板，你可以开始自定义布局和样式。通过拖放元素、调整大小和位置，你可以制作出自己想要的排版效果，还可以更改背景颜色或添加背景图片来增强视觉效果（见图5-4）。

添加文本和图像：在所选模板中，你可以点击文本框来输入文字内容，并根据自己的需要调整字体、字号和颜色。此外，你还可以上传图片并调整其大小和位置。

使用特效和装饰：秀米提供各种特效和装饰元素，如边框、阴影、图标等。通过应用这些元素，并进行相应的调整，你可以提升排版作品的创意性和吸引力。

导出和保存：完成排版后，你可以在页面右上方找到"预览"按钮，点击并查看最终效果。如果满意，点击"保存"按钮将作品保存到账户中。你还可以选择导出为PDF、PNG或HTML格式，以便在其他平台上使用。

其他功能：除基本的排版功能外，秀米还提供了一些其他实用的功能。例如，添加动画效果、插入视频或音频、设置链接等。你可以探索这些功能,并根据需要使用它们来增加排版作品的互动性和多样性。

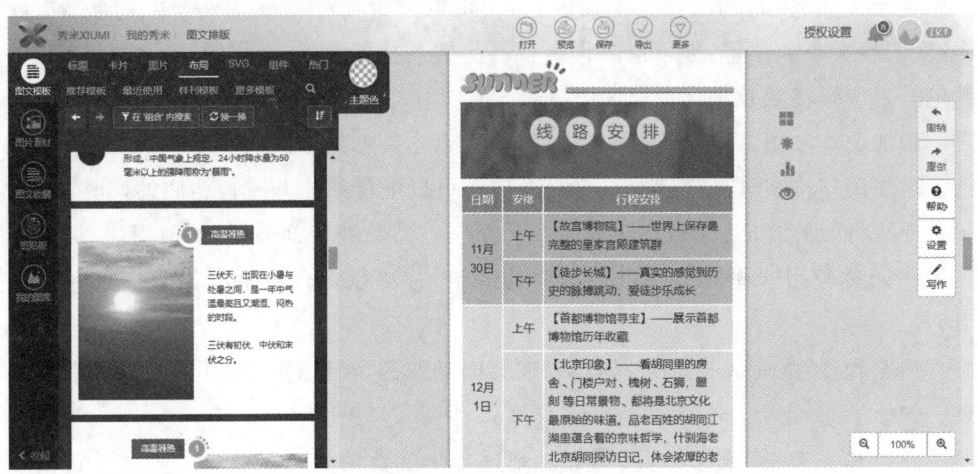

图 5-4　秀米图文编辑页面

具体使用步骤可能会因为版本更新而有所变化,建议在使用前查看相关帮助文档或教程以获取最新信息。通过熟悉秀米的各种功能和不断练习,你将能够更好地利用该工具来创作出令人印象深刻的排版作品。

3. i 排版

i 排版是一款排版效率高、界面简洁、样式原创设计的微信排版工具,具有全文编辑、实时预览、一键样式、一键添加签名等功能。

4. 96 微信编辑器

96 微信编辑器(见图 5-5)是一款专门用于微信公众号文章排版的工具,它具有了丰富的排版模板和编辑功能,可以帮助用户快速创作符合微信公众号规范的文章。以下是使用 96 微信编辑器的基本步骤。

图 5-5　96 微信编辑器官网

登录和选择模板：访问96微信编辑器网站并登录你的账户。在主界面上，你可以选择符合自身需求的微信公众号文章模板。

自定义布局和样式：选择模板后，你便可以开始自定义布局和样式。通过拖放元素、调整大小和位置，你可以制作出自己想要的排版效果，还可以更改字体、字号、颜色等来增强视觉效果。

添加文本和图像：在所选模板中，你可以点击文本框来输入文字内容，并根据自己的需要调整格式、段落间距等。此外，你还可以上传图片并进行相应的调整。

使用特效和装饰：96微信编辑器提供了一些特效和装饰元素，如引用块、标题样式等。通过应用这些元素并进行相应的调整，你可以提升文章的排版创意性和吸引力。

预览和保存：完成排版后，你可以在页面上找到"预览"按钮，点击并查看最终效果。如果满意，则点击"保存"按钮将文章保存到账户中。

导出和发布：完成编辑后，你可以选择导出文章为HTML格式，然后复制粘贴到微信公众号的编辑器中进行发布。

具体使用步骤可能会因为版本更新而有所变化，建议在使用前查看相关帮助文档或教程以获取最新信息。通过熟悉96微信编辑器的各种功能和不断练习，你将能够更好地利用该工具来创作出符合微信公众号规范的文章。

二、图片制作类工具

我们设计的旅行定制产品无论想在哪里（自媒体、公众号等）呈现，图片都是必备的素材，那么当现有的图片已经满足不了我们的需求的时候，就需要自己动手去制作图片，下面推荐几个用得比较多的图片制作软件和网站。

1. Photoshop

Photoshop是由Adobe公司开发的一款专业图像处理软件，它具有强大的图像编辑、合成和设计功能，被广泛应用于平面设计、摄影后期处理、数字绘画等领域。Photoshop对使用者要求比较高，需要掌握一定的设计技巧才能熟练使用，适合专业的设计人员和有一定设计基础的人员使用。以下是使用Photoshop的基本步骤。

打开图像：在Photoshop中，你可以通过点击菜单栏中的"文件"选项，然后选择"打开"来导入需要编辑的图像。

图像调整：在打开的图像上，你可以使用各种调整工具来提高图像质量。例如，你可以通过调整亮度、对比度、色彩平衡、曝光等参数来优化图像。

选择工具：Photoshop提供了多种选择工具，如矩形选框工具、套索工具、魔术棒工具等。你可以使用这些工具来选择特定区域，并对其进行编辑或应用其他效果。

图层操作：在Photoshop中，每个编辑元素都位于一个独立的图层之上。你可以使用图层面板来管理和控制各个图层。你可以通过添加新图层、调整不透明度或混合模式等操作来实现复杂的叠加效果。

文字处理：Photoshop 提供了丰富的文字处理功能。你可以添加文本图层，并对文本进行格式化，以及调整字体、大小和颜色等。

修饰和特效：你可以通过应用滤镜、添加阴影、调整色调或饱和度等操作，为图像增加艺术性或特殊效果。

导出和保存：完成编辑后，你可以选择将图像导出为不同的文件格式，如 JPEG、PNG、GIF 等。同时，Photoshop 还支持将图像保存为 PSD 格式，以便将来继续编辑。

请注意，以上是 Photoshop 的基本使用步骤，该软件功能非常丰富，有着很多高级的特性和工具。如果你是初学者，建议参考相关教程或帮助文档以了解更多详细信息，并通过实践来熟悉和掌握 Photoshop 的各种功能。

2. 动态图片制作工具

我们难免会用到一些动态图片来提升文章的阅读趣味，常见的动态图片制作工具有 GIF5、SOOGIF 等。动态图片制作工具的操作比较简单，一般具有以下功能。

① 多张静态图片合成动态图片：可添加多张图片，设置参数后生成动态图片。

② 多张动态图片合成一张：可添加多张动态图片，设置参数后合成为一张动态图片。

③ 视频转 GIF：添加要转换的视频素材，将其导出为 GIF。

④ GIF 拼图：上传多张图片（至少包含一张 GIF，最多可支持 9 张图片）后选择模板进行拼接，点击生成 GIF。

⑤ GIF 编辑：在原始 GIF 的基础之上添加动态文字，增加滤镜、水印和贴纸，调整播放效果。

⑥ GIF 剪裁：上传需要裁剪的 GIF，手动自由裁剪画面，导出剪裁后的 GIF。

⑦ GIF 压缩：上传 GIF 后可将其压缩至指定大小，支持批量压缩。

三、在线图形设计类工具

（一）海报设计

除了利用一些专业的制图工具进行海报设计，目前还有很多在线好用便捷的新媒体工具，较为常见的包括 Canva、创客贴，以及 Adobe Spark、Desygner、PosterMyWall、Fotor、Snappa 等。这些在线图形设计类工具不仅提供了一些免费可用的海报模板和高质量图像库，还提供了简单易用的编辑功能。

1. Canva

Canva（可画）是一款功能强大且易于使用的在线设计工具，适用于制作各种类型的海报(见图5-6)。以下是使用Canva进行海报设计的简要步骤。

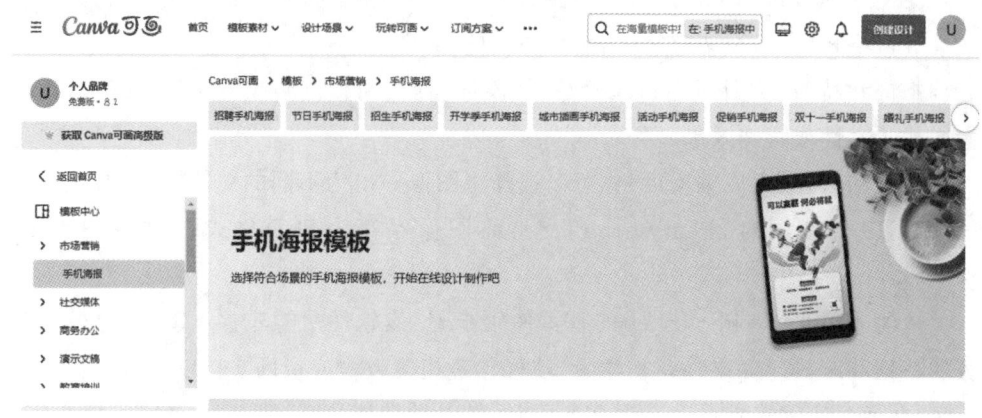

图5-6　Canva海报制作页面

登录/注册:访问Canva网站(https://www.canva.cn/),并登录你的账户,如果没有账户则需要注册一个新账户。

选择海报尺寸:在Canva主页上,点击"创建一个设计"按钮,在弹出的窗口中选择"海报"选项。然后,你可以从预设尺寸中选择一个符合自身需求的海报尺寸,或者自定义设置海报尺寸。

海报模板:Canva有丰富的免费和付费模板库,你可以在搜索框输入关键词来查找特定主题或样式的海报模板,也可以浏览不同类别下的模板。

编辑和个性化:选择合适的模板后,你就可以开始编辑了。你可以更改文字内容、字体、颜色等;添加图片、形状和图标;调整布局和背景等。Canva提供直观而强大的编辑工具和选项。

添加元素和效果:除了基本的编辑功能,Canva还提供各种元素和效果供用户使用。例如,你可以通过添加图形、线条、箭头、边框等来增强视觉效果,以及通过调整滤镜、亮度和对比度等来优化图像。

下载和分享:完成编辑后,你可以点击右上角的"下载"按钮将海报保存到计算机中。此外,Canva还提供直接分享到社交媒体平台或邀请他人进行协作的选项。

无论是制作活动海报、宣传海报还是社交媒体海报,Canva都能提供丰富的设计工具和模板,帮助您轻松创建出色的海报。

2. 创客贴

创客贴是一款多功能的在线设计工具,适用于制作海报、宣传册、名片等各种视觉内容。

选择海报尺寸:在创客贴主页上,点击"开始设计"按钮,在弹出的窗口中选择"海报"选项。然后,你可以从预设尺寸中选择一个符合自身需求的海报尺寸,或者自定义设置海报尺寸。

海报模板:创客贴有丰富的免费和付费模板库,你可以在搜索框输入关键词来查找特定主题或样式的海报模板,也可以浏览不同类别下的模板。

编辑和个性化:选择适合的模板后,你就可以开始编辑了。你可以更改文字内容、字体、颜色等;添加图片、形状和图标;调整布局和背景等。创客贴提供直观而强大的编辑工具和选项。

添加元素和效果:除了基本编辑功能,创客贴还提供各种元素和效果供用户使用。例如,你可以通过添加图形、线条、箭头、边框等来增强视觉效果,以及通过调整滤镜、亮度和对比度等来优化图像。

下载和分享:完成编辑后,你可以点击右上角的"保存/下载"按钮将海报保存到计算机中。此外,创客贴还提供直接分享到社交媒体平台或生成在线链接的选项。

创客贴不仅提供丰富的模板和设计工具,还支持多人协作和团队管理,方便团队合作完成设计项目。

(二) H5页面设计

H5页面主要用于活动推广、招聘、招商、品牌传播等用途,可以利用H5页面快速地在移动端市场进行传播,常用的H5页面制作工具有易企秀、MAKA等。

1. 易企秀

易企秀是一款专业的在线设计平台,适用于制作各种类型的海报和宣传资料(见图5-7)。以下是使用易企秀进行海报设计的简要步骤。

图5-7 易企秀H5制作页面

登录/注册:访问易企秀网站(www.eqxiu.com)并登录你的账户,如果没有账户则需要注册一个新账户。

选择模板:易企秀的模板库中提供丰富多样的免费和付费模板,你可以从模板库中选择符合自身需求的海报模板。

编辑内容：一旦选择了适合的模板，就可以开始编辑内容了。你可以更改文字内容、字体、颜色等，添加图片、形状和图标，调整布局和背景等。易企秀提供直观而强大的编辑工具和选项。

添加动效：易企秀还提供丰富的动画效果供用户使用。你可以为文字、图片、图形等元素添加动画效果，增强其视觉吸引力和互动性。

自定义样式：除了基本的编辑功能，易企秀还具有自定义样式的功能。你可以自由调整元素大小、位置、透明度等属性，以及通过滤镜等来优化图像。

预览与发布：完成编辑后，你可以预览海报效果，并进行必要的调整。然后，你可以选择将海报发布到易企秀平台、生成在线链接或下载为图片/视频格式。

易企秀不仅提供丰富的模板和设计工具，还具有支持多媒体元素、互动功能和数据统计等高级特性，使用户能够创作出独特而有吸引力的海报作品。

2. MAKA

MAKA（码卡）是一个H5页面在线制作及创意工具（见图5-8），MAKA上线海报创作功能后，从H5平台升级为设计平台。其特点如下。

图5-8　MAKA H5制作页面

操作简单：点击拖拽即可轻松添加或替换文字、图片等元素，预览效果满意后即可分享。1分钟上手，5分钟创作，极简的操作方式超越PPT。

模板众多：超过5万专业设计师提供原创精致的主题模板，超过10万优质素材每天实时更新，覆盖20个行业，几乎满足所有使用场景。

双端同步操作：支持PC端、移动端。移动端可随时随地编辑作品，创作便捷；PC端功能丰富，可直接生成指纹翻页、擦一擦、重力感应等酷炫特效。

全面数据监控：MAKA提供详细的访问报告、受众群体特征、城市分布、访问设备型号等，用户能直观且全面地了解传播效果，从数据中发现有针对性的问题并随时调整，实现更高效传播。

一键分享：作品可分享到朋友圈、微博、QQ空间等社交网络。随时更新分享封面图和文案，让作品更个性化。

 知识内化

任务描述

×××旅行社接到一个定制旅行需求单，经过前期首呼落单、需求分析、旅行产品方案设计以及产品报价设计等环节后，作为定制师，你需要依据客户需求，以亲子为主题选择旅游目的地（宁夏、海南、山东、上海、山西、甘肃等），或以游学为主题选择旅游目的地（日本、新加坡等），或以蜜月之旅为主题选择旅游目的地（欧洲、斐济、马尔代夫等），并完成以下实训任务。

（1）使用Word文档进行编辑；请根据所掌握的旅游资源知识，在相关网站搜索合适的图片及文字，插入方案特色模块；利用"美图秀秀"等软件，对图片进行光效、颜色等处理。

（2）设置合适的标题，设置页眉、页脚。

（3）在每日行程模块按照"第×天—行程概要—交通—景点、活动信息—餐饮（穿插）—酒店"的流程填入信息。

（4）选择合适的字体与字号、对齐方式。

（5）在报价模块使用表格编辑基本信息。

（6）将编辑好的行程方案转化为PDF文档。

实训目标

学生在实际操作的过程中能够简述使用图片及视频应遵循的基本原则；能选择合适尺寸与质量的方案图片，使用"美图秀秀"软件编辑图片，并在Word文档中插入图片；能选择合适的视频素材，并利用"剪映"软件进行定制方案视频制作；能使用文字效果、对齐方式、图片效果、页眉与页脚等工具；能掌握方案的基本结构设计；能将Word文档转化为PDF文档并发送给客户。

任务分组

请将分组情况填入表5-2。

表5-2　学生分组表

组别	工作任务——定制旅行方案的图文及视频呈现
1	
2	

续表

组别	工作任务——定制旅行方案的图文及视频呈现
3	
4	

工作实施

任务分析：学生以小组为单位，基于实训项目，在前期针对客户需求制作出的Word版行程方案及报价的基础上，针对不同客户类型，调整文字效果、对齐方式、图片效果、页眉与页脚等，制作内容明确、条理清晰、有吸引力的定制方案。

步骤一：准备Word版定制产品方案。在前期客户需求分析的基础上，准备好满足客户需求的Word版定制行程方案，其中包含报价信息（见图5-9）。

定制行程方案

To：李女士
郑州出发至新加坡+马来西亚六天四晚双国亲子狂欢之旅
出发日期：2月6日
返程日期：2月11日
出发城市：郑州
目的地：新加坡、马来西亚
人数：2人
报价：31998元

团费包含：①团体经济舱机票费和税费；②新加坡团签；③新加坡2晚酒店+马来西亚2晚酒店（标准间，每2人一间）；④行程中所示用餐；⑤行程内所列各种交通工具的费用；⑥行程表内所列各项游览项目及入场费用。

团费不含：①个人护照费用；②航空公司燃油临时涨价、航班更改及延误造成的额外费用；③游客擅自离团所产生的一切费用；④单人房差费、行程以外景点、不可抗力因素造成的损失；⑤新加坡导游司机小费；⑥行程之外一切个人消费，如各国酒类、汽水、洗衣、电报、电话等及一切私人性质的费用；⑦托运行李超重费，航空保险及境外旅游保险。

行程特色：
（1）行程随心定制，"1对1"贴心服务。
（2）高品质食宿：全程入住喜来登旗下酒店；特色美食肉骨茶。
（3）亲子精华景点：新加坡鱼尾狮公园、河川生态园、环球影城、日间动物园；马来西亚乐高乐园、乐高水上乐园。
（4）最佳出游时间+寓教于乐。河川生态园是亚洲首个也是唯一一个以河川为主题的野生动物园，园内拥有超过5000个动物栖息。在这里你可以看到密西比河与长江在内的八大河川动物栖息地，以及一系列河生巨型陆生动物与巨型淡水鱼，如巨型河生水獭、大鲵以及濒临灭绝的湄公河巨型鲶鱼。漫步淡水展区，了解奇妙的野生动物世界。同时，还可以前往东南亚最大的熊猫栖息地。

行程安排：
第一天
从郑州飞往魅力新加坡（参考航班TR117），07：55从郑州新郑国际机场起飞，13：15安全抵达新加坡樟宜机场，让我们开始寻访南洋多元文化之旅。
游览鱼尾狮公园、滨海艺术中心、国会大厦、高等法院、市政厅、莱佛士爵士铜像、莱佛士爵士登岸遗址、总理公署、维多利亚剧院、百年吊桥、莱佛士酒店、圣安得列教堂。集体照合影，初识新加坡。傍晚返回度假村，完成一场别开生面的烧烤晚会，人们围坐在一起分享点滴趣事，破冰之旅。
用餐：××/××/海南鸡饭
交通：飞机+专用车
酒店：当地网评四星酒店

图5-9　Word版定制行程方案

小贴士
Word版客户方案应注意的事项

步骤二：完善方案。在简易版的基础上需要调整方案的"颜值"。

方案美化具体注意事项：

（1）设置页眉、页脚。在行程方案的页眉部分写清楚客户名称和行程名称，可以使方案更清晰，使客户第一时间就能看到这是专属于自己的方案，从而获得满足感（见图5-10）。

图 5-10　方案页眉设置示例

（2）在方案特色模块插入文字与图片。

（3）在每日行程模块最好使用表格的形式，按照"第×天—行程概要—交通—景点、活动信息—餐饮（穿插）—酒店"的流程填入信息。

（4）选择合适的字体与字号、对齐方式。

步骤三：将Word版方案转化为PDF版方案。依据客户的合理需求，为游客提供清晰美观的行程方案，一般推荐为PDF格式。PDF格式最大的特点就是只能查看，不可编辑。它具有通用性，不管是Windows系统还是iOS系统都可以使用。PDF格式统一，可以将文字、字体、格式和颜色独立于设备的图形图像封装在一起，质感好，可为客户提供个性化的阅读方式。

评价反馈

完成任务后，将学生自评、组内互评、组间互评及教师综合评价结果分别填入表5-3至表5-6。

表 5-3　学生自评表

班级		姓名		日期	年　月　日
评价指标	评价内容			分数	分数评定
完成情况	实训按照要求完成			10分	
前期知识及准备	能掌握选择图片及视频的基本原则			10分	
参与态度和沟通能力	秉持相互尊重、理解、平等的原则，积极主动地与教师、同学交流；与教师、同学之间能够保持多向、丰富、适宜的沟通			10分	
	能处理好合作学习和独立思考的关系，做到有效学习；能提出有意义的问题或能发表个人见解			10分	
技能掌握	能在相关网站上搜索图片及视频素材			10分	
	能利用"美图秀秀"软件进行简单的图片光效、色彩调整			10分	

续表

班级		姓名		日期	年　月　日
评价指标	评价内容			分数	分数评定
技能掌握	能在Word文档的行程方案中插入图片			10分	
	能使用"剪映"软件进行简单的视频剪辑			10分	
思维态度	能发现问题、提出问题、分析问题、解决问题，具有正确的世界观、人生观、价值观和基本的策划素养			10分	
自评反馈	按时按质完成任务，较好地掌握了知识点，具有较强的信息分析能力和理解能力，思维严谨，表达时条理清晰			10分	
自评分数					
有益的经验和做法					
总结反馈建议					

表5-4　组内互评表

验收组长		组名		日期	年　月　日
组内验收成员					
任务要求	（1）能够按照要求完成实训。 （2）能掌握行程方案排版基本原则。 （3）能设置合适的标题、字体与字号、页眉与页脚。 （4）能在方案特色模块插入合适的图片与文字。 （5）能在行程安排模块清晰、详细地介绍行程信息。 （6）能在报价模块利用表格编辑信息。 （7）能将Word文档转化为PDF文档并发送给客户				
	评分标准			分数	得分
验收评分	能够按照要求完成实训，未完成或者不合理处扣5分			20分	
	能按照基本原则进行排版，结构清晰，版面美观，重点内容和客户需求的核心诉求点突出，不合理处扣5分			20分	
	能设置合适的标题、字体与字号、页眉与页脚，不合理处扣5分			20分	
	能在方案特色模块插入合适的图片与文字，不合理处扣5分			20分	
	能在每日行程模块清晰、详细地介绍行程信息；能在报价模块利用表格编辑信息；能将Word文档转化为PDF文档并发送给客户，不合理处扣5分			20分	
评价分数					
不足之处					

表 5-5　组间互评表

班级		被评价小组		日期	年　月　日
评价指标	评价内容			分数	分数评定
汇报表述	方案名称的设置			10分	
	页眉、页脚、字体、图片的美化			10分	
	重点内容表格化处理			10分	
	行程部分的规范化排版			10分	
内容正确度	内容正确			30分	
	阐述到位			30分	
互评分数					
简要评述					

表 5-6　教师综合评价表

项目名称	定制方案的排版			总得分		
评价依据	学生完成的所有任务单及理论测试成绩					
序号	任务内容及要求		配分	评分标准	教师评价	
					结论	得分
1	掌握定制旅行产品图文设计的原则、方法及技巧；掌握定制旅行产品的视频呈现的方法及技巧；掌握定制旅行方案的文字提炼的方法	答题正确	10分	不合理处扣2分		
		态度积极认真	10分	酌情赋分		
2	能根据客户的需求单及前期的沟通快速、准确、规范地处理方案页面	方法规范	10分	不合理处扣2分		
		语言流畅	10分	酌情赋分		
3	能利用多种新媒体工具对文字及图片进行美化及编辑，方案结构清晰、版面美观、重点内容突出、吸引力强	描述正确	10分	不合理处扣2分		
		语言流畅	10分	酌情赋分		
4	核心内容的美化展示，包括报价、特色、行程安排等	描述正确	10分	不合理处扣2分		
		语言流畅	10分	酌情赋分		

续表

项目名称	定制方案的排版			总得分		
评价依据	学生完成的所有任务单及理论测试成绩					
序号	任务内容及要求		配分	评分标准	教师评价	
					结论	得分
5	至少会使用3种图文编辑工具	满足数量要求	5分	每少一种扣2分		
		参考的主要内容要点	5分	酌情赋分		
6	素质素养评价	沟通交流	10分	酌情赋分,但违反课堂纪律,不听从组长、教师安排的不得分		
		团队合作				
		课堂纪律				
		创新创意				
		自主探究				
		服务意识				
		具有逻辑思维能力,能够通过科学的分析方法解决问题				
		具有服务意识、沟通意识及职业自信				
		具有洞察力、判断力及专业素养				
		具有探索、求真务实、精益求精的精神,以及分析能力				

巩固提升

案例1

傣家情——云南亲子6日游[①]

西双版纳傣族自治州,为云南省下辖自治州,位于云南省南端。西双版纳,在傣语中意为"理想而神奇的乐土",这里以美丽的热带雨林自然景观和少数民族风情而闻名于世,是镶嵌在祖国南疆的一颗璀璨明珠。在这片富饶的土地上,有全国约1/4的动物和1/6的植物,是名副其实的"动物王国"和"植物王国",是中国的热点旅游地区之一。

---

① https://www.youxiake.com/lines.html?id=17938&spm=eyJmcm9tIjo1NTAsIm9yaWdpbmFsIjpbmFsIjowfQ

西双版纳是绿色的,春夏秋冬都是一派生机盎然的景象。这里一年四季都让你没有理由拒绝!在这里,亚洲象很可爱,奇花异草很神奇,热带水果很好吃,傣族姑娘很好看,星光夜市很热闹!西双版纳热带雨林简直就是这个星球上极其适合亲子旅行的目的地!

我们深入傣族文化,制作菠萝饭,攀爬大树,下河摸鱼,采摘水果,参加泼水节,学傣文,学葫芦丝,走访寺庙……

大小朋友都说好玩!

推荐理由:

融入自然:和爸爸妈妈一起放下电子产品,真正地走进大自然,让眼睛、身体和心灵彻底放松。

学会珍惜:亲自动手,体验劳作的辛苦和乐趣,让孩子领悟到饭菜的来之不易,自动自发地珍惜粮食。

学习技能:菠萝饭是怎样制作的?大象是怎样洗澡的?热带雨林都有哪些神奇生物?这些问题全部等你来探索。

案例2

"枕水西栅,乡艺乌村"——浙江嘉兴乌镇文化休闲3日游

"枕水西栅,乡艺乌村"——浙江嘉兴乌镇文化休闲3日游行程单如表5-7所示。

表5-7 行程单

日期	行程安排	用餐	住宿
第一天	北京—杭州—乌镇	午餐、晚餐	乌镇

上午从北京首都国际机场搭乘中国国航CA1702航班前往杭州萧山国际机场。

中午抵达后导游接机,乘车前往乌镇(车程约80千米)。由导游带领入住位于西栅核心区的乌镇枕水度假酒店,然后自由活动。乌镇景区免费无线网络已实现全覆盖,在酒店进行人脸识别登记,该信息将作为旅游者出入景区门禁的依据。

自由活动A方案——体验蓝印花布制作:乌镇是蓝印花布的原产地之一,游客们可以通过纹样设计、刻花稿、涂花版、烤花、染色、退浆、清洗、晒干八道工序体验蓝印花布的制作,重拾旧时光。草木本色染坊占地2500平方米,地面由青砖铺就,地上竖立着密密麻麻的晒布架,规模相当庞大。这里有以蓝草为原料制作蓝印花布的工艺,还有独特的彩烤工艺流程,成品色彩丰富、非常美丽。大晒场挂着的一排排印花布随风飘荡,在这里可以拍摄美丽的个人照片。

自由活动B方案——体验古帖临摹和陶艺制作:古帖临摹活动即在昭明书院安静的空间里抄写古人诗句,凝神静气,放松身心。画板拓印活动可以选择白莲塔、西栅"桥里桥"、昭明书院、大剧院等地标建筑,"印"出乌镇,"带"入回忆。陶艺体验活动是以手捏法和模塑法制作各类生活陶器和工艺品,从练泥、修坯到刻画、烧制等各个环节都可以自己动手,体验DIY的乐趣。

18:00在西栅通安客栈中餐厅用晚餐。餐厅融合浙菜、粤菜烹饪手法,以嘉兴乍浦特色小海鲜为特色,演绎全新嘉兴风味。

用餐安排:早餐——无,午餐——飞机餐,晚餐——通安客栈中餐厅

住宿安排:乌镇枕水度假酒店

傣家情——云南亲子6日游

续表

日期	行程安排	用餐	住宿
第二天	乌镇	早餐、午餐、晚餐	乌镇

9:00 乡野农趣——乐在【乌村】。酒店集合出发，乘景区游览车前往乌村。首先参观互联网国际会展中心。这里既是世界互联网大会召开的主要场馆和永久会址，也是乌镇景区承接会议、会展的主要场所，凸显了江南水乡传统文化与现代文明的融合共生。水乡特有的白墙黑瓦、临水连廊等古典元素融入现代设计风格，建筑内部布置了智能会议、楼宇管理等智慧应用系统，传统与现代、文化与智慧交相辉映。走过乡间的绿荫小道，闻着路边的野草花香，听着林间的鸟叫蛙鸣，遇见乌村的自然与田园风光。进出乌村和用餐等均通过刷脸识别，简单便捷。戴上村民手环，你就是这个村落的主人，在村中一价全包地畅吃、畅喝、畅玩，乡村生活就此展开。特别安排乌村首席礼宾官（Chief Cultural Officer，CCO，即"热忱的文化创意者"）提供陪伴式服务和高质量服务。CCO负责解说乌村特色，指导体验活动。乌村CCO分为不同任务小组，如接待组、文体组、农学组和亲子组等，各个小组都有自己擅长的领域，在工作中既分工明确又紧密合作，他们有一个共同目标——竭尽所能为客人带来丰富的度假体验。

10:00【乌村乡艺体验自由行】。自选体验活动包括射箭、钓鱼、欢乐骑行、手工烘焙、手磨豆花、采摘、耕作、农事体验……游客们既可以在乐高风格的童玩馆参加室内攀岩、国际纸艺、点心烘焙等活动，也可以在稻田泳池游泳、在村头茶室品茗。下面推荐3种自由行组合方案。

方案1：童趣游。亲子家庭可在文化中心童玩馆搭乐高积木、滑滑梯、玩海洋球、攀岩、读趣味绘图本、玩电玩游戏；也可以去小动物乐园喂兔子、山羊、小鸭，在鱼塘里捕鱼，在纸艺课堂上制作属于自己的纸艺作品，乘坐橡皮艇泛舟水面。

方案2：农趣游。游客们可选择参加射箭、游泳等体育运动，也可参与耕作、采摘、钓鱼等农事体验活动，在手工DIY室尝试手工编藤，在红砖窑坊DIY一瓶属于自己的永生花植物，或在磨坊商铺亲自制作手磨豆花。

方案3：闲趣游。游客们可以在村头茶室享用茶饮和茶点，在知青咖啡吧喝软饮、吃小食或玩桌游，在麦田剧场打乒乓球或台球，在桃园甜品店品尝各式甜品，等等。所有项目免费开放，客人也可以根据兴趣爱好自由组合搭配，尽情释放自然天性。

12:00 在乌村知青餐厅用午餐。在主题景观餐厅享用一场中西合璧的味觉盛宴，更有最新鲜的"1小时蔬菜"，即从采摘、清洗、切配、烹饪到上桌在1小时内完成。

13:00 继续在乌村自由活动。经过上午的体验活动、CCO的陪伴推荐和午餐时客人间的心得分享，下午游客们可以继续自由选择心仪的体验项目，融入乡野农趣，享受漫游时光。

17:00 乘坐景区游览车返回酒店。

18:00 在裕生餐馆用晚餐。餐厅由西栅老街的一幢大宅改建而成，大门口悬挂着"福盛堂"匾额，是乌镇百年老字号餐馆。餐馆分上下两层，为典型的乌镇明清时期骑门楼风格，横跨老街，装修朴实，空间宽敞。推荐美食：乌镇传统煲、乌镇大碗菜、红烧羊肉等。

19:00 在西栅自由活动。漫步西栅景区，欣赏乌镇最美夜景，观看露天老电影，在水上集市欣赏花鼓戏，或体验巡更活动等。

用餐安排：早餐——酒店自助餐，午餐——乌村知青餐厅，晚餐——裕生餐馆

住宿安排：乌镇枕水度假酒店

续表

日期	行程安排	用餐	住宿
第三天	乌镇—杭州—北京	早餐	—

7:00【西栅早茶客】。小镇早晨,西栅水上集市早茶客开场,游客们可以前往体验旧时江南市集盛景。一杯早茶,一碟早点,在言笑晏晏间勾勒出小镇烟火气的日常(酒店早餐券可抵用集市早餐,做一回早茶客)。

9:00在酒店集合,退房,出发,乘车前往杭州萧山国际机场(车程约80千米)。

中午从杭州萧山机场搭乘中国国航CA1596航班返回北京首都国际机场,结束愉快的假期。

用餐安排:早餐——西栅水上集市,午餐——无,晚餐——无

案例分析

"枕水西栅,乡艺乌村"——浙江嘉兴乌镇文化休闲三日游

项目六　产品方案完善

项目情景

定制旅行产品方案完善,是基于客户对定制旅行方案初稿的反馈、意见和建议进行的,是结合客户意见对定制旅行方案初稿的修订,是定制旅行产品策划的最后环节,这项工作也体现了定制旅行产品策划以客户需求为中心的思想。学习本项目,要求同学们能够掌握与客沟通的渠道、技巧,以及整理客户的意见,调整方案的原则和具体的方法。

本项目包含三个工作任务:一是定制旅行产品资源采购;二是定制旅行产品资源组合;三是定制旅行产品方案完善。通过学习,学生需掌握定制旅行产品资源采购的原则、途径和具体操作方法;掌握定制旅行产品组合的原则与技巧;能根据客户的类型及反馈信息,优化定制旅行产品方案,提高客户体验价值。

学习目标

● 知识目标

(1) 了解定制旅行产品资源采购的原则;
(2) 掌握定制旅行产品资源采购的方法;
(3) 熟悉定制旅行产品资源组合的原则;
(4) 掌握定制旅行产品资源组合的技巧;
(5) 了解定制旅行产品方案优化的原则;
(6) 掌握定制旅行产品方案优化的步骤。

● 能力目标

(1) 能够快速、准确地进行相关产品资源采购;

（2）能够快速、准确地进行定制旅行产品组合；

（3）能够快速、准确地进行定制旅行产品方案调整和优化。

● 素养目标

（1）培养学生探索、求真务实、精益求精的精神，提高判断力；

（2）培养学生分析问题的能力与沟通意识，提高职业自信；

（3）培养学生挖掘客户深层需求的能力与对客沟通技巧，提高服务意识和专业素养。

知识框架

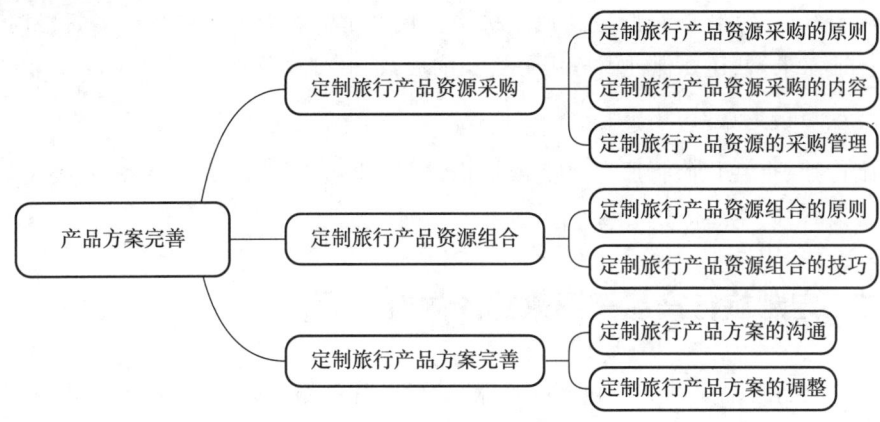

知识传递

任务一　定制旅行产品资源采购

一、定制旅行产品资源采购的原则

定制旅行产品的特殊性表现在它提供的是一种体验和服务。定制旅行产品资源采购是指旅行社、个性化旅行服务企业或机构等向其他旅游服务企业或相关部门采购交通、食宿、游览、娱乐等服务资源的过程。

定制旅行产品资源采购数量的多与少，以及采购质量的高与低，直接决定了定制客户旅游时间的长短和旅行产品的综合报价，从而影响定制旅行产品的策划、宣传、营销和销售，因此，掌握定制旅行产品采购的方法及原则是十分必要的。

旅行社、个性化旅行服务企业或机构等作为营利性机构，要想生存和发展，必须要有利润。在定制旅行产品资源采购过程中，旅行社、个性化旅行服务企业或机构要以最低的价格和最小的采购成本，从其他企业或旅游服务供应部门那里获取所需的单项服务资源。因此，定制师必须随时关注和研究市场供需状况，熟悉市场上各种旅游服务的价格及市场波动规律，有针对性地采取灵活机动的采购策略和方式，以获得最大的经济效益。定制旅行产品资源的采购原则有以下几点。

1. 保证供给原则

定制旅行产品是一个组合产品，它是由旅行社、个性化旅行服务企业或机构采购其他企业或部门的服务资源组成的，如果采购不能保证供给，就会直接影响个性化旅行服务企业或机构的正常经营活动。

2. 保证质量原则

旅行社、个性化旅行服务企业或机构在代理定制客户采购各项服务资源时，不仅要保证需求量，还要保证财务服务资源的质量，做到质价相符。

3. 成本领先原则

旅行社、个性化旅行服务企业或机构进行采购时要保证质优价廉，不要采取抄底价格策略，以免降低其市场竞争力。

二、定制旅行产品资源采购的内容

定制旅行产品采购主要包括交通服务采购、住宿服务采购、餐饮服务采购、景区景点服务采购、购物和娱乐服务采购、保险服务采购等内容。

（一）交通服务采购

"行"是实现旅游活动的前提条件。旅游交通也被称为旅游业的三大支柱产业之一。旅游交通组合主要是指旅游用的交通工具及相关设施，包括航空、铁路、公路、水路和其他交通设施。为了能够及时对旅游交通服务进行采购，加强与旅游交通企业的合作，许多旅行社、个性化旅游服务企业或机构有专门与交通企业对接的相关人员，一些规模大的旅游企业纷纷与交通企业建立业务合作关系，并且在企业内部设立了相对独立的票务部门。

旅游交通服务采购主要分为以下几种。

1. 航空交通服务采购

机票价格种类主要包括：航空公司公布票价（即零售价）、团体优惠票价、儿童优惠票价、优惠打折票价、包机票价及免票，其中零售价又可分为头等舱票价、商务舱票价和经济舱票价。

航空交通服务采购，是指旅行社、个性化旅行服务企业或机构根据旅游计划和散客的委托，为旅游团队、散客等代购航空机票的业务。航空交通服务采购有两种形式，即定期航班机票的采购和旅游包机的预订。其中定期航班机票采购业务包括机票预订、机票购买、机票确认、机票退订与退购、机票补购与变更五项内容。

(1) 机票预订。

定制师或业务人员在向航空公司提出预订前,必须掌握以下信息:一是掌握旅游者的个人信息,如姓名、身份证号(注意身份证有效期,信息记录姓名必须与身份证上姓名一致)、联系电话(包括手机和家里电话)、家庭详细地址等,出入境旅游还要有护照及签证信息;二是掌握团队信息,包括团队游客的人数(特别注意12岁以下的儿童)、旅游目的地、乘机的准确日期和具体时间、费用交付方式和其他事项;三是掌握航空公司的信息,如航空公司名称、机型和航班号、乘机日期和准确时间、机票价格、燃油附加费、手续费等。

(2) 机票购买。

定制师将填好的"机票预订单"按照航空公司规定的期限,提前送到(或通过网络发送至)航空公司售票处,之后到售票处购票或取票,或者由机票代理处派人送票。购票时,定制师必须出示乘机人的有效身份证件或由旅行社、个性化旅行服务企业或机构出具的带有乘机人护照号码的名单,取票时应认真仔细核对机票上的乘机人姓名、航班号、起飞时间、票价金额、目的地等内容。

根据定制旅行经营业务,所采购机票主要有国内客票和国际客票两种。儿童客票的价格则根据儿童年龄的不同按照成人客票价格的一定比例计算。未满2周岁的婴儿按照成人全票价的10%付费,不单独占座位,每一名成人旅客只能携带一名婴儿享受这种票价;已满2周岁未满12周岁的儿童按成人全票价的50%付费;年满12周岁的青少年,按成人票价付费。

国内客票有效期为一年,客票只限票上所列姓名的旅客本人使用,不得转让和涂改,否则客票无效,票款不退。国内客票分为成人客票和儿童客票。

国际客票包括国际旅行的单程客票、往返客票和环程客票,有效期均为一年。国际客票和国内客票一样,也分为成人客票和儿童客票两种,机票价格的计算基本上与国内客票相同。

(3) 机票确认。

我国民航部门规定:国内航班,旅客持有订妥座位的联程或回程客票,如在该联程或回程地点停留时间超过72小时,须在该联程或回程航班飞机离站前两天的中午12时之前办理座位再证实手续,否则原定座位不予保留。而国际航班,已订妥联程或回程国际、地区航班座位的旅客,如在上机地点停留72小时以上,应最迟在班机起飞前72小时对所订座位予以再证实,否则所订座位将自动取消;如在联程或回程地点的停留时间不超过72小时,无须办理座位再证实手续。

(4) 机票退订与退购。

定制师在为散客或团队游客预订或购买机票后,有时会遇到旅行计划变更造成团队人数减少或取消旅行计划等情况。此时,定制师应及时办理退订或退票手续,以减少损失。退订机票,一般按照民航部门或者旅行社与航空公司达成的协议所规定的程序办理。根据我国民航部门的规定,旅客(团队旅客另行规定)在客票上注明的航班离站时间24小时以前申请退票,需支付原票价10%的退票费;在航班离站前2小时至离站前24小时以内申请退票,需支付原票价20%的退票费;在航班离站前2小时以内申请退票,须支付原票价50%的退票费。

(5)机票补购与变更。

旅游者或乘客有时因为各种原因将机票不慎丢失,旅行社、个性化旅行服务企业或机构应协助旅游者或乘客挂失,即以书面形式向承运人或代理人申请挂失,并提供足够的证明。在申请挂失前,客票若已被冒用或冒退,承运人(航空公司)不负责任,挂失后凭机票遗失证明在飞机离港前1天下午到航空公司售票处取票并交纳补票费。

如在购买机票后,因旅行计划变更而需要变更航班日期或舱位等级时,必须在原指定的航班离港前48小时提出变更申请,客票只能变更一次。

2. 铁路交通服务采购

定制师在接到采购计划后,应认真核实采购数量、始发站、终点站、始发时间、票价等内容,然后到火车站或代售点购买。

火车票的采购业务包括火车票的预订、购买、退票、车票中转签证和变更路线业务。预购火车票时,定制师应该先向铁路部门提交预订计划再购票。采购信息包括订购火车票的数量、种类、抵达车站时间等。

3. 公路交通服务采购

公路交通服务主要用于市内游览或中短程旅游目的地之间的旅行。定制师在采购公路交通服务时应对提供此项服务的汽车公司进行仔细调查,了解公司所拥有的车辆数目、车型、性能、驾驶员技术水平、公司管理状况和车辆价目等,从中选出采购对象,签订租车协议,建立合作关系。

定制师在每次接到团队或散客的用车计划后,应根据客户的人数和收费标准向汽车公司提出用车计划,并告知散客或团队游客的日程安排,以便汽车公司在车型、驾驶员配备等方面做好准备。为了避免差错,定制师应在用车前两天再次向汽车公司核实相关信息。

实际采购中,有许多汽车公司与旅游企业之前常年保持着良好的合作关系,只需通过电话进行商定,再用传真确认双方各自应履行的责任和义务即可。

4. 水路交通服务采购

(1)定制师应根据散客或团队游客的旅行计划和相应要求,向轮船公司订购船票,并将填写好的船票订票单送交船票预订处。

(2)购票后,如因旅行计划变更导致乘船人数增减、舱位等级变更、旅行计划取消,定制师应及时向水运部门办理业务变更或取消手续。

旅游包机

OK票、OPEN票和燃油附加费

旅游用车时应了解的问题

(3) 取票时,定制师应根据旅行计划逐项核对船票的离港时间、航次、航向、舱位等级、乘客名单、船票数量、船票金额等信息。

(二)住宿服务采购

选择合适的住宿设施是保证住宿服务质量的前提条件和重要环节。定制师必须全面考察宾馆、饭店、旅馆服务设施的综合条件,从中选择质量好、价格适中、环境幽雅、交通方便、合作愉快的不同等级的住宿设施,确保客户在旅行过程中的住宿需求得到满足。一般条件下,定制师应该从以下几个方面考察住宿设施。

1. 客户的性质

不同性质的团队和不同需求的客户,对住宿的设施的要求有很大差异,定制师究竟选择什么样的住宿设施,首先取决于团队的性质和客户类型,如客户的职业、经济、文化水平等。所以,定制师必须熟悉团队性质和客户的特殊要求,选择合适的住宿设施。

2. 位置及环境

住宿设施的位置对于团队或散客接待具有重要意义,不同类型的客户对于住宿设施的位置有着不同的要求和偏好。例如:商务人士、停留时间长的游客及喜欢购物的游客偏爱坐落在市中心或热闹商业区的酒店;休闲度假的游客和年老的游客多喜欢幽静雅致的环境;短暂停留的游客则不大注重酒店的地理位置。

酒店周围环境也是一个不可忽视的因素,如度假村大多位于风景秀丽的地方,四周空气清新、植被茂盛、自然安静;中高档星级酒店一般位于交通要道、繁华地段、人口稠密的商业区。

3. 酒店的市场定位

酒店或宾馆的市场定位应主要考虑住宿设施接待的是哪种类型的客户。有些酒店适合接待会议团体,有些酒店适合接待商务人士,有些酒店适合接待散客。定制师要熟悉接待计划,分析客户类型及需求,针对不同客户的特点为其安排下榻之所。定制师如果对住宿设施的定位有清楚的了解,就可以为客户找到价位更适中的住宿设施。

4. 酒店硬件设施设备和软件服务水平

硬件设施设备是指酒店一切能够看见的设施设备,如房间的基本设施和设备、会议室、餐厅、商务中心、多功能厅等;软件服务水平主要是指酒店人员的素质、服务水平、管理水平等。尤其是针对一些特殊团队的服务,更加要注意软件服务的水平。良好的硬件设施设备和软件服务水平不仅可以提高客户对酒店的满意度,还可以为酒店树立良好的社会形象。

5.停车场

定制师在选择酒店时,还要考虑到酒店是否拥有出入方便、停靠安全的停车场,尤其是接待大型团队时,一定要把停车条件纳入订房选择的条件之中,必要时最好到现场核查清楚。

(三)餐饮服务采购

定制师在采购餐饮服务时,通常采用旅游团队定点就餐的办法,即旅游企业对某些餐厅进行考察和筛选后,同被选择的餐厅分别进行谈判,最终与较适合的餐厅达成协议。餐厅和旅游企业要对不同等级的用餐指标、价格、退订细则、折扣、详细菜单等做出明确规定,并各自按照协议自觉履行义务。

与餐饮行业合作的注意事项如下。

(1)订餐时,餐点不宜过多,应少而精,而且要注意餐厅的地理位置是否合理,尽可能靠近机场、码头、游览地、剧场等,减少因用餐而多次往返所造成的时间和金钱的浪费。

(2)订餐时,应及时将客户(或团队)的宗教信仰和个别客人的特殊要求转告餐厅,避免造成不愉快和尴尬的场景。

(四)景区景点服务采购

在选择景区景点时,资源品位高、环境氛围好、游览设施齐全、可进入性好、安全保障强等是其必须具备的条件,同时,定制师还应充分考虑客户的审美情趣和消费心理,需要尊重客户的身心规律。定制师需要了解景区景点的特殊性,避免定制旅行产品中出现雷同的景区景点,还需了解景区景点的各种限制。比如有一些景区景点有开放时间、人数、交通工具、季节性等方面的限制,还有一些景区景点因受到自然或人为破坏而暂时关闭、例行维护或必须事先预订,等等。这些都会影响定制旅行产品的设计与安排。

一般来讲,景区景点的选择要遵循以下原则。

(1)数量适中。同类旅游资源中,只宜选择具有代表性的某一景区景点,从而避免重复,降低成本。

(2)深度适中。应选择雅俗共赏,视觉效果好,内容丰富、鲜活,易于体验和感受的景区景点。景区景点如果内容过于集中、专业性太强,那么可能会使大多数客户或团队失去游览的兴趣。

(3)选择景区景点最佳观赏时间。各个景区景点,尤其是自然类景区景点,因自身的构景特征不同而各有其最佳观赏时间。若游客能在最佳观赏时间内游览各景区景点,游览价值将得到极大提升。

(4)充分考虑交通的顺畅性,避免走回头路。这样既可节省路途时间,又可以欣赏到不同旅途中的风景。

（5）游览节奏合理。景区景点游览节奏应动静结合，避免客户过度劳累。

（五）购物和娱乐服务采购

选择旅游购物场所时，要注意选择一批信誉好、有特点、价格合理、商品质量优、售后服务周到的旅游定点商店，明确双方的权利义务，以防购物商店在客户购买的商品中掺假，或者销售假冒伪劣商品，损害客户的利益，并由此引发旅游纠纷。

娱乐是旅游活动的六要素之一，组织好娱乐活动，尤其是晚间文化娱乐活动，不仅可以消除其白天参观游览的疲惫，还可以丰富、充实旅游活动，起到文化交流的作用。要想丰富、充实旅游活动，使整个产品锦上添花，旅游企业要与娱乐企业建立必要的合作关系。

（六）保险服务采购

旅游保险是针对旅游过程中可能发生的各种意外（除疾病、外科手术、战事、职业性运动竞赛或故意行为外）而购买的保险。旅游保险的主要产品有游客意外伤害保险、旅游人身意外伤害保险、住宿游客人身保险、旅游救助保险和旅游救援保险等，其中前三种为基本保险。

三、定制旅行产品资源的采购管理

（一）建立广泛的采购合作网络

为了使定制旅行产品满足不同类型客户需求，旅游企业必须与相关旅游服务供应单位，如酒店、餐馆、车船公司、景区景点建立广泛而稳定的合作关系。广泛的采购合作网络能够增强旅游企业的采购能力，使旅游企业获得短缺的定制旅行产品；另外，旅游企业采购管理的重点是具有优惠价格，因此需要一个广泛的采购合作网络。

（二）正确处理保证供应和降低成本的关系

保证供应和降低成本是定制师采购工作的两大任务，在实际工作中，两者往往难以兼顾，定制师应根据具体情况在两者间把握好平衡点。当定制旅行产品获得大众市场青睐，且市场竞争者较多，供大于求时，定制师采购工作的重点是降低成本，从而提高价格竞争力，获得更多的利润。

> 同步思考
> 定制旅行产品采购资源要素的过程中，常见的问题有哪些？应该如何处理？

（三）正确处理集中采购和分散采购的关系

1. 集中采购

集中采购是定制师以最大的采购量去争取最大的优惠价格的一种采购方法。集中采购的主要目的是通过扩大采购量，减少采购批次，从而降低采购价格和采购成本。

集中采购有两种情况：一是把企业各部门和全体销售人员接到的全部订单集中起来，通过一个渠道进行对外采购；二是把集中起来的订单投向一家或尽可能少的供应商进行采购，用最大的购买力以获得最优惠的价格。集中采购策略主要适用于旅游温、冷点地区和旅游淡季。

2. 分散采购

分散采购也是定制师采购资源过程中，经常使用的一种采购策略。一是近期分散采购，即一团一购的采购方式；二是定制师从许多同类型旅游服务供应部门或企业中获得所需的产品资源的一种采购方式。

在供不应求的情况下，分散采购可能更容易获得旅游者所需的服务；而在供过于求的情况下，分散采购也可能获得优惠的价格。关于分散采购，定制师可以使用两种方法：一是，和卖方商定适当的折扣；二是，如果定制师判定来年某项或某几项旅游资源将出现严重的供过于求，也可以选择分散采购。

（四）正确处理预订和退订的关系

定制旅行产品的销售是一种预约性的交易，定制师或旅游企业通常会在年底根据计划采购量，与定制旅行产品的供应企业洽谈下一年的业务合作事宜。计划采购量一般由定制师或旅游企业参照前几年的实际销售情况以及对下一年的市场预测来确定。然而计划采购量和实际采购量之间总是有差距的，这时就会出现增订或退订情况。

由于临时性的增订或退订会给供应企业带来一定的压力或经济损失，供应企业往往会设置增订限额或退订时限，并要求提高临时增订资源或服务的价格，或者收取一定比例的退订损失费用。如果定制师或旅游企业的计划采购量与实际采购量之间的差距较小，采购量处于稳定增长的态势，那么供应企业将会提供更为优惠的条件。

（五）加强定制旅行产品采购合同管理

为保证旅游市场经济的正常运行，规范旅游市场主体的行为，保证旅游市场主体实现各自的经济利益，签订旅游采购合同是十分必要的。定制旅行产品采购合同的基本内容主要包括以下几个方面。

1. 合同标的

合同标的是指合同当事人权利和义务共同指向的对象，即合同法律关系的客体。旅游采购合同的标的就是定制师或旅游企业购买供应企业提供的资源或服务，如客房、餐饮、汽车运输等。

2. 数量和质量

旅游采购合同是预购契约，不能确定具体的购买数量，因此，供需双方只能商定一个计划采购量和供应范围。对于定制旅行产品的资源供应情况和服务质量，供需双方可商定一个最低标准。

3. 价格和付款办法

合同中应规定旅游资源或服务的价格、折扣条件、结算方式与付款时间等。

4. 合同期限

合同期限是指合同从生效到终止的时间。有的旅游企业按照淡季、旺季签订两份合同。

5. 违约责任

违约责任是指当事人不履行合同义务或者履行合同义务不符合合同约定而依法应承担的民事责任。《中华人民共和国民法典》规定，违约方要承担支付违约金的义务。

（六）接待计划变更后的采购调整

如果接待计划变更或者发生突发事件，就会影响原先的采购，这时就需要对采购工作进行调整。接待计划变更后的采购调整应遵循以下原则。

1. 变动最小原则

将接待计划变更控制在最低限度内，尽可能不对原计划做太大调整。

2. 顾客至上原则

接待计划一旦制订，通常不能随意更改，尤其是在旅游活动过程中。对于不可抗力因素引起的行程变更，应寻求客户谅解。

3. 同级变更原则

接待计划变更后，旅游企业提供的定制旅行产品在级别、档次方面应力求与最初的安排一致，相应的采购工作一般采用以下方法。

（1）如果定期航班出现问题，可考虑改为包机。

（2）如果由飞机改乘火车，应尽量利用晚上的时间。

（3）如果火车购票困难，可以考虑乘坐汽车，但要注意控制成本，同时距离不宜太远。

（4）如果住宿、餐饮出现问题，应就近选择同档次的酒店、餐厅，也可采用加菜、赠送纪念品等形式弥补因接待计划变更而给客户带来的损失。

任务二 定制旅行产品资源组合

一、定制旅行产品资源组合的原则

（一）资源导向原则

定制旅行产品资源的组合，必须遵循资源导向原则，充分把握和发挥旅游资源的特色，把不同类型、不同级别、不同特色的旅游资源，合理、有效地整合在一起。

（二）以人为本原则

客户是定制旅行活动的主体，是定制旅游服务的主要对象，在定制旅行活动中占有重要地位。因此，在进行定制旅行产品组合时，定制师必须清楚客户的意愿，坚持以人为本的原则。

（三）市场细分原则

在旅游研究中，人们通常以"旅游市场"一词指代定制旅行产品的购买者和潜在购买者，即旅游需求市场或旅游客源市场。世界旅游组织将全球分为六大市场，即欧洲市场、美洲市场、东亚及太平洋市场、南亚市场、非洲市场和中东市场。定制旅行产品组合的关键就是要通过市场细分，适应市场需求。

（四）全面供给原则

定制旅行产品是一种综合性极强的产品，客户在定制旅行活动中需要得到食、住、行、游、购、娱等各方面的服务。因此，定制师在进行定制旅行产品资源组合的过程中，必须坚持全面供给的原则，这样才能保证客户的最佳旅行体验。

（五）时效优先原则

定制旅行活动的效果或者定制旅行客户的最佳旅游体验，受自然景观的影响十分明显，将定制旅行客户的定制旅行活动与旅游目的地的自然景观完美结合，体现了时效优先原则，这是定制师需要考虑的问题。

（六）安全第一原则

在定制旅行活动中，保障安全是最基本的要求。在安全没有保障的情况下，再精彩的活动安排都无法激发定制旅行客户的兴趣。只有那些能够保障人身、财产安全的定制旅行产品,才能让客户放心购买、放心游玩。尽管定制师在组合定制旅行产品时遵循安全第一原则,但在实际的定制旅行活动中,客户和旅游企业都有可能面临各种风险。为了规避风险、降低损失,定制师可以办理专项保险。

二、定制旅行产品资源组合的技巧

(一) 线路合理

在定制旅行产品资源组合的过程中,要避免同一线路的折返。走回头路,同样的沿途风景重复出现,会令客户感到乏味,并且客户会质疑线路重复造成了时间和金钱的浪费,这势必会导致客户满意度下降。定制师在进行资源组合时,使线路呈现环形是较为理想的,如果受限于自然条件,必须走一段回头路,也应考虑是否可以变换交通体验方式,比如乘坐缆车上山、步行下山,又比如坐车去、乘船回,用多重体验抵消回头路带来的单调感。

(二) 择点合理

择点一方面会影响客户的旅游体验,另一方面也与定制旅行产品的质量和利润水平息息相关。理性的客户不会拒绝性价比,并且内心期望以最低的成本获得更好的旅游体验。作为定制师,要掌握好择点的尺度。定制师择点需考虑的因素主要有以下四点。

一是客户的预算。定制师应尽量使得景点、活动等方面的成本在客户的预算内,避免因择点过多导致成本超出预算,客户因产品价格高而放弃购买。

二是客户的偏好。对于喜欢慢步调、节奏轻松的客户,定制师可以适度减少择点数量;而对于喜欢高强度、快节奏的客户,定制师则可以适度增加择点数量。

三是资源的特性。有些旅游资源可以走马观花、一带而过,但诸如文博类相关的一些旅游景区和体验活动,本身就需要相对宽裕的时间聆听讲解信息,观赏细节,深度体验,这样才能有更好的收获。

四是客户的身体状况。对于老年旅游产品、亲子旅游产品、夏令营产品等,定制师如果安排的景点和活动过多、游览节奏过快,甚至可能导致老人、儿童身体不适,造成安全事故。

定制旅行产品资源组合的择点合理原则

(三) 排序合理

排序的合理性通过客户的心理感受来衡量。理想的排序应使客户的兴奋性呈上升趋势,在核心景点或核心活动达到顶点。因此,一开始就直接设置高潮点是不明智的做法。客户的游兴应逐步被激发,定制师要充分把握客户的生理、心理和旅游资源产品之间的互动关系,在行程中合理设置高潮点。

定制旅行产品资源组合的排序合理原则

以某一天的行程来说,人体生物钟决定了客户上午精力更充沛,求知欲和探索欲更旺盛,感知力更强。午餐后人们常常陷入困乏状态,希望平静地休息一会儿。待消化系统工作一两小时,大脑再度活跃。因此,上午安排较为丰富的旅游项目,午后让客户适当休息,下午再适度活动,是符合客户感知的合理设置,调动客户游兴的效果自然也更理想。

以完整的行程来说,把最能体现行程精华的旅游项目放在行程的较后位置,能让客户感到不虚此行。若客户对之前的安排和体验有所不满,后面的"高潮"还能消弭一些遗憾,甚至使客户变得宽容。把主要购物活动放在最后,有利于客户采购和运输物品,减少中途携带物品的不便,也能增强客户对行程的满意度。在有选择的情况下,把转机的航班放在去程,把直飞的航班放在回程,也能令长途旅行的客户归心似箭的疲惫身心得到关照。

任务三　定制旅行产品方案完善

一、定制旅行产品方案的沟通

(一) 沟通渠道

定制师会通过前期与客沟通时确认的一种或多种渠道,将设计好的定制产品方案发送给客户。常见的沟通渠道有以下几种。

1. 电子邮件沟通

电子邮件沟通具有两大优点:一是书面沟通更正式,沟通的内容可查找,必要时还能作为法律证据;二是撰写邮件的过程可以梳理自身思路,对沟通内容进行完善。许多客户愿意通过电子邮件的形式进行沟通的原因主要有两方面:一是可以通过查看邮件对定制方案的细节进行推敲和确认;二是可以有较充分的时间进行意见反馈,避免疏忽与遗漏。

2. 电话沟通

电话沟通具有快速、直接的优点,但同时因缺乏视觉信息,在沟通过程中容易出现差错,影响信息传递。定制师在进行电话沟通时应确保客户处于良好的通话环境,同时结合其他沟通渠道,确保客户在电话沟通时有可视化的旅行方案可随时查看。

3. 网络即时沟通

网络即时沟通,主要指通过微信、QQ或OTA平台自身开发的工具进行即时沟通。这类沟通除了文字聊天,还具备语音聊天、视频聊天、文件传输等功能,不仅方便,还大大降低了沟通成本,使沟通更为立体化。定制师需要注意的是,进行网络即时沟通,要慎用语音功能。一方面,涉及客户个人信息、产品内容和价格时,使用语音可能会造成信息泄露;另一方面,让客户通过反复聆听提取重要的信息,也显得不够尊重。

(二) 沟通技巧

定制师在与客户沟通定制旅行产品方案时,需要注意沟通技巧。

1. 沟通的基础——心中有"客"

定制师在与客户进行沟通时,要做到心中有客户,对客户有一定的了解,知道客户的情况,知道客户想要什么、对什么感兴趣。

(1) 及时与客联系。

客户往往对能够及时联系的定制师抱有更多的信赖感,因为"及时联系"本身就是重视客户的表现。同时,旅游产品资源要素的采购有很强的时效性,及时联系可以为定制师之后开展相关预订工作留有余地。因此,当定制师完成产品的初步设计和报价方案后,必须及时与客户取得联系。

(2) 做好沟通准备。

经过前期认真设计定制产品方案,定制师对产品要有足够的信心,与客户沟通时要保持饱满的热情,同时对客户可能会提出的疑惑或质疑进行预测,并做好应对策略。有时候,有决策权的购买者并不是初次联络定制师的客户本人,如有可能,尽可能争取与有决策权的"关键客户"直接沟通。

2. 沟通的关键——为"客"着想

为客户着想,真正站在客户的角度,急客户之所急,想客户之所想。

(1) 善于倾听与提问。

在与客户沟通时,倾听不仅是一种姿态柔软的表态,更是开启沟通的关键。定制师关于定制旅游的知识和经验一般都超过客户,当定制师愿意倾听客户的表达,注重客户感受,给予他们一种"被尊重"的感觉时,客户才愿意将自己对于行程方案的想法真实地表达出来。

在客户对定制产品进行反馈的过程中,定制师要及时收集有用的信息,引导客户进行深度的沟通,提升客户对定制师的信赖度。比如,当客户谈论到产品价格时,定制师可以借此向客户分析产品的超值之处;当客户谈论到交通工具的舒适度时,定制师可以借此向客户对比分析不同出行方案的优劣;当客户谈论到对餐饮的偏好时,定制师可以借此谈论餐厅的位置、环境、菜肴口味等特点。定制师要通过抓住客户的关注点,在沟通过程中向客户阐释自身在定制产品设计中对于产品组合要素和最终完整方案的思考。

定制师在这一阶段向客户提问,有时是为了进一步明确客户需求,为后续方案调整寻求支持；有时则是为了让客户正确认知自身需求，接受现有方案的安排。无论哪一种目的，提问都是定制师关心客户、关注客户需求、富有诚意、乐于合作的象征。定制师提问时可以采用封闭式提问与开放式提问相结合的方法。封闭式的问题（如您对于非市中心地段的酒店不予考虑，是吗？）用于确认客户的选择意向和调整方向；开放式的问题（如您希望这次旅行带给您和孩子哪些感受？）用于更全方位深入了解客户。

（2）学会换位思考。

所谓换位思考，是指定制师将自己假定为客户，用心体会客户的个性化需求和认知状况，关注客户在初步了解产品后产生的各种反应，暂时放下所谓的"旅游定制专家"的身份定位，用耐心和包容之心真诚地与客户进行沟通，帮助客户充分了解产品的优势和特点，使客户消除疑虑并从内心真正认可定制师工作价值的一种过程。

3. 沟通的方法——灵活应对

定制师面对的每一位客户，除了需求不同、偏好不同，还有着自身不同的个性和背景，因此，定制师要学会采用不同的沟通技巧以应对不同的客户，这样才能产生理想的沟通效果。

（1）理性高效的客户。

理性高效的客户在做旅游消费决策时速度快，不瞻前顾后、犹豫不决，说话速度较快，条理清晰，沟通中善于总结和归纳，效率高。面对这种客户，定制师应简洁表达、抓住要点、避免过多无谓的寒暄与解释；根据客户的语速适当调整自己的语速，回答问题时尽量让客户感觉到干脆利落；对于客户提出的要求，不能立即答复的，可以与之约定后续回复的时间和方式，保持跟进即可。

（2）优柔寡断的客户。

优柔寡断的客户在决策过程中对自己的判断缺乏自信，很难迅速做出决定，常常显得消极、被动。面对这类客户，定制师需要充分掌握主动权，沟通的语气要积极自信，不断向客户传递对于定制产品优点的肯定，同时强调产品的设计充分考虑了其需求。直至客户从内心真正认同自己所做的选择前，定制师都可以采用"我非常理解您这方面的担忧，因此，我们在设计时做了充分的比较，目前的这一方案是满足您需求的最优方案了"之类的话术，给予对方信心；同时不妨把方案中各类产品资源的优劣分析给客户听，传递出认真敬业的专业定制师形象。必要时，定制师也可以适当"催促"客户，如"目前航班的舱位已经非常紧张了，您看航班是否可以先确定下来？""这家酒店的旺季价格是我们预订价格的两倍，我们还订上了数量不多的湖景房，性价比十足，错过真的非常可惜。"

（3）经验丰富的客户。

旅行经验丰富的客户是最能准确表达需求的客户，也是最容易让定制师受益匪浅的客户。面对这类客户，定制师应该保持谦虚的心态，认真聆听，也不要吝啬给予对方真诚的赞许与肯定。这类客户往往对服务质量有明确的要求，会主动提出关键性问题。面对客户提出的意见和建议,定制师应抓住要点,与客户确认改进方向,同时将自身的定制理念、渠道优势、服务品质进行说明,给客户以选择定制的理由。

(4) 友好体贴的客户。

友好体贴的客户非常愿意倾听,对定制师抱有天然的信赖,对定制师所介绍的定制方案相关信息怀有强烈的兴趣。沟通时机合适时,这类客户会非常认真友好地与定制师交流细节,也会提出各类问题,只要他们觉得定制师的解释说明有理有据,符合心理预期,都会给予肯定与感谢。定制师只要主动热情地为客户解说,使之理解,通常他们都乐于接受。

(5) 容易冲动的客户。

容易冲动的客户天性容易激动,习惯直接表达情绪,做决策的速度也很快。定制师可以先强调定制产品的特色、方案的合理性、性价比方面的优势,使其从内心快速接受整体方案,再就细节方面的争议给予客户相应的备选方案。当客户表示不愿接受时,须应对得体,坚定地给出有力的理由,强调定制方案与客户需求的匹配性,同时也尊重客户的合理意见,必要时请求客户给予修改调整的机会。

(6) 自以为是的客户。

此类客户自我感觉良好,表现欲极强。当定制师与之沟通时,他们总希望表现出自己在定制旅游的专业知识和经验方面并不逊色的形象。具体表现为经常打断定制师的陈述,如"这个问题我了解,不必细说了。""签证时间不必担忧,出发前再去准备好了,不行我找朋友加急办理。"定制师可以适当附和其看法,但同时在原则性问题上也必须表现出卓越全面的专业知识,让客户明白其认知是有限的,需要认真对待定制师的建议和说明。

(三) 整理意见

与客户的沟通结束后,定制师需要对沟通阶段客户反馈的意见进行及时的整理和分析,还需要对整体方案的可执行性有清晰的认知。面对客户的反馈意见归属于定制资源要素的哪一类、目前定制师打算根据反馈意见以何种思路来调整、调整之后会对整体方案产生哪些影响等一系列问题,定制师均需要进行系统思考,找到调整的具体方法。表6-1为客户反馈意见整理表。

表6-1 客户反馈意见整理表

客户反馈意见	客户的需求	是否调整方案	调整后方案	调整后方案的影响
1				
2				
3				
4				
5				

二、定制旅行产品方案的调整

（一）调整方案的原则

1. 目标驱动原则

定制师在调整方案时，必须以满足客户的总体需求为目标来驱动，这样才有针对性，才能知道在过程中如何取舍和平衡。当定制师发现客户提出的调整方向会影响客户的核心需求时，必须与客户进行沟通，给出一个新的调整方案，否则调整后的方案依旧会遭到客户的否定。

2. 系统性原则

方案的调整是动态的系统工程。定制方案中的任何一个要素的变化都有可能影响项目其他要素的变化。定制师在调整方案时，需要经过反复尝试和假设，确认调整后的整个方案在执行层面是顺畅的、合理的，才有可能使调整后的方案具有良好的预期效果。

3. 成本控制原则

第一次方案的报价会在客户心中设置价格的"锚点"，当客户无从判断当前价格的高低时，自然会与之前的方案做比较，好让自己有一个可衡量的标准。即使是对价格较为不敏感的定制旅游客户，依旧会关注方案调整后的价格变动，尤其是价格上调时，定制师需要解释价格上涨的原因及旅游体验方面有何改善。因此，定制师需要在调整时尽量控制成本，对于不可避免的成本上涨，也需要做好后续沟通，让客户有良好的价格感知体验。

4. 特色突出原则

定制师对自身产品的优势要有清晰的认知与足够的自信。客户在提出反馈意见时，可能参考了市面上的产品信息，或是同行所制定的方案，定制师要有甄别反馈意见的能力。当客户盲目参考时，定制师要与客户充分沟通，让客户充分了解方案的亮点、创新之处。对于客户提出的有参考价值的意见和建议，定制师应表示赞赏并积极响应。

（二）调整方案的工作步骤

1. 重新匹配产品资源

定制师对客户反馈意见进行分析，并据此调整涉及的核心产品资源和相关产品资源，为新的方案重新匹配相关产品资源。

例如：某客户的反馈意见涉及航班时间调整。定制师调整航班后，客户抵达目的地的时间由原来的15:30提早到9:30，则定制师除了需要重新为客户预订机票，还需要考虑客户为赶早班机而提早一天入住出发地的机场酒店,以及抵达目的地机场后的餐饮、参观游览等活动的重新安排所需的产品资源。

2. 重新核算成本并报价

定制师对调整后的新方案所涉及的成本进行重新核算,并完成报价。

例如:某定制师经过重新匹配产品资源,整理出新方案的成本变动情况。新方案将A酒店替换为星级更高、地段更好的B酒店,B酒店与A酒店存在200元/(间·夜)的差价;新方案中为客户的会议服务预订了空间更大、设施更全的会议室,聘请了专业的翻译人员,会议室差价2500元/场,翻译人员费用2000元/天;新方案中为客户安排了特色餐,餐标差价95元/人。以上成本变动均须准确核算计入新方案的成本,并完成对客报价新方案,保障企业的利润空间。

3. 重新提炼产品特色

新的方案要重新得到客户的认可,离不开定制师对于产品特色的再次提炼。定制师要围绕更明确的客户需求,结合新方案的内容,重新提炼出能有效打动客户的产品特色。

例如:客户追加了酒店住宿的预算,对目的地活动的安排也有了新的设想。定制师根据客户授意,为其重新安排富有少数民族风情的高端特色酒店,并将原本外出游览景点的活动改为向当地师傅学习扎染技艺,则定制师在产品特色中须增加住宿和互动安排的相关信息,以求在重新向客户推销时能够更加顺利。

知识内化

任务描述

2023年4月,西安××旅行社接到郑州某集团公司200人的奖励旅游订单,目的地是陕西西安,旅游时间总共3天,要求在景点和娱乐项目选择上以体验西安的历史文化和民俗风情为主,第一天晚餐在酒店用餐,第二天晚餐品尝陕西特色菜,第三天行程结束后返回郑州。

请思考定制商务团旅行产品在资源组合时需要与团队组织者落实哪些细节,在资源采购、组合过程中有哪些需要注意的事项。

实训目标

学生在实际操作的过程中能够根据季节变化和客流量状况等因素,与相关部门商讨采购价格,组合定制产品;能够根据不同客户类型,进行定制旅行产品资源的组合和调整;能够掌握定制旅行产品资源采购的方法、组合的技巧;能够掌握定制旅行产品方案沟通和调整的工作原则和流程;能够根据客户需求,完成定制旅行产品方案的调整和优化。

任务分组

请将分组情况填入表6-2。

表6-2 学生分组表

组别	工作任务——定制旅行产品方案的调整和优化
1	
2	
3	
4	

工作准备

本任务涉及一份企业资料,即"西安兵马俑—华山三日游"常规旅游行程(见表6-3),请仔细阅读这些资料,完成实训任务。

表6-3 "西安兵马俑—华山三日游"常规旅游行程

日期	行程安排
第一天	6:34导游到火车站接由郑州开往西安Z293次列车上的游客。参观西安半坡遗址博物馆,游览华清宫景区贵妃池、五间厅、海棠汤、莲花汤、星辰汤、尚食汤和太子汤等,游览骊山,参观世界第八大奇迹——秦始皇兵马俑博物馆。返回西安,结束一天愉快行程。 用餐:早餐(自理)、午餐(含)、晚餐(含) 住宿:西安
第二天	7:00—7:30导游到酒店接游客。游览五岳之一的"西岳"华山,乘索道抵达华山北峰,游东(朝阳)、西(莲花)、北(云台)、中(玉女)峰,游览长空栈道、苍龙岭、鹞子翻身等胜景。18:30—19:00返回西安。 用餐:早餐(含)、午餐(含)、晚餐(含) 住宿:西安
第三天	7:00—7:30导游到酒店接游客。游览中国保存最完整的古代城垣建筑——西安城墙,参观盛唐皇家寺院——大雁塔、大慈恩寺,畅游亚洲最大的唐文化主题广场——大雁塔北广场,游览钟鼓楼广场,逛回民街,自愿自费品尝西安特色小吃,结束后送客人乘G2208次列车由西安返回郑州。 用餐:早餐(含)

(资料来源:范贞《旅行社计调业务(第2版)》,清华大学出版社,2019年版,有改动)

工作实施

引导问题:学生以小组为单位,基于实训任务,对定制旅行产品进行分析,根据定制旅行产品资源采购原则及方法进行资源采购和组合,并根据客户需求,对定制旅行产品方案进行沟通和调整,填写下列表格。

步骤一:定制旅行产品资源采购。依据客户的基本信息,对客户的需求特点进行分析,对产品资源的地点、特色等信息进行筛选,并根据市场供需状况,选择合适的采购方式,填入表6-4。

表6-4 定制旅行产品资源采购

资源类型	需求特点	资源地点	资源特色	采购方式	供需状况
餐饮					
住宿					
交通					
景点					
购物					
娱乐					

步骤二:定制旅行产品资源组合。根据定制旅行客户的类型和历史文化体验的需求,结合定制旅行产品资源组合的技巧,对"西安兵马俑—华山三日游"行程进行重新组合,完善表6-5。

表6-5 定制旅行产品资源组合

资源类型		第一天	第二天	第三天
交通	类型			
	地点			
	特色			
景点	类型			
	地点			
	特色			

续表

资源类型		第一天	第二天	第三天
娱乐	类型			
	地点			
	特色			
购物	类型			
	地点			
	特色			
餐饮	类型			
	地点			
	特色			
住宿	类型			
	地点			
	特色			

步骤三:定制旅行产品方案调整。通过与客户沟通,因此次公司陕西西安奖励旅游经费有限,需要将团队中每人的旅游标准降低100元左右,但是旅游时间和文化体验不变,请根据与客户沟通的结果,进行定制旅行方案调整,并提炼产品特色,完善最终产品,填入表6-6。

西双版纳一地
五天四晚
亲子游

表6-6 定制旅行产品方案调整

资源类型	第一天		第二天		第三天	
	调整前	调整后	调整前	调整后	调整前	调整后
交通						
景点						
娱乐						
购物						
餐饮						
住宿						
定制旅行产品特色						

定制旅行产品推荐:

评价反馈

完成任务后,将学生自评、组内互评、组间互评及教师综合评价结果分别填入表6-7至表6-10。

表 6-7　学生自评表

班级		姓名		日期	年 月 日
评价指标	评价内容			分数	分数评定
信息检索	能有效利用网络资源等查找有用的相关资料；能将查到的资料有效地整合并应用到学习中			10分	
感知课堂生活	熟悉定制师岗位，认同岗位工作价值；在学习中能获得满足感，认同课堂文化			10分	
参与态度和沟通能力	秉持相互尊重、理解、平等的原则，积极主动地与教师、同学交流；与教师、同学之间能够保持多向、丰富、适宜的沟通			10分	
	能处理好合作学习和独立思考的关系，做到有效学习；能提出有意义的问题或能发表个人见解			10分	
知识、能力获得	能够熟悉定制旅行产品资源采购的原则，掌握定制旅行产品资源采购的内容			10分	
	能够根据市场供需状况和定制旅行产品资源特点，采用不同的采购方式来进行资源采购			10分	
	能够根据定制旅行产品资源组合技巧，结合客户特点和需求来进行定制旅行产品资源组合			10分	
	能够根据不同客户的特点进行定制旅行产品方案沟通，并调整定制旅行产品方案，重新提炼产品特色，满足客户需求			10分	
思维态度	能发现问题、提出问题、分析问题、解决问题，具有正确的世界观、人生观、价值观和基本的策划素养			10分	
自评反馈	按时按质完成任务，较好地掌握了知识点，具有较强的信息分析能力和理解能力，思维严谨，表达时条理清晰			10分	
自评分数					
有益的经验和做法					
总结反馈建议					

表6-8 组内互评表

验收组长		组名		日期	年 月 日
组内验收成员					
任务要求	（1）能够熟悉定制旅行产品资源采购的原则，掌握定制旅行产品资源采购的内容。 （2）能够根据市场供需状况和定制旅行产品资源特点，采用不同的采购方式来进行资源采购。 （3）能够根据定制旅行产品资源组合技巧，结合客户特点和需求来进行定制旅行产品资源组合。 （4）能根据不同客户的特点，进行定制旅行产品方案沟通，并调整定制旅行产品方案，重新提炼产品特色，满足客户需求。 （5）能够自主检索文献，并提供文献检索清单				
验收文档清单	定制旅行产品资源采购表、定制旅行产品资源组合表、定制旅行产品方案调整表				
	文献检索清单				
验收评分	评分标准			分数	得分
	能够熟悉定制旅行产品资源采购的原则，掌握定制旅行产品资源采购的内容，不合理处扣5分			20分	
	能够根据市场供需状况和定制旅行产品资源特点，采用不同的采购方式来进行资源采购，不合理处扣5分			20分	
	能够根据定制旅行产品资源组合技巧，结合客户特点和需求来进行定制旅行产品资源组合，不合理处扣5分			20分	
	能够根据不同客户的特点，进行定制旅行产品方案沟通，并调整定制旅行产品方案，重新提炼产品特色，满足客户需求，不合理处扣5分			20分	
	提供文献检索清单，不少于5项，每少一项扣4分			20分	
	评价分数				
不足之处					

表6-9 组间互评表

班级		被评价小组		日期	年 月 日
评价指标		评价内容		分数	分数评定
汇报表述		表述准确		15分	
		语言流畅		10分	
		展现形式富有创意		15分	
内容正确度		内容正确		30分	
		阐述到位		30分	
		互评分数			
简要评述					

表 6-10 教师综合评价表

项目名称	定制旅行产品资源优化			总得分	
评价依据	学生完成的所有任务单及理论测试成绩				
序号	任务内容及要求	配分	评分标准	教师评价	
				结论	得分
1	能够熟悉定制旅行产品资源采购的原则,掌握定制旅行产品资源采购的内容	答题正确	10分	不合理处扣2分	
		态度积极认真	10分	酌情赋分	
2	能够根据市场供需状况和定制旅行产品资源特点,采用不同的采购方式来进行资源采购	描述正确	10分	不合理处扣2分	
		语言流畅	10分	酌情赋分	
3	能够根据定制旅行产品资源组合技巧,结合客户特点和需求来进行定制旅行产品资源组合	描述正确	10分	不合理处扣2分	
		语言流畅	10分	酌情赋分	
4	能够根据不同客户的特点,进行定制旅行产品方案沟通,并调整定制旅行产品方案,重新提炼产品特色,满足客户需求	描述正确	10分	不合理处扣2分	
		语言流畅	10分	酌情赋分	
5	检索文献的目录清单至少包含5份文献	数量正确	5分	每少一个扣1分	
		参考的主要内容要点	5分	酌情赋分	
6	素质素养评价	沟通交流	10分	酌情赋分,但违反课堂纪律,不听从组长、教师安排的不得分	
		团队合作			
		课堂纪律			
		创新创意			
		自主探究			
		服务意识			
		具有逻辑思维能力,能够通过科学的分析方法解决问题			
		具有服务意识、沟通意识及职业自信			

续表

项目名称	定制旅行产品资源优化			总得分	
6	素质素养评价	具有洞察力、判断力及专业素养	10分	酌情赋分，但违反课堂纪律，不听从组长、教师安排的不得分	
		具有探索、求真务实、精益求精的精神，以及分析能力			

 巩固提升

案例1

欧洲四国亲子暑期十三日游

欧洲四国亲子暑期十三日游日程安排如表6-11所示。

表6-11　日程安排

日期	日程安排
第一天	上海—赫尔辛基：乘坐北欧航空前往芬兰首都赫尔辛基
第二天	参观由一整块石头挖出来的奇观——岩石教堂、音乐大师的纪念之地——西贝柳斯公园，俯瞰"波罗的海的女儿"舞姿的最佳之地——天文台公园、纯白色的赫尔辛基地标建筑——赫尔辛基大教堂
第三天	10:30乘渡轮（约2小时）前往欧洲保存完好的中世纪古城——爱沙尼亚首都塔林（沿途可欣赏波罗的海景色）。这座看起来甜蜜浪漫的小城有着令人着迷的风姿。邂逅塔林在千年时光中酿造出的千面风貌，童话般的中世纪老城一定会让你流连忘返。18:30乘渡轮返回赫尔辛基
第四天	前往愤怒的小鸟主题乐园游玩。前往努克西奥国家公园徒步，这里我们还特别安排了亲子互动环节——寻宝采摘。在哈尔蒂亚芬兰自然中心品尝芬兰有机食材制作的西式午餐。下午前往神秘的圣诞老人度假村拜访圣诞老人，晚上再来一场亲子竞赛活动
第五天	前往芬兰科学中心，寓教于乐，科学探索。让孩子们在玩中学，学中玩。下午从图尔库港口乘坐豪华邮轮驶向瑞典首都斯德哥尔摩，夜宿邮轮
第六天	早上抵达斯德哥尔摩后登上观景台，一览斯德哥尔摩全景。参观著名的瓦萨博物馆和斯德哥尔摩市政厅。在诺贝尔博物馆，通过生动有趣的互动体验向孩子传递科学的魅力

续表

日期	日程安排
第七天	早餐后参观斯堪森博物馆。这是世界上最早的露天博物馆，展出从瑞典各地搬来的18—19世纪传统风格的建筑，斯堪森博物馆是世界上第一个可以体验户外生活的主题公园兼博物馆。在这里，我们也特别安排了亲子互动环节——线索任务，使孩子在寓教于乐中掌握生活技能
第八天	前往瑞典风景如画的田园地区——斯科讷省。这里有海岸、森林、田野、湖泊、童话般的村镇风景。前往海滨小镇，这是一个充满乡村趣味和自然情愫的美好目的地，也是热爱当地手工艺品和土特产的人的天堂。参观瑞典神秘的巨石阵
第九天	在石顶山国家公园，感受美得令人窒息的山光海景。锡姆里斯港五彩缤纷的童话小屋与鲜花绽放的宁静小巷，以及那些充满个性的设计，都让这里洋溢着浪漫的艺术气息。麦田、风车与城堡分布在道路两侧，一路都是美好且生机勃勃的田园观光。这里还特别安排了亲子互动环节
第十天	前往丹麦比隆享誉世界的乐高乐园，有50多年历史的乐高乐园中充满了色彩鲜艳、变化多端的塑料积木，为全世界儿童创造出无穷玩乐的空间。而客户能够在乐园中亲手搭建自己的积木作品，恰如其分地描述乐高积木的特征，让孩子在玩耍中发挥创造力，在玩耍中学习并快乐成长
第十一天	前往欧登塞游览。这里宛如一座童话小镇，丹麦风格的低矮木制建筑随处可见。一排排彩色的老屋整齐有序地排列着，白色的小窗户配着红顶高烟囱，让人感觉仿佛置身童话世界
第十二天	早餐后前往哥本哈根参观小美人鱼铜像、吉菲昂喷泉和阿马林堡宫，午后自由购物，购物结束后送至哥本哈根机场办理登机手续，搭乘北欧航空返回上海
第十三天	抵达上海浦东机场，结束愉快而梦幻的欧洲亲子旅行

注：表中相关内容均为案例假设，仅供参考，如有雷同，纯属巧合。

欧洲四国亲子暑期十三日游

案例2

体验巴拉顿湖需择日躲避拥堵

体验巴拉顿湖需择日躲避拥堵

定制师为客户李女士一家三口定制了暑期前往匈牙利与捷克的行程。在与李女士进行电话沟通时，李女士对方案的整体安排表示满意。但同时提出，原本的出发日期需推迟一天，定制师立即据此对机票做出了调整。之后定制师在梳理行程时，发现客户抵达布达佩斯的日期由原来的周三变成了周四。根据行程，抵达后，如果周五先进行布达佩斯市内景点游览，周六再前往巴拉顿湖度过周末，那么客户周六和周日两天大概率会堵在从布达佩斯到巴拉顿湖的7号高速公路上，意识到问题的定制师立即拨通了李女士的电话……

参 考 文 献

[1] 徐郅耘,龙睿.定制旅行服务与技能[M].上海:上海交通大学出版社,2020.

[2] 龙睿,董丽萍,徐璐.定制旅行产品设计[M].北京:旅游教育出版社,2022.

[3] 杨惠.基于犹豫模糊Dematel-Kano模型的定制旅游满意度因素分析研究[D].昆明:昆明理工大学,2021.

[4] 韩娜.定制旅游产品设计及实现研究[D].济南:山东师范大学,2020.

[5] 田孝蓉.旅游经济学[M].郑州:郑州大学出版社,2023.

[6] 杨秀梅,张军.成本计算与管理[M].北京:北京理工大学出版社,2017.

[7] 中国注册会计师协会.财务成本管理[M].北京:中国财政经济出版社,2022.

[8] 贺志东.企业会计做账全流程实操全书[M].北京:中国纺织出版社,2016.

[9] 中级会计专业技术资格考试教辅编写组.中级财务管理应试考点详解[M].北京:现代教育出版社,2019.

[10] 贾宁.贾宁财务讲义:人人都需要的财务思维[M].北京:中信出版社集团,2020.

[11] 兰涛.即学即会财务常识120例[M].北京:中国华侨出版社,2012.

[12] 吴静,陆嵬喆.基于消费者剩余理论的旅游产品定价分析[J].山东纺织经济,2022,39(9):9-12.

[13] 赵爱华,邹凯.旅行社计调业务[M].北京:高等教育出版社,2020.

[14] 范贞.旅行社计调业务[M].2版.北京:清华大学出版社,2019.

教学支持说明

为了改善教学效果,提高教材的使用效率,满足高校授课教师的教学需求,本套教材备有与纸质教材配套的教学课件和拓展资源(案例库、习题库等)。

为保证本教学课件及相关教学资料仅为教材使用者所得,我们将向使用本套教材的高校授课教师赠送教学课件或者相关教学资料,烦请授课教师通过加入旅游专家俱乐部QQ群或公众号等方式与我们联系,获取"电子资源申请表"文档并认真准确填写后发给我们,我们的联系方式如下:

地址:湖北省武汉市东湖新技术开发区华工科技园华工园六路

邮编:430223

旅游专家俱乐部QQ群号:758712998

旅游专家俱乐部QQ群二维码:

群名称:旅游专家俱乐部5群
群　号:758712998

扫码关注
柚书公众号

电子资源申请表

填表时间：_____年___月___日

1. 以下内容请教师按实际情况写，★为必填项。
2. 根据个人情况如实填写，相关内容可以酌情调整提交。

★姓名		★性别	□男 □女	出生年月		★职务	
						★职称	□教授 □副教授 □讲师 □助教

★学校		★院/系	
★教研室		★专业	
★办公电话		家庭电话		★移动电话	
★E-mail（请填写清晰）				★QQ号/微信号	
★联系地址				★邮编	

★现在主授课程情况	学生人数	教材所属出版社	教材满意度
课程一			□满意 □一般 □不满意
课程二			□满意 □一般 □不满意
课程三			□满意 □一般 □不满意
其他			□满意 □一般 □不满意

教 材 出 版 信 息			
方向一		□准备写 □写作中 □已成稿 □已出版待修订 □有讲义
方向二		□准备写 □写作中 □已成稿 □已出版待修订 □有讲义
方向三		□准备写 □写作中 □已成稿 □已出版待修订 □有讲义

请教师认真填写表格下列内容，提供索取课件配套教材的相关信息，我社根据每位教师填表信息的完整性、授课情况与索取课件的相关性，以及教材使用的情况赠送教材的配套课件及相关教学资源。

ISBN（书号）	书名	作者	索取课件简要说明	学生人数（如选作教材）
			□教学 □参考	
			□教学 □参考	

★您对与课件配套的纸质教材的意见和建议，希望提供哪些配套教学资源：